BIBLIOTHÈQUE CONTEMPORAINE

ANTOINE DE LATOUR

L'ESPAGNE

RELIGIEUSE

ET LITTÉRAIRE

PARIS

MICHEL LÉVY FRÈRES, LIBRAIRES ÉDITEURS

RUE VIVIENNE, 2 BIS ET BOULEVARD DES ITALIENS, 15

A LA LIBRAIRIE NOUVELLE

1863

L'ESPAGNE

RELIGIEUSE ET LITTÉRAIRE

L'ESPAGNE

RELIGIEUSE ET LITTÉRAIRE

PAR

ANTOINE DE LATOUR

PARIS

MICHEL LÉVY FRÈRES, LIBRAIRES ÉDITEURS

2 BIS, RUE VIVIENNE, ET BOULEVARD DES ITALIENS, 15

A LA LIBRAIRIE NOUVELLE

—

1863

Tous droits réservés

A

LA MÉMOIRE DE MON PÈRE

Pendant que j'imprimais ce volume, j'ai éprouvé le plus grand malheur de ma vie : j'ai perdu mon père. Il était le flambeau vénéré à la clarté duquel je vivais, je pensais, j'écrivais. Avec lui j'ai cru sentir que quelque chose s'éteignait en moi, et que la nuit commençait à la fois dans mon intelligence et dans mon cœur.

La vie de mon père, ennoblie soixante ans par l'accomplissement de tous les devoirs publics et privés, a été, à toutes les époques, consolée ou charmée par le culte sincère des lettres. En ses dernières années et dans la retraite prématurée que les événements lui avaient faite, cette aimable et discrète passion des livres s'était révélée au dehors par quelques publications accueillies des gens de goût avec une faveur marquée.

C'était, dans la bibliothèque Charpentier :

Une édition des *Poésies de Malherbe*, avec un commentaire entièrement inédit d'André Chénier.

C'était, dans la collection elzévirienne de M. Jannet :

Une nouvelle édition du *Voyage de Chapelle et de Bachaumont*;

Une édition complète des *Œuvres de Racan*.

Tout récemment enfin, les *Mémoires d'un bibliophile*, recueil de lettres sur la bibliographie, où, sous une forme spirituellement animée, le catalogue d'une simple bibliothèque était devenu le testament d'un esprit supérieur et la confession piquante d'un amateur délicat. Il semble que d'avoir pu écrire, à plus de quatre-vingts ans, un livre où l'on ne sait ce qu'il faut admirer davantage de la fermeté des jugements ou de la vivacité, de la jeunesse, de la fraîcheur des impressions, une telle puissance de l'esprit dans un âge si avancé, ait été déjà la récompense d'une longue vie toute dévouée au bien et au beau.

C'est assez, du moins, pour que j'ose me croire autorisé à évoquer ici cette chère mémoire; j'eusse hésité à le faire, si je n'avais eu qu'à montrer les solides et prévoyantes vertus du père de famille, la foi éclairée du chrétien, la parfaite loyauté du gentilhomme, la haute capacité de l'administrateur, les manières exquises et la verve bienveillante de l'homme du monde, l'inépuisable obligeance du parent et de l'ami. Toute une ville a cru s'honorer elle-même en consacrant par des funérailles populaires le souvenir de cette belle vie couronnée par une belle mort. L'homme de lettres, si modeste dans sa rare distinction, a été le seul auquel, en ces moments de justice suprême et d'universelle sympathie, personne assurément n'a songé.

Qu'il me soit permis de m'en souvenir, au moment de publier le seul de mes ouvrages auquel auront manqué les conseils de sa critique sévère avec autant de bonté que de douceur, et de son admirable expérience. En venant déposer ce livre sur la tombe de mon père, je cherche encore à me persuader que c'est moins un hommage que je rends à sa mémoire qu'une dernière leçon que je réclame de sa raison si sûre, de sa tendresse inquiète et toujours si attentive aux moindres lignes échappées de ma plume. Si ce n'est, hélas! en réalité, qu'une dernière illusion que se fait ma douleur, quel fils ou quel père pourrait me la reprocher?

Et maintenant, comment songerais-je à me remettre en marche sans ce guide si cher et si éprouvé? Où reprendre la suite interrompue de mes études? Ce que j'en donne cette fois n'est, sous un titre un peu ambitieux, qu'une gerbe ramassée en passant dans un champ trop vaste pour qu'une seule main le moissonne jamais tout entier. Je me proposais ensuite (mais en aurai-je le courage?) de revenir à l'histoire de ces grandes cités espagnoles dont j'ai déjà publié quatre chapitres. Quand j'aurai retrouvé quelque tranquillité de cœur et d'esprit, j'essayerai peut-être de faire connaître Salamanque et Alcala de Hénarès, ces deux illustres écoles en qui se personnifient et se résument les anciennes universités de l'Espagne. Heureux si, pour raconter leurs brillantes mais difficiles annales, je parviens à ranimer en moi un reste de cette inspiration domestique qui me fait défaut aujourd'hui. On a dit que pour bien écrire il fallait se placer sous le regard de quelque beau génie des siècles passés; le cœur me dit que je serai mieux inspiré par l'image toujours présente d'un père.

Au Chaland, août 1862.

I

FRÈRE TORIBIO

A FERNAN CABALLERO

Un saint Vincent de Paul ignoré. — Les enfants de l'hospice de Séville. — Ce que c'était que frère Toribio. — Naïveté originale de sa physionomie. — Son libre apostolat dans les rues. — Sa première école. — Il loue une maison et y réunit quelques enfants. — Sa manière de les attirer et de les retenir. — Premières ressources. — Organisation intérieure de l'asile. — Petite république sous un maître absolu. — Les enfants jugés et gouvernés par eux-mêmes. — Promenades et quêtes dans la ville. — Visites aux divers monastères. — Accroissements de l'asile. — Nouvelle installation. — Surveillance sévère.—Frère Toribio appelle à son aide des maîtres simples, pieux et dévots comme lui. — Diversité des études. — Écoles et ateliers. — Une révolte. — Épisodes. —Apostolat au dehors; recrutement aux environs de Séville, à Cadix, à Écija, à Carmona.—L'asile s'ouvre aux adolescents et ensuite aux hommes faits. — Comment frère Toribio s'y prenait pour arrêter ces derniers. — Connivence secrète de l'autorité civile. — Le torero pris, jugé, dompté et converti. — Encouragements et dons du roi Philippe V. — Nouveaux plans. — Dernière maladie de frère Toribio. — Sa mort admirable. — Son portrait. — Regrets de l'archevêque et de toute la ville.— Les successeurs de frère Toribio. — L'asile a une maison de lui, mais qui ne s'achève pas. — Décadence et fin.

I

FRÈRE TORIBIO

J'aime en tout les commencements; il y a dans le premier essai d'une belle pensée une ardeur confiante, une grâce d'espérance qui me séduisent et m'entraînent. Je trouve à ces premières luttes contre la force des choses, contre l'apathie et l'indifférence générales, contre les passions jalouses des âmes basses, un attrait puissant que ne m'offrent pas, au même degré, la grandeur accomplie et le plein développement de l'œuvre achevée. J'honore et j'admire avec tout le monde les bienfaits de l'association, mais l'histoire d'une institution me plaît surtout, quand elle est et tant qu'elle reste l'histoire d'un homme. J'y lis mieux alors et en traits plus sympathiques la splendeur éclipsée de notre céleste origine.

Chaque fois qu'à Séville je voyais passer à la suite d'un convoi les enfants de l'hospice, rangés avec ordre sur deux files, un cierge à la main et récitant le chapelet avec une dévotion touchante, je me demandais quelle généreuse initiative avait réuni sous le même toit ces pauvres petits êtres abandonnés, et leur dispensait avec le pain du corps l'aumône de l'âme. Le hasard a fait dernièrement tomber entre mes mains un petit livre en lambeaux qui répond à cette question, et auquel j'emprunte le récit qu'on va lire. L'auteur a connu mon héros et a vu de ses yeux ces merveilles de la charité.

« Vers l'année de Notre-Seigneur 1724, vivait à Séville Toribio de Velazco, né sur la paroisse de San Pedro de Pineres du Concejo de Haller, dans l'évêché d'Oviedo, homme illettré, pauvre, dénué de ressources, et sans rien qui recommandât extérieurement sa personne. Il n'avait d'autre occupation que de vendre de petits Paroissiens et autres ouvrages de piété de peu de valeur, par les rues et les places, subvenant humblement aux nécessités de cette vie avec le mince profit que lui rapportait son misérable commerce. Mais comme la science des saints, les véritables richesses de l'âme et le crédit auprès de Dieu se concilient admirablement avec l'ignorance du monde, avec la pauvreté et l'abandon parmi les hommes, notre montagnard, sut, aidé du secours de la grâce divine, se faire très-savant et très-riche en ce qui est des choses du ciel. »

Voilà comment débute fray Gabriel Vaca, qui était un moine de la Merci, régent des études au collége de San Laureano de Séville, savant théologien et écrivain de quelque mérite.

Le bon Toribio avait surtout la charité. A le voir si tendrement préoccupé du salut des petits enfants, on se demande si cet amour lui était uniquement venu du divin maitre, s'il ne s'y mêlait pas quelque doux souvenir d'affection paternelle, et s'il ne devait pas à l'expérience cette rare connaissance de l'homme-enfant qu'il montra plus tard. Quel hasard de la vie l'avait de si loin amené à Séville? cette humble vie ne cachait-elle pas un de ces mystères de l'âme qui, à un moment donné, créent l'homme nouveau dans le vieil homme? Le biographe de Toribio ne nous dit rien de tout cela. Il se borne à nous le montrer vendant des Paroissiens et des images dans les rues de Séville, et trouvant dans ses rêveries solitaires une de ces inspirations qui font les saints et les grandes œuvres, et qui, un siècle auparavant, avaient donné au christianisme le saint idéal de l'âge moderne, Vincent de Paul.

Mais l'œuvre de Toribio est moins vaste que celle de notre glorieux compatriote. Plus modeste, elle a cependant aussi sa grâce touchante, ou, si l'on osait le dire en pareille matière, son originalité locale et propre. Le bonhomme, en parcourant les rues et les carrefours de Séville, ne pouvait voir sans un serrement de cœur ces troupes d'enfants qui, dans une si grande ville, vivaient comme les oiseaux de proie, loin de toute surveillance, quelquefois sans famille pour les recueillir, et livrés dès le bas âge à tous les hasards de cette vie de bohème à laquelle l'Espagne avait, avant nous, trouvé un nom. Toribio suivait d'un œil attristé dans tous les écarts de leur existence aventureuse ces déplorables victimes de l'insouciance maternelle et de l'indolence municipale.

Il les voyait traîner leurs haillons sous les arbres et le long des maisons, poursuivre les passants de leurs espiègleries, dépouiller les boutiques mal gardées, et, la nuit venue, dormir pêle-mêle sous le porche des églises et Dieu sait où. S'ils entraient le jour dans les églises, c'était moins pour y attendrir les âmes pieuses du spectacle de leur abandon et de leur misère que pour y profiter d'une inattention qui laissait les poches sans défense. Toribio voyait tout cela, et se demandait avec amertume quels hommes feraient de tels enfants. Son cœur se soulageait dans la prière, à laquelle il demandait aussi le remède aux maux qu'il prévoyait pour l'avenir. De remède il n'en voyait qu'un : l'établissement d'un grand hospice où l'on prît soin de recevoir ces malheureux enfants. Mais qui le fonderait? « Hélas! ce ne sera pas moi, se disait-il, avec un soupir. »

« Et pourquoi pas moi? » se dit-il un jour. Mais il se hâta d'étouffer cette pensée comme une inspiration de l'orgueil; il eut beau faire cependant, la pensée revenait toujours. Il alla trouver son confesseur et lui dénonça la tentation dont il était assailli. Ce confesseur était un saint prêtre. Il sourit, ayant reconnu dans l'humble chrétien agenouillé devant lui le signe par lequel se révèle la folie de la croix. Il le rassure, il l'encourage, sans triompher encore toutefois des pieuses défiances de son pénitent. Celui-ci confie à d'autres son désir et ses doutes. Tous lui parlent le même langage. Le voilà décidé; seulement par où commencer?

Il habitait dans la rue du Péral, sur la paroisse *om-*

nium Sanctorum, un tout petit logis. Il n'y avait dans la maison que des gens aussi indigents que lui. C'était précisément ce qu'il lui fallait ; car il y avait dans ces pauvres familles des enfants dont on ne savait que faire et qui déjà peut-être vivaient comme tant d'autres. Toribio dit aux parents que s'ils n'avaient de quoi mettre leurs enfants à l'école, ils pouvaient les lui envoyer le soir, qu'il leur enseignerait le catéchisme. Cette proposition fut accueillie avec une joie reconnaissante, et chaque jour, au tomber de la nuit, quand il rentrait chez lui, il y trouvait réunis un certain nombre d'élèves qu'il catéchisait, mêlant les caresses aux leçons.

Mais tout le jour, que faisait-il ? Enhardi par cette première et heureuse expérience, il se rapprochait des pauvres créatures qui avaient si fort excité sa compassion, il leur parlait avec douceur, il avait l'air de s'intéresser à leurs jeux, il les familiarisait peu à peu avec un autre langage que celui qu'ils avaient l'habitude d'entendre. Insensiblement un groupe se forma, le cercle s'élargit. Il se mit au milieu, et lorsqu'il les vit attentifs, il leur demanda ce qu'ils savaient du catéchisme. Cette première leçon fut courte et se termina par une distribution d'images. Rendez-vous est pris pour le lendemain. Ce jour-là les images portèrent leurs fruits. Le nombre des auditeurs s'était accru, quelques bonbons placés à propos vinrent en aide à la curiosité. Un certain nombre de ces écoliers improvisés suivirent le maître dans son logis.

Ce logis bientôt ne suffit plus à les contenir. Il fallut en chercher un autre, et dans un quartier pauvre comme le premier. Toribio en trouva un dans l'ancienne Alameda. C'était ce qu'on appelle en Espagne une *casa de vecindad*. On désigne ainsi une maison qui, contrairement à l'usage, est habitée par plusieurs familles. L'appartement ne devait être libre qu'au mois de juillet. En attendant, notre peripatéticien sans le savoir continua dans les rues son doux apostolat.

Les enfants avaient pris l'habitude d'accourir à lui, dès qu'ils le voyaient. Pour avertir ceux que sa voix ne pouvait atteindre, il imagina d'employer une clochette dont l'appel se faisait entendre de loin. Bien des fois sans doute cette voix sonore surprit et fit rentrer en lui-même un petit maraudeur, au moment où il portait la main sur quelque fruit mal surveillé par le marchand. Que de fois, pour en arrêter un autre sur une mauvaise pente, un passant lui aura crié : — « Tu n'entends donc pas la sonnette du père Toribio? » cette sonnette devenait peu à peu comme la conscience des enfants.

Que disait-on cependant à Séville de l'œuvre naissante, dans ce pays où toute nouveauté délie aisément et aiguise les langues? on parla diversement, comme toujours; les uns blâmaient, les autres approuvaient; quelques uns, au lieu de parler, cherchaient sans bruit à venir en aide aux bonnes intentions de frère Toribio. C'est une chose bien digne de remarque que partout où commence une de ces œuvres qui méritent de réussir, à côté de l'homme de Dieu qui la suscite, il se rencontre un homme du siècle pour offrir l'argent sans lequel elle ne saurait se réaliser. Touché des efforts du bon Toribio, un bienfaiteur qu'on ne nomme pas lui donna cinquante ducats pour acheter les premiers livres, le papier, tout ce qu'il fallait, en un mot, pour fonder une école régulière. Cette première aumône en attira d'autres. Le bien heureusement a sa contagion comme le mal.

Frère Toribio, car on commençait à l'appeler ainsi, se garda bien d'empocher son petit trésor ; il n'eût pas de repos qu'il ne l'eût porté au curé de sa paroisse. Par là il prévenait les commentaires malveillants et désarmait d'avance l'opposition qui pouvait naître d'un zèle sincère mais susceptible. Il était dans l'ordre d'ailleurs qu'il recherchât l'approbation de son pasteur. Celle-ci obtenue, on pourrait dire enlevée, il se serait cru en faute s'il n'avait pas sollicité celle de son évêque. Don Luis de Salcedo y Azcona, alors archevêque de Séville, était un saint prélat. Il avait écouté avec intérêt ce qu'on lui avait raconté de Toribio ; seulement il n'était pas sans inquiétude sur ce libre apostolat et sur la forme un peu étrange qu'il affectait. Il fit venir Toribio ; le premier aspect du bonhomme n'avait rien qui prévint en sa faveur. Mais sous ces dehors un peu vulgaires le prélat sentit une foi si vive, une charité si éclairée, qu'il se laissa convaincre, et il fut un de ceux qui aidèrent puissamment Toribio.

Dès le lendemain de cette entrevue, les livres furent achetés et tout fut prêt pour ouvrir l'école. On était alors au mois d'août 1726. Dès le matin, frère Toribio parcourut la ville, sa sonnette à la main. De rue en rue et de carrefour en carrefour, ses habitués accoururent se ranger autour de lui. Quand il eut reconnu qu'il avait son troupeau complet, il le conduisit en procession à son nouveau logis, où aussitôt la leçon commença. Dès le premier jour, les éléments de la grammaire furent ajoutés au catéchisme, et l'habile maitre prit possession des esprits en même temps que des âmes. Mais il savait qu'il ne faut pas abuser des meilleures dispositions. Vers midi il ouvrit la porte et congédia ses élèves, en leur donnant rendez-vous pour le soir. Ce jour-là les petits présents ne furent pas épargnés. Il était important que, dès le premier jour, les enfants prissent l'habitude de revenir. Le soir venu, la sonnette retrouva le petit troupeau fidèle, et insensiblement l'habitude fut prise. L'école comptait déjà dix-huit habitués. L'ingénieuse charité du maitre crut le moment venu de les marquer d'un signe particulier. C'était encore une manière d'en prendre possession et de les séparer de ceux dont le mauvais exemple pouvait de nouveau les séduire. Toribio avait déjà réuni cinq cents ducats. Il demanda à l'archevêque la permission de les employer à habiller ces enfants demi nus.

Ce nouveau bienfait n'était que le prélude d'une grande mesure qu'il méditait depuis longtemps. C'était compter beaucoup sur la docilité de l'enfance, et même sur la constance ou la fermeté des parents, que de croire qu'à la longue ces enfants à demi conquis ne retourneraient pas à leurs premiers penchants et résisteraient à la tentation d'aller montrer leurs beaux vêtements à leurs anciens camarades. Pour prévenir cette dispersion inévitable il n'y avait qu'un moyen : c'était, une fois pris, de ne plus les laisser sortir. Mais c'était là un coup d'autorité qu'un simple particulier ne pouvait se permettre. Toribio le comprit et alla trouver le gouverneur de Séville. Un homme de bien, le comte de Ripalda, remplissait alors cette charge sous le titre d'*Asistente*, que ses successeurs portaient encore il y a trente ans. Plus d'une fois il s'était ému lui-même du sort de ces malheureuses petites créatures abandonnées à elles-mêmes, et les alarmes du chrétien étaient un avertissement pour l'homme d'État. Il ne pouvait donc qu'applaudir à un essai qui venait si à propos le tirer d'un grand embarras, et qui devait, un jour, rendre plus facile un établissement général. Il approuva l'idée de frère Toribio et lui promit secours et appui. Fort de cette double permission, Toribio n'hésita plus, et un beau matin, lorsque midi sonna, les enfants apprirent qu'ils ne sortiraient plus. Ce serait méconnaître la nature humaine que de croire qu'ils en prirent d'abord leur parti. Plus d'un s'imagina qu'il n'y avait qu'à tourner le bouton de la porte pour qu'elle s'ouvrît comme à l'ordinaire. Mais frère Toribio avait prévu le cas. Il s'était d'avance assuré du concours des meilleurs parmi les plus grands, et ceux-ci se firent les geôliers des autres.

Dès le premier jour, l'œuvre périssait faute de ressources suffisantes, si frère Toribio n'eût trouvé le moyen d'y associer ses élèves eux-mêmes, et n'eût fait de sa maison une petite république où chacun avait sa fonction marquée. Voyons d'abord comment on y entrait. Depuis que la porte s'était fermée sur les pensionnaires, les gâteaux et les petits dons de ce genre ne suffisaient plus au recrutement. Les petits vagabonds étaient sur leurs gardes. Mais frère Toribio, fort de ses bonnes intentions, ne prenait plus tant de ménagements. Dès qu'un enfant lui était signalé comme le mauvais génie d'un quartier, il s'en emparait, et de gré ou de force l'amenait à son logis. Toute la communauté se réunissait alors dans une grande salle pour recevoir le nouvel arrivant. Les enfants s'asseyaient par terre, rangés sur deux files. Toribio lui-même, assis de la même manière, présidait l'assemblée. En face de lui, à l'autre bout, se tenait à genoux le dernier venu. Le maître commençait par l'interroger sur le catéchisme. Puis il demandait si, dans l'assemblée, quelqu'un le connaissait. A cet appel, quelques-uns se levaient et, sur l'invitation du maître, ils racontaient ce qu'ils savaient de leur nouveau camarade, ce qu'il avait fait devant eux, parfois même avec eux. L'enquête terminée, on allait aux voix sur le châtiment qu'il convenait d'infliger. Les juges étaient sévères, inexorables, « cet âge est sans pitié. » Mais le prudent maître tempérait, en souriant, ce zèle emporté. Il se faisait lui-même l'avocat du pauvre accusé, plaidant, comme on dit, les circonstances atténuantes, l'abandon où il avait vécu, son ignorance, racontait une histoire touchante qui était plus ou moins celle de tous ceux qui l'écoutaient, les amenait, sans avoir l'air d'y prendre garde, à faire un retour sur eux-mêmes, et, après cette leçon indirecte de modération et de charité,

il adressait au coupable ému une petite allocution merveilleusement appropriée à sa situation, et réservait le
châtiment pour les fautes qu'il pourrait commettre à
l'avenir. Seulement on lui infligeait pour la forme quelques coups de discipline, et il allait prendre la dernière
place. Son nom était ensuite inscrit sur un registre avec
celui de ses parents, de son pays : on disait dans cette
note s'il avait ou non été confirmé. De plus, pour lui
faire perdre l'habitude de l'oisiveté, on le chargeait,
dans l'intervalle des leçons, des plus humbles offices de
la maison.

Voici comment les choses se passaient à cette première époque. On verra, par ce récit, quelles étaient
alors les ressources ordinaires de l'établissement. On
se levait de grand matin, on déjeunait de ce qu'on avait,
puis on se préparait à sortir. Un des plus grands prenait
la tête avec une croix qui était la bannière de la communauté. Tous les enfants suivaient sur deux files, et
par rang de taille, les plus petits devant. Frère Toribio
fermait la marche, ayant dans une main sa sonnette, qui
ne lui servait plus qu'à régler les mouvements, et dans
l'autre une corbeille où il recevait les aumônes faites en
argent. Les dons en nature étaient recueillis dans un panier plus grand porté par des enfants qui marchaient hors
des rangs. Ces aumônes étaient abondantes. On n'avait
pas eu encore le temps d'oublier de quels petits fléaux
frère Toribio avait délivré chaque quartier de Séville.

Au moment de partir, le maître désignait l'église où
on irait entendre la messe et y préparait ses élèves par

une courte et vive exhortation; puis ils se mettaient en marche, le chapelet à la main, les bras croisés sur la poitrine, et chantaient le catéchisme avec tant de recueillement qu'on les eût pris, dit le biographe, pour des novices de Saint-François. Ils assistaient à la messe à genoux et immobiles, et sortant de l'église comme ils y étaient entrés, ils se rendaient au palais de l'archevêque. Le frère les conduisait dans ce *patio* intérieur, entouré de colonnes, sur lequel donnent encore les appartements du prélat. Là il les interrogeait sur le catéchisme, et souvent il arrivait que le prélat lui-même venait assister à la leçon, louait les uns, reprenait les autres, les encourageait tous, et ajoutait sa bénédiction aux généreuses aumônes dont il les renvoyait chargés.

On se rendait ensuite à la maison de l'Asistente qui ne se montrait ni moins empressé ni moins charitable que l'archevêque. On reprenait par d'autres rues le chemin du logis, où, jusqu'à l'heure du dîner, chacun allait à sa tâche : les petits écrivaient, les grands faisaient la cuisine, lavaient le linge, raccommodaient les vêtements, le tout en silence et avec une certaine gravité.

A midi, tous se mettaient à table, les plus jeunes d'un côté, les moyens d'un autre, et les plus grands autre part encore. Frère Toribio allait de l'un à l'autre, partageait lui-même les morceaux, animait doucement les appétits retardataires, et, par des paroles toutes paternelles, triomphait de ces petits dégoûts de l'enfance qui, chez le pauvre, ajoutent à la pauvreté même. Dans l'après-dîner, la sortie était plus rare et n'avait d'autre

but que l'édification et la promenade. Une fois par mois
elle aboutissait à quelque couvent où l'on se confessait.

Ce n'était pas le seul rapport que la communauté naissante eût avec les monastères de la ville et des environs;
de San Pablo, de San Geronimo, de la Cartuja arrivaient,
chaque jour, d'abondantes provisions. Souvent même
l'une ou l'autre de ces grandes maisons invitait les
enfants à dîner. Quelle fête pour eux! Il est permis
d'ajouter quelle source d'édification pour ces maisons
elles-mêmes, que la bonne tenue de ces enfants! Combien de fois, en les voyant, les bons frères durent se
rappeler cette parole du Sauveur: « Je vous dis que si
vous ne devenez pas semblables à ces enfants, vous
n'entrerez pas dans le royaûme des cieux. » Les enfants,
à leur tour, qui ne se doutaient guère que ces véné-
rables moines, objet pour eux de tant de respect, se les
proposaient pour modèles, emportaient de ces visites de
doux et religieux souvenirs. En se voyant les hôtes bien-
venus de ces saintes maisons, ils s'accoutumaient à se
regarder comme les clients de leurs saints patrons. Les
religieuses ne voulaient pas être en reste avec les moines,
et la règle ne leur permettant pas d'ouvrir leur porte
aux enfants de Toribio, elles leur envoyaient du moins
des dîners complets. C'étaient surtout les bonnes sœurs
du couvent de la Paz ou de celui de las Dueñas qui leur
faisaient de ces aimables surprises, et il n'était pas rare
que, par un doux calcul de la Providence, les provisions arrivassent précisément quand le pauvre frère
n'avait plus un morceau de pain à donner à ses enfants.

L'habit qu'ils portaient ressemblait par la coupe et la couleur à celui des pensionnaires de San Telmo. Mais où Toribio prenait-il l'argent pour payer tant de choses? Nous l'avons déjà dit : dans la bourse de la charité. Souvent aussi les marchands donnaient l'étoffe ou la laissaient à moitié prix. De nobles mains s'offraient ensuite à tailler ces humbles vêtements et à les coudre.

Frère Toribio avait, au mois d'août 1726, reçu dix-huit enfants dans son indigente maison de l'Alameda. L'année suivante elle en abritait plus de cent, mais ils n'y respiraient plus. Le saint homme s'en fut, comme toujours en pareil cas, conter sa peine à don Luis de Salcedo et au comte de Ripalda; il s'agissait de trouver une maison plus vaste et de la payer. L'édifice abandonné où avait siégé l'Inquisition était libre, mais il appartenait à un particulier qui demandait un loyer fort cher et qui, en outre, exigeait une caution; l'Asistente offrit la sienne, et le traité fut conclu.

Chaque logis nouveau où se transportait le frère Toribio marquait un progrès dans son œuvre et voyait commencer une ère nouvelle. De la *Vieille Inquisition* datèrent de nouveaux et heureux développements.

On sépara d'abord une grande pièce pour la convertir en oratoire; là auraient lieu les exercices religieux. Dans une autre salle serait l'école avec ses tables et ses bancs. Une troisième fut réservée à ceux qui, éprouvant du goût pour la carrière ecclésiastique, voudraient faire dans l'étude des lettres un premier essai de leur vocation. Les autres parties de la maison furent disposées pour les besoins ordinaires du service. Les dortoirs furent, de la part du frère Toribio, l'objet d'un soin tout particulier; il les forma d'une vaste pièce triangulaire, qui lui permit de séparer les âges sans que cette séparation dérobât rien à sa surveillance. De son lit, plus misérable qu'aucun autre, mais plus élevé et placé à l'un des angles, il dominait la communauté entière. On a vu que devinant d'instinct ce qu'on a appelé l'enseignement mutuel, il avait, dans une certaine proportion, associé les enfants mêmes à son autorité, et s'était fait une alliée utile de la raison des plus avancés. Dans chaque section du dortoir un d'entre eux veillait en récitant le chapelet, relevé d'heure en heure par un quatrième qui, sous le titre de *Vela Mayor*, surveillait les autres et allait réveiller sans bruit ceux dont le tour était venu.

Mais cette active surveillance du jour et de la nuit, mais ce programme nouveau qui d'un hospice allait faire un collége, presque un séminaire, frère Toribio pourrait-il désormais y suffire seul? Les forces humaines ont des bornes, si la charité n'en a pas. On sait, d'ailleurs, que les connaissances du fondateur ne s'étendaient pas au delà du catéchisme et des premiers éléments; il le savait mieux que tout le monde; aussi se mit-il en campagne pour chercher des maîtres.

Il y en avait un à Séville qui jouissait d'une grande renommée. Fatigué du siècle, don Isidro de Cabrera attendait une bonne occasion pour en sortir. Il s'offrit de lui-même à Toribio et s'enferma avec joie dans cette maison, où il devait trouver la paix de l'âme sans renoncer à ses goûts. Cette retraite fit grand bruit à Séville et ajouta à la popularité de l'œuvre. L'exemple de don Isidro de Cabrera entraîna bientôt don Juan de Ojeda, non moins habile dans l'art d'apprendre à écrire, enseignement qui comprenait en Espagne et y comprend encore bien des choses.

Lorsqu'il fut question de donner des élèves à ces deux maîtres, il fallut choisir; on désigna d'abord les plus âgés, ceux qui déjà étaient formés à la discipline de la maison; mais ceux-là même n'avaient pas tous les mêmes dispositions. Ceux qui n'en avaient aucune, furent laissés à la cuisine ou désignés pour les soins matériels de l'établissement; aux plus adroits on apprendrait un métier; seulement ces derniers n'entraient en apprentissage qu'après qu'on s'était assuré qu'ils savaient lire, écrire et compter.

L'étude du latin était la récompense de ceux qui avaient le mieux réussi dans le premier enseignement. Mais où trouver des maîtres de latin? Deux saints prêtres se présentèrent, don Pedro de Velasco et don Manuel Ventura. Tout venait à point, comme on voit. Il y avait cependant ici une difficulté, c'est que les deux nouveaux maîtres ne pouvaient donner que le temps nécessaire aux leçons; ils avaient dans Séville des devoirs qu'ils ne voulaient pas négliger; il fallut trouver un surveillant qui les remplaçât aux autres heures de la journée. Toribio connaissait un certain Manuel Rodriguez, venu comme lui du nord de l'Espagne, homme du reste assez instruit et qui commençait aussi à éprouver le besoin d'un repos occupé. Il avait quelques écoliers, il les quitta sans trop de peine pour se mettre avec le même désintéressement que les autres à la disposition de son compatriote.

Serait-il aussi facile d'organiser les ateliers? on ne devait guère s'y attendre. Le désintéressement est rarement une vertu aisée à de pauvres pères de famille qui vivent du travail de leurs mains; on ne pouvait, d'ailleurs, chercher que parmi ceux dont la conduite était irréprochable. Quelques sacrifices bien placés aidèrent à trouver ce que l'on cherchait. On eut d'abord un bon cordonnier, le *Tio Alejandro*, qui forma de si habiles ouvriers qu'on se les disputa bientôt dans la ville; puis peu à peu, l'ouvroir recruta un maître tailleur, un maître cardeur, un maître tisserand. Les ouvriers qu'ils formaient devaient à la maison deux années de leur travail; quelques-uns ne voulurent jamais en sortir, les autres en sortirent avec un petit trousseau et ce qu'il fallait pour exercer leur métier au dehors.

Quant au régime intérieur, frère Toribio fit quatre divisions de l'établissement. A la tête de chacune d'elles il plaça un élève dont il avait éprouvé le droit sens et la fermeté. Toutefois, par une réserve dont on appréciera la délicatesse, l'autorité de l'enfant n'allait pas jusqu'à pouvoir punir. Il avertissait seulement; il avertissait surtout le fondateur, et pour ses camarades il était moins un maître qu'un intermédiaire affectueux, attentif à leurs moindres nécessités.

La santé de ces enfants n'avait pas été la moindre préoccupation de Toribio. Il avait cherché, il avait trouvé un excellent médecin. C'était à qui aurait l'honneur de s'associer à une œuvre qui était un bienfait public. Don Bartolome Moreno ne voulut accepter aucune rémunération de ses soins. Les médicaments ne coûtèrent pas davantage; et parmi les aumônes en nature recueillies dans la ville ou envoyées à la maison, on commençait toujours par prélever la part des malades. Y avait-il un morceau délicat, il était pour eux. Frère Toribio se réservait à lui-même le soin d'administrer les remèdes, et la négligence envers les malades était la seule faute qu'il ne pardonnât pas.

Les bains étaient une partie essentielle de l'hygiène des enfants. Aussi, pendant l'été, tous les matins, avant le lever du soleil, ils se rendaient, par section, au Guadalquivir. Ils prenaient leur bain, rangés en cercle et se donnant la main. De cette manière nul n'échappait à une vigilance aussi nécessaire là qu'ailleurs.

Les repas se prenaient en silence et sous la surveillance des chefs de chaque division. Une lecture faite à haute voix ôtait à ce silence ce qu'il aurait eu de trop sévère.

Les récréations avaient lieu dans les patios et se proportionnaient à l'âge des enfants. Mais la suprême récompense pour ceux-ci, c'étaient les parties de campagne qu'ils faisaient dans les couvents des environs, lorsque les moines les invitaient.

Il était permis aux apprentis de chanter en travaillant à leur tâche quotidienne, mais à la condition de ne pas offenser les mœurs. Toribio lui-même surveillait le répertoire de l'atelier, en quoi il se montrait fort sévère, ne permettant pas même d'ajuster des paroles nouvelles sur des airs qui pouvaient en rappeler d'anciennes. J'ai plus d'une fois regretté que, dans nos églises, on n'ait pas toujours pris cette délicate précaution.

Les exercices religieux n'avaient d'ailleurs rien d'immodéré, et parfois même ils se confondaient tellement avec les actes ordinaires de la vie qu'ils étaient devenus une de ces bonnes et saines habitudes qui ajoutaient un peu de gravité aux choses familières. Tel était, par exemple, l'usage incessant du chapelet.

En se levant, on descendait à l'oratoire, où l'on offrait à Dieu le jour qui commençait, et d'où l'on emportait l'impression de quelque lecture empruntée au martyrologe romain. J'ai parlé des sorties. Elles furent, par la suite, limitées à deux ou trois jours de la semaine et au samedi matin. Les autres jours, elles avaient généralement lieu le soir et par section. Outre le scapulaire, les enfants portaient le cordon de Saint-François.

Les jours de fête, frère Toribio réunissait la communauté entière, baisait les pieds de chacun, et la cérémonie se terminait par une courte allocution. Puis il menait les enfants, dans l'après-midi, entendre au dehors quelque sermon à leur portée. Ils revenaient ensuite faire dans leur patio le chemin de la croix. Une assez grande latitude était laissée à la dévotion particulière. Aussi, ce jour-là, pas un coin de la maison où l'on n'aperçût un enfant agenouillé. Il y avait une chambre préparée pour ceux qui voulaient se donner la discipline, et souvent, assure-t-on, on s'en disputait l'entrée. Ceci ne paraît guère du pays où Murillo a rêvé ses douces Vierges, mais c'est bien de celui où Zurbaran a peint ses moines austères et Ribeira ses tragiques martyrs.

Ce grand zèle religieux doit donner à penser que l'ordre se maintenait aisément dans une maison dont il était l'âme. C'était cependant la grande difficulté d'une institution où la parole du maître ne s'appuyait ni sur la loi civile, ni sur une délégation régulière de l'autorité ecclésiastique, mais sur l'ascendant d'un caractère ferme, sur la pratique d'une vertu admirable, sur le savoir-faire d'une charité aussi éclairée que vigilante et attentive à son œuvre. Dès 1727, en Espagne, c'était déjà quelque chose de difficile à construire et à faire durer qu'un édifice qui n'avait d'autres bases que celles-là. Frère Toribio, dans sa simplicité, le comprenait à merveille. Il n'usait qu'avec une extrême réserve de l'autorité qu'il s'était arrogée, et s'arrangeait pour faire au dehors le moins de bruit possible. Peu prodigue de châtiments et très-réservé dans l'usage de ceux qu'il croyait nécessaires, il modérait le jeûne et ne permettait que la discipline et le martinet. On voyait cependant des chaînes dans la maison, mais on ne s'en servait jamais. On se contentait de l'effet qu'en produisait la vue. Les plus graves fautes auxquelles on eût affaire, étaient la désertion, la rébellion, les jurements, les querelles. Une fois seulement la faute, ou pour mieux dire le crime, prit des proportions embarrassantes. Quatre mauvais sujets, déjà d'un certain âge et amenés par force dans la maison, firent le complot d'attenter à la vie de celui qui leur avait pris leur liberté. Toribio en fut averti. Le doute n'était pas possible. Que faire? Il rassembla la famille entière, et, sans nommer personne, raconta ce qui se passait; puis, prenant à part les coupables, il leur infligea un châtiment qui demeura tellement secret que nul ne sut jamais ni quel il était ni qui l'avait mérité. Rien de semblable ne se renouvela à l'avenir. Longtemps auparavant, à l'époque où il disposait le dortoir, quelqu'un lui avait fait remarquer qu'un enfant plus précoce que les autres pourrait bien aisément attenter à sa vie. Il se contenta de répondre : « Dieu ne le permettra jamais. » Dieu le permit, comme on vient de le voir, mais sans doute pour donner raison à la sublime confiance de Toribio. Celle de Henri de Guise avait été plus fatale au grand ligueur; c'est qu'elle avait sa source dans l'orgueil; celle de Toribio avait la sienne dans la foi et la charité.

J'ai parlé de désertion. Ce devait être là, en effet, le péché mignon de ceux qui ne s'arrangeaient pas de cette vie honnête et laborieuse. Ils saisissaient toutes les occasions de se soustraire à ce qu'ils regardaient comme une dure et injuste captivité. Un jour tous les grands s'échappèrent à la fois. Le premier qui donna l'exemple fut celui qui marchait en tête et qui portait la croix. Les autres se sauvèrent dans toutes les directions, jetant leurs vêtements pour ne pas être reconnus. Il ne resta que les petits que le pauvre frère ramena au logis le cœur bien gros. Mais, le soir venu, presque tous les autres reparurent. Les plus honteux revinrent, un à un, pendant la nuit. Mais aucun n'osa se présenter sans ses vêtements, et, chose singulière, rien ne fut perdu. Le lendemain, il ne manquait que deux des fugitifs. L'un était allé voir sa famille à Arcos; l'autre, on le sut plus tard, était à Cadix. Un si grand scandale ne pouvait rester impuni, et, d'autre part, comment découvrir les instigateurs? car on ne pouvait punir tout le monde. Toribio savait seulement qu'ils étaient neuf. Il se décida à décimer la bande, mais il le fit d'une manière originale et toute chrétienne, qui produisit un grand effet. Il jeta dans une urne autant de billets qu'il y avait eu de fugitifs. Sur chaque billet était le nom de Pierre ou celui de Marie. Tous ceux qui amenèrent ce dernier nom furent épargnés, les autres punis. Les uns et les autres durent se persuader que la Vierge avait choisi elle-même ceux qui méritaient d'être pardonnés.

Cependant tous ces petits événements ne pouvaient demeurer secrets. A Séville où l'on sait tout, où l'on parle volontiers de tout, et même d'un peu plus que de tout, les imaginations se donnaient carrière. Peu s'en fallut qu'à côté de la véritable inquisition on n'en rêvât une autre. Quelque chose du génie mystérieux de la première semblait être resté dans ces vieux murs, où l'école de Toribio lui avait succédé. Le pauvre frère était insulté dans les rues; rien cependant ne le détournait de son chemin. Ce vrai disciple du christ courait avec joie au-devant de l'outrage et du mépris. Hiver comme été, il allait sans chapeau, et d'ordinaire la tête rasée. Aussi les railleries ne lui manquaient pas, et au besoin les attaques violentes. Une seule le trouva désarmé. En le voyant sortir des maisons où il était comblé de douces choses pour ses malades, on ne manqua pas de dire qu'il n'y entrait que pour satisfaire sa sensualité. Afin de couper court à ces indignes commentaires, il prit le parti de ne plus faire un pas sans témoins. Il choisit deux de ses jeunes gens qui ne le quittaient pas, l'accompagnant jusque dans ses visites et assistant même à ses conférences avec les plus grands personnages.

Cependant ce cœur de père gardait une blessure cachée; à l'exemple du bon pasteur, inconsolable de sa brebis perdue, il ne cessait de songer à l'enfant qui n'était pas rentré au bercail, et dès qu'il le sut à Cadix, il n'eut plus qu'une pensée, celle d'aller l'y reprendre. Mais à qui laisser la garde de l'hospice? Cette fois encore il n'écouta que cette généreuse confiance qui déjà lui avait si bien réussi, et il chargea un de ses pensionnaires du soin de le remplacer. Cela fait, il partit avec trois ou quatre enfants dont il allait faire non pas ses témoins, comme il les appelait, mais ses aides de camp. Le fugitif fut bientôt retrouvé et enlevé. Mais frère Toribio ne voulut pas être venu pour un seul. Là aussi il y avait de ces petits vagabonds qui après avoir été le désespoir de leur famille, devenaient le fléau de leur quartier et bientôt de la ville. Frère Toribio mit en œuvre ses procédés particuliers, et quand il eut fait sa moisson, il reprit avec elle le chemin de Séville.

Cette première campagne le mit en goût de tenter encore l'aventure, et de loin en loin on le vit reparaître à Cadix, puis à Puerto Santa Maria, à San Lucar, et, dans une autre direction, à Carmona et à Ecija, et chaque fois ce fut pour ramener des âmes qu'il se promettait bien de ne plus laisser ressaisir par le démon du mal. Voici, en général, comment il s'y prenait. Muni de lettres pour les magistrats de la ville où il se rendait, il les portait lui-même, et racontait ce qu'il se proposait d'essayer encore. Les juges fermaient les yeux et le laissaient faire. Dieu sait alors avec quelle ardeur il se mettait en chasse. Rien ne le rebutait; mais, par un sentiment délicat et avec ce respect des âmes qui lui faisait craindre de les perdre à jamais en voulant les sauver, à mesure qu'il s'emparait d'un enfant, et jusqu'au moment du départ, il se gardait bien de le déposer dans une prison ; il le retenait sous bonne garde dans la maison qui l'hébergeait lui-même, et n'emmenait ainsi avec lui que des captifs déjà à demi réconciliés avec la perte d'une liberté dont ils avaient tant abusé.

Frère Toribio n'avait d'abord, à Séville, pensé qu'aux enfants. Peu à peu il s'enhardit jusqu'à mettre la main sur les adultes. Plus tard les hommes même ne l'effrayèrent pas. Quand il avait marqué sa proie, il sortait avec ses limiers; et en un moment le malfaiteur, car le plus souvent, à cet âge, il méritait ce nom, se voyait assailli, garotté, emporté. C'était d'ordinaire quelque misérable qui couvrant ses méfaits d'une apparence de folie, excitait le scandale dans les rues, ou qui trouvait dans l'ivresse un prétexte pour accoutumer les oreilles à ses refrains obscènes. Toribio prenait au mot ces malheureux qui, du reste, en feignant la démence, étaient parvenus quelquefois à se la donner, et il commença par traiter la raison avant l'âme. Le succès fut complet, et tel qui était entré dans cette maison contre son gré, libre d'en sortir, ne le voulut plus.

Ici se place un épisode qui fera mieux voir encore comme en agissait Toribio avec ses redoutables adversaires, et ce que peut une âme forte contre les passions déchaînées.

Philippe V était arrivé à Séville le 10 avril 1729. Il y avait apporté avec cet incurable ennui, qui deux fois déjà était allé jusqu'au désir d'abdiquer, le souci de ce traité de paix auquel travaillait inutilement le congrès de Soissons, et qui devait pourtant être signé dans la capitale de l'Andalousie, au mois de novembre de cette même année. Dans l'intervalle avait eu lieu, le 14 mai, la translation du corps de saint Ferdinand. On saisit avec empressement l'occasion de fêter avec le roi qui faisait à Séville l'honneur de la visiter, celui qui l'avait jadis arrachée aux infidèles. La fête n'eût pas été complète sans courses de taureaux; et ce fut sans doute à l'occasion de celles qui furent données alors que se passa le fait dont je vais emprunter le récit textuel au biographe de frère Toribio.

« Quand cette ville très-fidèle résolut, pour fêter Leurs Majestés qui l'honoraient alors de leur présence auguste, de donner une course royale, le seigneur duc del Arco, leur grand écuyer, fit venir de Madrid un célèbre torero pour y figurer. On logea celui-ci dans la maison d'une pauvre veuve qui lui raconta, en pleurant, que frère Toribio lui avait enlevé son fils unique, un garçon qui était toute sa société, qui lui faisait ses petites commissions, et que, n'ayant personne pour le lui faire rendre, elle se voyait exposée à de grandes privations. Elle ajouta que le frère Toribio n'avait aucun droit d'en agir ainsi, et finalement qu'il ne ramassait d'ordinaire que les enfants sans asile ou abandonnés de leurs parents, ce qui n'était pas le cas de son fils. Touché de ce récit, le torero s'engagea à lui ramener sur-le-champ le jeune homme. Il se rendit donc à l'hospice, frappa à la porte, et le portier lui ayant ouvert, il dit qu'il avait à parler au frère sur certain sujet. Le portier le fit entrer, referma la porte suivant l'usage et avertit Toribio, qui reçut le visiteur dans le patio, accompagné des deux jeunes garçons qui, ce jour-là, lui servaient de témoins. Le torero commença par exposer en termes polis et mesurés le motif qui l'amenait, ajoutant qu'il ne pouvait s'en retourner sans le jeune homme. A quoi Toribio répondit que c'était le grand nombre de ses incartades qui l'avait amené dans cette maison, qu'il y était principalement pour apprendre le catéchisme, dont il ne savait pas un mot, et que sa mère y était plus intéressée que personne.

« Le torero, peu satisfait de cette réponse, soutint qu'il était de toute nécessité qu'il emmenât le jeune homme, et le compatissant Toribio soutint, de son côté, que pour le moment cela ne pouvait être. L'autre alors, s'imaginant qu'avec des menaces et de l'arrogance il intimiderait aisément un si chétif et misérable adversaire, s'emporta si fort en paroles et dans ses gestes, que les enfants commencèrent, au bruit, à sortir de leurs classes. Notre humble frère lui dit alors : « Parlez plus bas et modé-« rez-vous ; ces enfants ne sont pas endurants, et ils « pourraient vous manquer de respect. » Cette douce réponse ne fit qu'irriter plus encore la colère déjà grande du torero, et il eut l'air de vouloir porter les mains sur frère Toribio. Mais les enfants n'eurent pas plutôt vu leur bien-aimé et vénéré père menacé, qu'ils se jetèrent en masse sur l'agresseur, et le renversant, le garottèrent à plaisir. Ils entraînèrent ainsi le pauvre diable à la salle où s'instruisait le procès et où se jugeait la cause de ceux qu'on amenait à l'hospice. Ils l'établirent de gré ou de force sur les genoux, à la dernière place, et le frère s'étant, suivant l'usage, assis à terre avec les enfants, leur demanda pourquoi ils avaient traîné là cet homme. Tous répondirent par le récit de ce dont ils venaient d'être témoins et commencèrent à proposer les châtiments les plus graves. Mais notre miséricordieux Toribio se mit en devoir, comme toujours, en pareil cas, d'excuser le coupable sur son ignorance, vu qu'il était étranger à la ville et qu'une femme l'avait trompé. Ayant égard à toutes ces raisons, il finit par modérer la peine et la réduire à une simple application de la discipline, ce jour-là et le lendemain, ajoutant que la peine serait augmentée ou diminuée selon qu'il se repentirait ou se montrerait incorrigible, et il termina la séance, selon le cérémonial habituel, par un sermon dans lequel il remontrait ses excès au torero et l'exhortait à se repentir, et en donnant l'ordre qu'il fût retenu en prison pour y apprendre le catéchisme.

« Deux jours entiers cet homme resta en pleine révolte, jurant et blasphémant, sans que notre charitable frère se lassât de le prêcher. Le troisième jour, il appela Toribio et, avec une humble confusion, il lui dit qu'il voyait bien que Dieu l'avait mis dans cet état afin que, connaissant les égarements de sa vie licencieuse, il pût s'en corriger. C'est pourquoi il était décidé à faire une bonne confession générale, et à ne sortir de cette maison que le jour où le frère lui-même serait bien convaincu de la sincérité de son repentir; mais qu'ayant été appelé par le seigneur duc del Arco pour prendre part aux fêtes qui devaient avoir lieu très-prochainement, il le suppliait de permettre qu'il expliquât par écrit à Son Excellence les motifs qu'il avait pour ne pas tenir sa parole. Le cœur tout consolé par la résolution chrétienne de son nouvel hôte, notre bon frère l'en remercia, l'encouragea avec ferveur à réaliser son bon propos, et ne trouvant rien de plus raisonnable et de plus juste que la permission qu'il demandait d'écrire au seigneur duc, il la lui donna très-volontiers, en lui commandant de confier sa lettre à un enfant de l'hospice qui avait toute sa confiance, pour la remettre et en rapporter la réponse. Il en fut ainsi, et le duc ayant reçu la lettre, s'en étonna d'abord, puis se fâcha. Cependant ayant pris des informations auprès de quelques habitants de Séville qui faisaient partie de son entourage, tous s'accordèrent à dire que frère Toribio était d'une grande utilité à la ville, que partant on n'avait garde de contrarier ses allures, quoiqu'il fût certain que son autorité ne relevait que de lui-même.

« Le duc trouva que cette utilité générale, en dehors de l'autorité compétente, ne suffisait pas pour justifier ce qui s'était passé, et il fit sur-le-champ appeler Toribio en sa présence. L'humble frère reçut l'ordre, et s'y rendant sans hésiter, il se présenta à Son Excellence, sous ce pauvre et méprisable costume qu'il portait en tout temps; et quand on devait s'attendre à voir son habit et sa pauvre mine redoubler encore la mauvaise humeur du duc, le duc, au contraire, lui demanda avec beaucoup de douceur et d'affabilité quel motif il avait eu pour enfermer cet homme avec tous ces enfants. Notre pauvre montagnard, avec cette sérénité, cette humilité, cette mansuétude qui ne le quittaient jamais, raconta tout ce qui était arrivé, ajoutant, par forme de conclusion, qu'il ne s'agissait pour le moment que d'apprendre le catéchisme au prisonnier et d'en faire un ami de Dieu, à quoi il espérait bien parvenir, suivant toutes les apparences; que cependant il était prêt à le remettre sur le pavé si Son Excellence l'ordonnait. Le duc prit occasion de cette réponse chrétienne et respectueuse pour faire d'autres questions, et moins pour suivre l'affaire du Torero que pour pénétrer plus avant dans l'esprit, dans le projet, et dans le progrès de cet homme que déjà il regardait avec admiration. Pleinement édifié par ses réponses sur tout ce qu'il voulait savoir en cette ma-

tière, il dit en finissant : « Allons, frère, soignez bien
« cette brebis que Dieu a fait entrer dans votre trou-
« peau. Gardez-la dans votre bergerie jusqu'à vous être
« bien assuré du fruit de votre zèle, ce qui lui importe
« davantage que de figurer dans les fêtes. » Notre Toribio prit congé du seigneur duc, plein de reconnaissance
et de confusion, et de retour à l'hospice, il fit part à son
pénitent de ce qui avait été décidé. Celui-ci se résigna
avec joie à une décision si chrétienne, et fortifié dans ses
bonnes résolutions, il continua à préparer sa confession
générale, dont il s'acquitta enfin à la satisfaction de son
confesseur et de tous ceux qui l'assistèrent.

« Notre charitable père, heureux au delà de toute expression d'avoir, avec l'aide de Dieu, triomphé dans
cette occurrence comme dans toutes des ruses du démon, en tirant une âme de son infâme servitude, et re-
connaissant dans la résolution du torero toutes les marques de la sincérité et de la constance, voulut que le
pauvre homme, du moment que son âme avait trouvé sa
guérison, ne perdit pas l'assistance que son corps
pouvait recevoir des avantages de son métier, et, la
veille des fêtes, il lui ouvrit la porte de l'hospice et le
conduisit lui-même au seigneur duc, devant qui le
nouveau converti renouvela ses chrétiennes résolutions,
donnant hautement parole de suivre désormais une tout
autre vie que celle qu'il avait menée jusque-là.

« Cette affaire qui avait paru si scabreuse au début se
termina donc le plus heureusement du monde, et à la
satisfaction de Dieu d'abord, puis à celle de Son Excel-

lence, à celle aussi de notre frère, et, ce qui valait mieux, à celle du torero lui-même, qui, plus intéressé à la chose que personne, voulut sur-le-champ montrer sa reconnaissance en disant à ses compagnons, lorsque, le lendemain, il se rendit à la place, que le premier taureau qu'il tuerait, s'il obtenait qu'on le lui donnât pour prix de son adresse, il l'enverrait à ses frères les *Toribios*, ce qu'il fit de point en point, en envoyant de la place même à l'hospice le premier taureau qui lui fut donné en présence de la multitude presque innombrable qui assistait à la course.

« De grands personnages doutèrent que ce changement de vie fût sincère, mais, à peu de jours de là, ils eurent une excellente raison pour sortir heureusement de leur doute. Il arriva, en effet, que notre frère s'en allait à Carmona avec deux de ses jeunes gens, à la recherche d'un enfant qui s'était échappé de l'hospice. Les jeunes gens aperçurent un homme à cheval qui venait par le même chemin, dans la direction de Séville. Ils eurent bientôt reconnu le torero qui avait été leur compagnon et qui arrivait armé de la longue épée de sa profession. A cette vue, les jeunes gens, saisis de crainte, proposèrent sur-le-champ à leur cher père de prendre la fuite pour éviter le malheur qu'ils voyaient déjà sur leur tête, dépourvus d'ailleurs qu'ils étaient de tout espèce de défense. Notre frère les tranquillisa, en leur assurant qu'il n'arriverait rien de ce qu'ils craignaient. Cependant le torero s'était rapproché, et, les ayant reconnus, s'écria avec confusion : « Quoi ! mon père, vous

« à pied et moi à cheval! » et se hâtant de mettre pied à terre, il baisa humblement la main de son insigne bienfaiteur, embrassa très-affectueusement les deux jeunes gens et fit toutes les instances possibles pour que le frère prît son cheval. L'humble Toribio s'en excusa sur ce qu'il n'avait jamais cheminé autrement que sur ses jambes, et l'engagea à continuer son voyage à Séville avec la bénédiction de Dieu, pendant qu'il irait, lui, à la recherche de la pauvre brebis qui s'était écartée de sa bergerie. Les mêmes instances furent renouvelées de part et d'autre, mais sans plus de succès, et, au grand étonnement des deux jeunes gens qui ne pouvaient parvenir à se persuader de la réalité de ce qu'ils voyaient de leurs yeux et touchaient de leurs mains. Le torero s'apercevant qu'il ne triompherait pas de la résistance du saint homme, et voulant de son côté donner la preuve la plus incontestable de sa reconnaissance et de sa soumission, prit le parti de mener son cheval par la bride et de suivre le bon frère à pied pour lui faire fête, et il l'accompagna ainsi jusqu'à Carmona, où il prit congé de lui de la manière la plus respectueuse, pour s'en venir à Séville. »

Cette aventure ne pouvait manquer d'être rapportée au roi. Quand il n'y aurait eu pour le faire que le duc del Arco, c'était une bonne fortune pour un courtisan que d'avoir à conter une aussi piquante anecdote à un prince mélancolique et ennuyé. Philippe V, d'ailleurs, dans ses divers séjours à Séville, devait avoir rencontré dans les rues la famille de plus en plus nombreuse de frère Toribio. J'ai bien de la peine à croire que celui-ci ne l'eût pas conduite dans quelque patio de l'Alcazar, comme il le faisait, on l'a vu, dans les cours de l'archevêque ou de l'Asistente, et qu'à demi caché par le rideau d'une fenêtre entr'ouverte, le roi n'eût pas assisté à quelque belle leçon de catéchisme en plein vent. Qui sait si ce roi, aussi difficile à amuser que son grand aïeul, ne dut pas alors un quart d'heure de distraction à l'enseignement si original de frère Toribio? Toujours est-il que le roi voulut savoir ce que c'était que cet homme qui semblait plus roi que lui-même à Séville, et qui, lui, avait trop à faire pour avoir jamais eu le souci d'abdiquer cette couronne de la charité. Il s'intéressa même à son hospice, et apprenant que le fondateur n'avait qu'une maison d'emprunt, il alloua deux mille ducats pour commencer à lui en bâtir une qui lui appartint. L'ayuntamiento joignit un second bienfait au premier, en accordant à Toribio un terrain en dehors de la porte de Triana. Le premier soin de Toribio, aussi prudent dans la prospérité qu'il l'avait été aux heures difficiles de son entreprise, fut de déposer entre les mains de l'archevêque le don qu'il tenait de la munificence royale.

Cependant il était écrit qu'il ne verrait pas s'élever cette maison, doux rêve de sa pieuse ambition.

Le 15 août 1730, il tomba malade, en proie à une fièvre ardente. Toute la ville s'en émut, comme si elle eût pressenti que l'âme allait manquer à cette œuvre dont depuis près de cinq ans elle recueillait tous les fruits. Dans un pays où les imaginations se frappent aisément, le retour du mois d'août avait de quoi les inquiéter; c'était le mois d'août qui avait marqué toutes les crises du nouvel hospice; c'était au mois d'août que le frère s'était transporté dans cette maison de l'Alameda, bientôt trop étroite pour les enfants qui s'y pressaient; c'était au mois d'août 1727 qu'il avait quitté l'Alameda pour la *Vieille Inquisition*; et quand un regard de la royauté, tombé sur l'humble communauté, semblait devoir lui assurer la durée et une existence nouvelle, au mois d'août encore, la communauté se voyait menacée de mort dans celui en qui elle se personnifiait tout entière. Du 15 au 22, le mal fit de tels progrès que Toribio jugea l'heure venue de faire son testament. A bon droit il pouvait regarder l'œuvre comme sienne, et en disposer comme un roi de sa conquête; parlons mieux, assurer après lui, par de sages mesures, l'heureuse perpétuité de sa fondation.

Il pouvait mourir content : la maison était libre de toutes dettes, et ne contenait pas moins de cent cinquante enfants. Cependant, devant ce spectacle, bien fait pour réjouir son âme, il se retrouva aussi humble qu'à l'époque où, sa sonnette à la main, il allait par les rues et les carrefours, enseignant le catéchisme à quelques enfants déguenillés. Son testament porte à chaque ligne la trace de cette incurable humilité. On y apprend qu'il s'était associé librement à l'ordre de Saint-François. Il nomme pour ses héritiers les enfants de son hospice, et pour mieux leur assurer cet héritage, il choisit pour exécuteurs testamentaires les deux personnages dont la protection ne lui a jamais manqué : l'archevêque don Luis de Salcedo et le comte de Ripalda; l'un et l'autre lui survécurent.

Il s'occupa ensuite de vive voix des dispositions à prendre pour le bon gouvernement de la maison, et délégua pour lui succéder ce frère Antonio Manuel Rodriguez, dont il avait, je l'ai dit, fait son second ; il lui recommandait tout particulièrement la construction de l'édifice qui devait être l'asile définitif de l'hospice. Son honneur à lui serait d'y conduire leurs chers enfants. Mais, comme l'archevêque était absent, il ne voulut rien faire d'irrévocable, et, en attendant le retour du prélat, il confia le soin de l'administration à un de ces jeunes gens qui étaient entrés par force dans la maison. Voulait-il par ce choix hardi rendre plus manifeste aux yeux de tous l'empire que prenait insensiblement sur les âmes les plus rebelles le régime qu'il avait si énergiquement maintenu? En appelant à son chevet ce directeur provisoire pour lui faire part de sa décision, Toribio lui recommanda d'être docile aux avis du futur directeur et de faire de lui et des autres maîtres, durant le temps que se prolongerait son pouvoir, le conseil de sa jeunesse et de son inexpérience.

Cependant le mal augmentait. Tout ce qu'il y avait de vénérable dans le clergé de Séville entourait le lit du moribond. On se disputait l'honneur de le veiller de jour et de nuit; les dominicains de San Pablo ne voulaient céder cette dernière joie à personne, et les religieux de Regina obtenaient à grand'peine de la partager avec eux.

Le 22, on lui administra les sacrements. Quand on

chercha à le soulever, on s'aperçut qu'il portait autour du corps une chaîne de fer ; c'était la seule qui eût encore servi dans la maison. Il ne voulut jamais permettre qu'elle lui fût enlevée. « Il passa le reste de ce jour, dit son biographe, dans les plus doux entretiens avec son Jésus bien-aimé et la pure vierge Marie. Le lendemain ceux qui l'entouraient, voyant qu'il allait expirer, voulurent lui épargner les douleurs qu'ajoutaient aux souffrances de la maladie de petites chaînes de fer dont il avait ceint son corps pénitent, mais son austère constance ne le permit pas, et il voulut mourir dans la pénitence comme il y avait vécu. Arriva enfin l'instant marqué pour sa plus grande félicité, qui fut à une heure de l'après-midi, le 23 août, et tenant dans les mains un cierge et une pieuse image de Jésus crucifié, les yeux fixés sur elle et sur une autre de l'Immaculée Conception. Les doux noms de Jésus et de Marie dans le cœur et sur les lèvres, il remit son âme entre les mains de son divin Créateur, nous laissant des signes manifestes de son heureuse prédestination, autant que peut le conjecturer la piété chrétienne : les yeux modestement ouverts, tout le corps resté souple dans ses mouvements, le visage souriant, et rien de cette horreur naturelle qui s'attache à la dépouille de l'homme. »

Ce fut dans l'hospice une désolation universelle, et au dehors l'affluence fut telle, qu'il fallut poser des sentinelles devant le corps. Sans cette précaution, il ne fût pas resté lambeau de ses vêtements : il portait l'habit de Saint-Dominique.

Tous les enfants suivirent le convoi, les plus grands portant le corps, pendant que trois des plus petits représentaient le deuil de tous. Ses préférences avaient été pour ceux-là. Le corps fut ainsi mené au couvent de San Pablo et enseveli au pied du tombeau du vénérable père Ulloa, le pieux propagateur en Andalousie de la dévotion du Rosaire. J'ai inutilement cherché la trace de cette précieuse sépulture. Le cimetière de la communauté est devenu la trésorerie de la province, dont les bureaux occupent ce qui reste de l'ancien couvent. Tout ce dont se souviennent les derniers survivants du monastère, c'est que le vénérable Ulloa avait été enseveli tout près du mur, à la droite des cloîtres. Là sans doute et sous une pierre sans nom et sans date repose aussi la dépouille du plus humble des hommes Il n'avait jamais désiré une tombe plus fastueuse.

J'ai aussi cherché, mais avec plus de succès, le portrait de Torribio. Guidé par ce que je lui avais appris de ce saint homme, un autre saint, plus digne que moi de raconter une telle histoire, le père Joaquin de Medina, le découvrit enfin dans l'hospice de San Luis, dans la maison même où se continue, sous le patronage régulier de l'autorité provinciale, l'œuvre de Toribio. Ce portrait naïvement peint, et évidemment contemporain du modèle, donne bien l'idée de cette admirable créature. Toribio y est représenté sous son manteau d'étoffe grossière et tenant à la main cette corbeille où il recueillait les dons de la charité. Toute sa personne respire l'humilité, mais sous la simplicité de l'attitude et dans la rudesse des traits on sent la fermeté de l'âme.

Rentrés à neuf heures du soir dans cette maison désormais vide, les enfants y éprouvèrent un sentiment de détresse profonde. La plupart jusque-là ne s'étaient pas aperçus qu'il leur manquât une famille. Ils passèrent toute cette nuit dans les larmes et dans la prière. Tantôt leurs voix s'élevaient unies vers le ciel, tantôt des souvenirs plus tendres chez quelques uns, une douleur plus poignante, l'instinct plus vif de l'abandon qui les attendait, leur faisaient chercher la solitude.

Le lendemain toute la ville accourut. Une curiosité involontaire se mêlait peut-être à la sympathie que l'on éprouvait pour ces pauvres enfants deux fois orphelins. On crut qu'ils allaient profiter de l'occasion et ressaisir leur liberté. Pas un n'en fut tenté. L'ordre le plus parfait régnait dans cette maison, orpheline elle-même, et ces enfants reçurent les compliments d'usage avec une dignité qui étonna tout le monde; l'âme de Toribio avait passé en eux.

Cependant l'archevêque, en apprenant la triste nouvelle, avait abrégé sa tournée et s'était hâté de revenir. Le saint prélat crut devoir à la mémoire de celui qui n'était plus de soutenir son œuvre en ces moments difficiles. A peine revenu, il confirma le choix que Toribio avait fait de frère Antonio Manuel Rodriguez. Il le connaissait bien, il l'avait éprouvé d'avance. Le nouveau directeur avait une fille. Pour lui ôter ce dernier souci, l'archevêque la dota et la mit au couvent. Celui qui avait été jugé digne de remplacer Toribio ne devait avoir d'autre famille dans ce monde que les enfants qui lui étaient confiés.

Dès le début de son gouvernement, le frère Manuel Rodriguez eut une belle et bonne pensée, ce fut de donner à l'hospice une existence indépendante et assurée par le développement des métiers que Toribio avait établis dans son sein. L'idée réussit et l'hospice devint une vaste et multiple fabrique. Mais il est permis de se demander si, en devant moins à la charité, il conserva toute sa puissance morale. Il est vrai qu'en même temps qu'il rendait à la société, en échange des enfants corrompus qu'il en avait reçus, d'honnêtes et excellents ouvriers, l'hospice donnait aussi à l'Église des prêtres instruits, des missionnaires pleins d'ardeur, et à l'État même d'intrépides marins ; il lui en fournit d'un coup, une fois trente, une autre trente-trois. De ses ateliers sortaient des produits fort estimés.

On craint de le dire, mais ce fut peut-être le résultat matériel plus encore que le succès moral qui engagea peu à peu les familles à confier d'elles-mêmes leurs enfants à l'hospice, quand elles avaient le malheur d'en avoir quelqu'un dont les mauvais penchants résistaient aux moyens ordinaires. La justice elle-même y envoyait ses jeunes condamnés. Mais dès lors la discipline dut redoubler de sévérité.

J'ai parlé des produits des fabriques. On sollicita de l'État le privilége de les vendre libres de tous droits. Ce ne pouvait être qu'au préjudice du commerce, qui lutta et se défendit de son mieux. L'hospice l'emporta, mais, et ceci peint assez bien l'Espagne, les deux parties étaient encore aux prises, quand on apprit que, depuis un an déjà, un décret avait été rendu qui adjugeait la victoire aux Toribios. Seulement on ne s'était donné la peine d'avertir ni le vainqueur ni le vaincu, et le combat continuait. Cette faveur singulière amena naturellement de nouveaux progrès et des ressources nouvelles.

Le moment parut bien choisi pour élever la maison projetée. C'était là surtout, on l'a vu, la pensée que le bon Toribio avait léguée à son successeur. Celui-ci ne l'avait point oublié. On renonça cependant au terrain offert par l'ayuntamiento, et on acheta dans le quartier appelé de la Calzada, sur la place de Pumarejo, une bâtisse immense à laquelle on donna une distribution nouvelle en harmonie avec les divers et nouveaux besoins de l'hospice. Mais le nouvel édifice n'était pas encore achevé, il ne l'a jamais été, que l'intrigue en trouva la porte mal gardée et y entra un beau jour. Frère Manuel Rodriguez, qui avait mérité que Toribio le choisit pour continuer son œuvre, accusé par la malveillance de prendre le bien des pauvres, au lieu de mépriser de vaines paroles que son ami eût dédaignées du haut de sa courageuse charité, perdit patience et alla rendre ses pouvoirs à l'archevêque. Il vécut encore dix-neuf ans dans une masure, à Ecija, puis s'en revint mourir à Séville dans un des lits de l'hospice de don Miguel de Mañara. Il put assister de là à la prospérité matérielle de l'Œuvre dont il s'était peut-être dégoûté trop vite. Mais je doute qu'il se soit jamais repenti d'être sorti d'une maison dont l'esprit du siècle avait forcé l'entrée. Il eût fallu Toribio lui-même pour barrer le passage à ce redoutable ennemi, ou le dompter comme ce torero qu'il rendit aussi humble que le plus petit de ses enfants.

Cette prospérité, du reste, fut de courte durée, et le gouvernement de l'hospice changea de forme plus d'une fois encore. Mais je n'éprouve aucun goût à le suivre dans ses transformations diverses. Il n'en existe plus aujourd'hui que les magnifiques bâtiments interrompus, et ce nom de Toribios, que l'on donne encore quelquefois et par habitude aux enfants recueillis par la charité. Il me suffit d'avoir montré ce que la charité et la religion peuvent faire, même de nos jours, par des mains rudes et ignorantes. Avant frère Toribio, douze pêcheurs de Galilée avaient fait, je le sais, un bien autre miracle. Mais n'est-ce rien que d'avoir vu briller si près de nous, et presque de notre temps, un éclair de cette grande clarté qui, il y a deux mille ans, se leva dans les ténèbres du paganisme?

II

L'INFANT DON CARLOS. — LE POÈTE ENCISO
ET SES DRAMES

A M. CUVILLIER-FLEURY

Le sujet de *Don Carlos.* — Le poëte Diego de Jimenez Enciso.—Sa vie.—
Ses œuvres. — Ce qu'en pensaient Lope de Vega et Cervantes. — Son
drame intitulé : *Les Médicis de Florence* : analyse et citations. — Son
drame intitulé : *Le plus grand exploit de Charles-Quint :* analyse et citations. — Heureuse intervention dans ce drame de don Juan d'Autriche enfant, puis jeune homme. — L'infant don Carlos. — Sa destinée mystérieuse. — La tradition populaire et la vérité historique. —
Témoignages contemporains. — Opinion des historiens. — Le drame
de Enciso. — En quoi il se rapproche de la tradition et de l'histoire.
— Son autorité historique : analyse et citations.—Conclusion.

II

L'INFANT DON CARLOS. — LE POÈTE ENCISO ET SES DRAMES

Je m'étonnais aussi qu'en Espagne, où le théâtre a puisé si hardiment dans la Bible, dans la mythologie et dans l'histoire, aucun poëte dramatique ne se fût laissé tenter par ce sujet de *Don Carlos*, qui a si magnifiquement inspiré Schiller, que toutes les scènes de l'Europe l'ont revendiqué après lui, dont le roman s'était emparé avant le théâtre, et dont la poésie avait fait si grand bruit, que l'histoire a fini par y donner une attention tardive, mais sérieuse. Non, l'Espagne n'avait eu garde de négliger une telle source d'émotions tragiques. Avant la nouvelle de Saint-Réal, avant le drame de Schiller, l'Espagne avait eu son *Don Carlos*, œuvre d'un poëte très-remarquable, et qui se trouve, de tous les drames écrits sur le même personnage, le plus voisin de l'événement par la date et surtout par la vérité historique.

Je me propose d'étudier de près cette curieuse composition; mais je commencerai par dire ce que l'on sait de l'auteur. C'est l'un des rares écrivains dramatiques de l'Espagne dont les ouvrages brillent par la qualité plutôt que par la quantité.

Don Diego de Jimenez Enciso était né à Séville au mois d'août de l'année 1585, trois ans après la mort du grand duc d'Albe, et dix-sept ans après celle de son héros; il avait douze ans lorsque mourut Philippe II. Il avait donc pu entendre raconter lui-même par des témoins oculaires les circonstances de l'étrange événement qu'il devait un jour mettre sur la scène.

Fils d'un avocat de Séville, Enciso fut lui-même un des magistrats municipaux qui, sous le titre de *Vingt-quatre*, qu'ils devaient sans doute à leur nombre, régissaient la capitale de l'Andalousie. Le comte-duc d'Olivares, qui l'appréciait beaucoup, le nomma son lieutenant dans le gouvernement qu'il possédait, à titre héréditaire, de l'Alcazar de Séville, emploi bien digne d'un poëte. Cinquante ans plus tard, un autre grand d'Espagne, le prince de Paternò, gouverneur, au même titre, du château aujourd'hui démantelé de Saint-Ferdinand, à Alcala de Guadaira, prenait aussi pour lieutenant un autre poëte dramatique, don Cristobal de Monroy y Silva.

Pour en revenir à Enciso, il résida longtemps à Madrid, où il eut, au théâtre, d'éclatants succès, et obtint l'habit de Saint-Jacques. L'année de sa mort est restée inconnue. Son nom revient plusieurs fois avec éloge sous la plume de Lope de Vega. Dans le *Laurier d'A-pollon*, l'admiration s'exprime en vers si recherchés,

qu'il n'y aurait aucun profit à les traduire ; mais, dans
un autre de ses poëmes, Lope fait de la statue imagi-
naire d'Enciso l'un des ornements de son jardin allé-
gorique, et au XIXe chant de sa *Jérusalem*, il consacre
au poëte lui-même quatre vers qui sont un hommage :

« Le Bétis peut à bon droit se vanter de don Diego
de Jimenez Enciso, et sur ses pures eaux porter aux
mers occidentales ses vers, au bruit desquels se fussent
élevées jadis les murailles de sa ville. »

Quelques années plus tard, Cervantes, dans son
Voyage au Parnasse, ce vaste et confus dénombrement
des beaux esprits de son temps, plaçait Enciso dans la
barque qui amenait au secours d'Apollon menacé par le
mauvais goût don Juan de Argote et don Diego Abarca.
Il le montre s'élançant d'un saut hardi sur la plage,
et le loue dans les mêmes termes que ses deux illustres
compagnons.

Avant de parler de Enciso comme poëte dramatique,
disons un mot de ses essais comme poëte lyrique.

Au commencement de notre siècle, deux *canciones* de
lui, retrouvées manuscrites et adressées l'une à l'Hiver,
l'autre au Printemps, firent en Andalousie tout le
bruit qu'il est permis d'attendre, en Espagne, de ces
exhumations, beaucoup moins rares là que chez nous.
Ces deux morceaux avaient été composés pour une joute
poétique organisée à San Juan d'Alfarache et à laquelle
Enciso paraît avoir présidé. Ainsi, même à l'époque où
le héros picaresque de Mateo Aleman prenait si plaisam-
ment possession des mêmes lieux, la muse marquait

aussi d'un signe ce beau et poétique village que l'on voit de Séville se mirant, à l'autre bord, dans les belles eaux du Quadalquivir.

On chercherait inutilement dans ces deux pièces, d'ailleurs élégantes et ingénieuses, le sentiment de la nature andalouse. Les traits dont Enciso y peint l'hiver et le printemps sont un peu de tous les pays. La seconde pièce est comme une contre-partie ingénieuse de la première. Cela se termine par ce trait délicat, qui est d'un poëte : « Chanson, l'hiver est passé, le printemps est venu ; malheureux celui qui n'attend plus de remède à ses maux ! »

L'œuvre la plus connue, ou, pour mieux dire, la seule assez appréciée d'Enciso, est une *comédie* qui a pour titre : *Les Médicis de Florence*. Rien ne témoigne mieux du succès qui l'accueillit dès le premier jour que ce mot de Montalvan, le disciple de Lope de Vega, que cette pièce méritait de servir de modèle à toutes celles d'un ordre élevé. C'est aussi à cette pièce que songeait don Fernando de Vera, dans son Panégyrique de la poésie, quand il appelait Enciso le Térence de Séville, ajoutant (mais l'Espagne est le pays de l'hyperbole) que ses vers auraient suffi à immortaliser la mémoire des ducs de Florence.

Quoiqu'on s'accorde à regarder Enciso comme l'inventeur des comédies de cape et d'épée, on sent cependant à travers ses créations les plus romanesques un goût marqué pour l'histoire. On le sent dans ses *Médicis*, celle de ses pièces où il doit le plus à lui-même ; on le verra bien davantage dans son *Charles Quint* et dans son *Don Carlos*.

Le sujet des *Médicis* est le même qu'Alfred de Musset a traité, de nos jours, avec tant d'éclat : l'assassinat d'Alexandre de Médicis par son cousin, par son favori Lorenzo, qui, n'étant que l'œuvre isolée d'un homme, ne fit qu'amener l'avénement de Cosme. Alfred de Musset, en creusant cette âme étrange de Lorenzaccio, en a fait une création pleine de vigueur, de nouveauté, mais qui par son caractère subtil et mélancolique pouvait seulement appartenir à un temps qui, après avoir compris Shakespeare, avait vu naître Byron et Gœthe. Rien de pareil dans l'œuvre d'Enciso. Toutes les passions y sont vives, naïves, naturelles, et, pour ainsi dire, à fleur d'âme. Malgré la richesse de ses inventions, il ne serait pas fâché que l'on crût qu'il a écrit sous la dictée de la tradition. Cosme lui-même, dans la pièce, dit au public en finissant : « Plusieurs auteurs ont écrit cette histoire comme nous venons de la représenter. » Mais il faut se garder de le prendre à la lettre; car, à part l'événement principal, tout est sorti de l'imagination du poëte.

Isabelle, la fille du dernier des Pazzi, est aimée d'Alexandre, de Lorenzino et de Cosme, qu'elle ne hait pas, Pour échapper aux obsessions des deux autres, elle se décide à épouser le troisième. Mais la lettre qui appelle celui-ci auprès d'elle ne porte pas d'adresse, et une suivante infidèle abuse de cette circonstance pour remettre la lettre à Lorenzino, dont elle recherche l'amour, et qu'elle reçoit elle-même dans le jardin et sous les habits de sa maîtresse. De là tout l'imbroglio et l'intérêt du drame, conduit d'ailleurs avec une rare habileté. On ne saurait croire tout l'art que met l'auteur à retenir jusqu'au dénoûment l'explosion du secret qui tient tous ses personnages en haleine, et comment avec si peu de personnages il sait varier et soutenir une intrigue aussi simple. Il y parvient par le jeu et la vérité des passions, qui, à travers des traits d'inévitable mauvais goût, parlent cependant une langue plus simple qu'on n'est habitué à l'entendre sur la scène espagnole. On ne voit pas trop la part qu'un pareil canevas pouvait faire à l'histoire. Il y a là cependant un de ces grands vieillards comme Corneille et Victor Hugo savent les peindre, et qui, dans les rares occasions où il se montre, jette dans la pièce une couleur énergique dont il reste encore quelque chose, même après qu'il a disparu : c'est le dernier des Pazzi, Cefio, le père d'Isabelle. Il vit pauvre et ignoré dans son obscure maison. Mais la haine qu'il garde au vainqueur le maintient à la hauteur des héros de sa race. C'est à croire vraiment, quand on lit les premiers vers de la pièce, qu'on va assister à une tragédie de Corneille ou à un drame de Shakespeare. Le début est plein de vigueur et forme à l'œuvre d'Enciso une exposition originale.

Florence est en liesse et célèbre les fiançailles de son duc. Le vieux Cefio, que ce bruit réveille, s'élance à demi nu et l'épée à la main. Sa fille veut en vain l'arrêter :

« Laisse, Isabelle, laisse-moi exciter ce peuple innocent, las de son oisive servitude, à secouer un joug odieux; ne me ferme pas cette porte qui s'est ouverte, pour mon malheur, à tant de calamités; laisse, fille chérie, si tu veux que je sauve d'une mort infâme cette vie épuisée; laisse-moi mourir avec honneur et en me moquant de la destinée. Ainsi j'aurai triomphé d'avance des maux qu'on me prépare. Quoique mon bras et mon sang n'aient plus l'ardeur de la jeunesse, le temps s'efforce en vain d'arracher de mon âme un reste de courage. Ouvre-moi, ou je crie, ou j'enfonce cette porte à coups de pieds.

ISABELLE.

« Mon père et mon seigneur, qu'est ceci? quel courroux vous fait sortir de votre lit, armé et le visage en feu? Qu'est-ce que ce peuple, ce courage, ce souci de l'envie ou de la renommée, cette destinée inexorable qui vous précipitent vers votre porte? La nuit où Florence célèbre les noces de son maitre et lutte d'éclat avec le soleil, vous quittez votre couche et vous allez réveiller votre vaillante épée depuis si longtemps endormie, et en proie à la rouille et à l'oubli !

CEFIO.

« Ah! innocente Isabelle! ce sont ces cris, c'est cette fête insolente qui tiennent mon âme en peine.

ISABELLE.

« Et pourquoi, seigneur, cette fête vous irrite-t-elle?

CEFIO.

« Pourquoi? parce que ma patrie a perdu sa liberté! La honte m'accable. Ouvre cette porte et que j'aille mourir.

ISABELLE.

« Que Dieu écarte de nous un tel malheur! renoncez
à ce dessein, ne sortez pas, ou, si vous ouvrez cette
porte, moi, j'ouvrirai mon cœur... Si ce pauvre corps nu
tombe sous les coups de la mort brutale, qui me servira
de bouclier dans la longue guerre que me livre le
sort? Que cette épée retourne à son clou, ou cette poitrine, seigneur, lui servira de fourreau.

CEFIO.

« Oh! amour, que ne peux-tu pas? Cesse de pleurer,
ma fille, essuie tes larmes, je me sens tout ému. Voilà
donc ce que peut l'amour!

ISABELLE.

« Donne-moi tes mains, mon père.

CEFIO.

« O Médicis! ô patrie! ô citoyens!

ISABELLE.

« Repose ici, près de moi. Quel nouveau malheur t'a-
gite en ce moment?

CEFIO.

« Odieux Alexandre! Que n'es-tu un homme, Isabelle, ma fille!

ISABELLE.

« J'ai le cœur d'un homme, mon père.

CEFIO.

« Apprends mon mal.

ISABELLE.

« Je le soupçonne, mon père. »

Et le vieillard raconte à sa fille, à qui déjà il l'a dite

sans doute bien des fois, l'histoire de cette longue lutte des Pazzi et des Médicis. Mais la fortune enfin a prononcé. Charles-Quint a mis Alexandre sur le trône de Florence, et, pour l'y maintenir, il le marie aujourd'hui à sa fille naturelle.

« Ah! c'en est fait des Pazzi, continue Cefto, le temps des Médicis commence. Alexandre habite un palais; moi, cette humble maison. Je dors dans un lit vulgaire; il dort, lui, dans la soie; les mets chargent sa table, tout manque sur la mienne; il porte de riches brocards, je m'habille d'une serge grossière; il commande à tout un duché, je n'ai pas un ducat de rentes; il épouse la fille d'un roi, je te verrai unie à quelque rustre; il a mille valets à ses ordres, j'en suis réduit à me servir moi-même; on m'évite, et on le recherche; il est le maitre, et je suis le vassal! Ai-je tort, mon Isabelle? n'ai-je pas mille fois raison de gémir et de m'irriter, si, quand j'enrage, la ville lui fait fête? Que ferai-je de la vie quand déjà ma noblesse est morte? A quoi bon ces cheveux blancs, si le peuple ne les respecte pas? Pourquoi allais-je détacher ces armes, quand je ne puis venger mon injure? Reprends cette inutile épée et donne-moi une quenouille, Isabelle, je me soumets à la fortune, puisqu'ainsi le veut mon étoile. Qui serait brave, pauvre comme moi et chargé d'années? Ah! mon Isabelle chérie, si tu étais un vaillant jeune homme, tu délivrerais ta patrie, tu illustrerais ton nom; mais, puisque le ciel ne voulut faire de toi qu'une faible femme, poursuis-les avec les armes que t'a données la nature : maudis ce duc Alexandre;

souhaite avec moi, mon Isabelle, qu'il ne jouisse pas de son duché, et le perde, l'ayant mal acquis ; que son plus grand ennemi devienne duc de Florence, et que l'ami qu'il aura le plus aimé le tue à coups de poignard! »

Et le vieillard se retire en pleurant : ce sont les larmes de don Diègue. Est-ce que ce vaillant homme, qui ne sait plus que maudire et verser des larmes, ne vous rappelle pas aussi ces beaux palais de Venise qui se réfléchissent, à moitié détruits, dans les eaux du Grand-Canal ?

Il y avait toute une tragédie dans cette première scène, mais le poëte a fait défaut au côté héroïque de son sujet ; il a mieux aimé en tirer une libre et émouvante comédie de mœurs. La haute figure, à peine montrée, rentre dans l'ombre, et, si elle en sort de loin en loin, c'est pour jouer un rôle incertain et parfois presque ridicule.

Enciso n'a fait ici qu'effleurer l'histoire. Avec Charles-Quint il y entre de plain-pied. Mais avec ce nom et en Espagne, il pouvait difficilement donner carrière à sa fantaisie. Encore faut-il lui savoir gré d'avoir compris que l'histoire ici dépassait toute poésie, ou plutôt qu'elle était la poésie même. L'abdication de Charles-Quint, sa retraite et sa mort au couvent de Yuste, tel est le sujet de la pièce, car c'est là ce que le poëte appelle *le plus grand exploit de Charles-Quint*. L'Espagne aime les titres fastueux.

La comédie, suivant l'usage, est divisée en trois journées : dans la première, le poëte a suivi l'histoire pas à pas. L'empereur a donné rendez-vous à Bruxelles à tous les demi-souverains entre lesquels il se propose de partager, vivant, sa dépouille. Son arrivée au milieu d'eux a quelque chose d'héroïque, et on sent qu'il ne perdra rien à laisser tomber sur la tête de chacun d'eux une part de l'autorité qu'il vient abdiquer. Mais il est un dernier élément historique qu'un poëte de talent ne pouvait négliger, un intérêt nouveau qu'Enciso sait avec bonheur substituer à tous ceux qui déjà n'ont plus de prise sur le cœur de Charles-Quint. Dans cette foule de rois et de ducs on entrevoit l'héroïque enfant qui sera, un jour, don Juan d'Autriche. Ce ne fut, en réalité, qu'un peu plus tard et à Yuste même que Charles-Quint se fit amener le fils de Barbe Biomberg. Mais qu'importe? chercherons-nous querelle au poëte pour avoir avancé cette entrevue de quelques mois? Au moment où le vieil empereur, chargé de gloire, se retirait du monde, l'art voulait que, dans cette évocation de tous ceux qui héritaient de sa puissance, il aperçût dans l'ombre, où son regard seul pouvait le reconnaître, celui qui, dans le glorieux héritage, allait se faire la part du héros.

J'aime la vive façon dont le poëte introduit sur la scène ce frère ignoré de Philippe II. Il arrive, non sous l'escorte de ce joueur de viole, Massi, à qui sa mère l'avait confié, mais entraînant à sa suite, plutôt qu'il n'en est accompagné, un frère lai, personnage grotesque, le gracioso de la pièce, qui passe sa vie à s'étonner des espiègleries de l'enfant, premières hardiesses d'un grand cœur dont il n'a pas le secret, et qui est chargé de remettre à l'empereur une lettre de la mère de don Juan.

LUCAS.

« Au diable soit la lettre ! vous verrez que je ne la trouverai pas. Juanico, je ne sais plus où j'en suis.

DON JUAN.

« Ne sois donc pas si poltron. Laisse, que je passe. »

Il s'empare de la lettre, et, au moment où l'empereur sort avec toute sa suite, il met un genou en terre et présente hardiment son message.

DON JUAN.

« Que Votre Majesté daigne me faire répondre.

LUCAS, à part.

« A-t-on jamais vu une audace pareille ?

L'EMPEREUR.

« Donnez cette lettre à mon secrétaire.

DON JUAN.

« Ma mère, seigneur, m'a recommandé de la remettre entre vos mains.

UN GARDE.

« Assez, drôle !

L'EMPEREUR.

« Laissez-le. Qui êtes-vous ?

DON JUAN.

« Je ne suis pas d'ici.

L'EMPEREUR.

« De qui est cette lettre ?

DON JUAN.

« De madame Léonor.

L'EMPEREUR.

« C'est bien. Revenez cette après-midi.

LE GARDE.

« Place!

L'EMPEREUR, à part.

« L'intéressant enfant! Je me suis tenu à quatre pour ne pas l'embrasser. »

Il se retire, et Don Juan l'accompagne jusqu'à la porte, et le suit encore de loin d'un regard d'admiration.

Arrêtons-nous ici un moment. La mère de don Juan, on le sait, s'appelait Barbe, et non Léonor. Léonor est le nom d'une sœur de Charles-Quint, que les ennemis de ce grand homme auraient bien voulu faire passer pour la mère de don Juan. Il est impossible que le poëte se soit fait ici l'écho de cette calomnie, et qu'il ait eu cette pensée en mettant ce nom dans la bouche de don Juan parlant à Charles-Quint lui-même. Je crois plutôt qu'il l'a ignorée, et qu'il a pris au hasard ce nom de Léonor pour ne pas mettre un nom flamand dans ses vers. Les poëtes du Midi ont de ces fausses délicatesses.

Achevons la scène.

LUCAS.

« Laisse-moi t'embrasser mille fois. Jésus! il faut que je t'embrasse pour le courage que tu as eu. Bon Dieu! quel air déterminé!

DON JUAN.

« Non, laisse-moi regarder le César; laisse-moi m'étonner de voir le plus grand cœur du monde emprisonné dans ce cadavre qui tombe. Voilà donc Carlos! C'est donc là ce Carlos dont le nom, doux à l'oreille, fait trembler la terre asservie, fait frissonner les mers!

Je croyais, moi, là-bas, dans mon pays, que Carlos était un géant dont les yeux jetaient des flammes, dont la bouche vomissait le sang, et sa mansuétude, son beau visage, son port majestueux, me ravissent d'étonnement. Je n'éprouverais pas plus d'amour pour un père. Ah! Dieu! qu'on serait heureux d'être noble pour être son page! Que ne suis-je gentilhomme! »

Ne trouvez-vous pas cela charmant, vrai, naïf et d'un enfant qui sera un héros? La suite a aussi beaucoup de grâce, mais elle nous gâterait cet admirable élan d'une grande âme qui s'ouvre. « Gentilhomme! s'écrie Lucas. Mais rien n'est plus facile. Il ne faut pour cela que s'appeler don Juan, ne parler que de femmes et de chevaux, prodiguer l'argent, » etc. Vous entendez d'ici tout ce que peut dire le gracioso sur ce thème. C'est spirituel et amusant, mais, encore un coup, restons sous l'impression première.

Charles-Quint est encore tout entier au souvenir de cet enfant qu'il n'a fait qu'entrevoir, et au milieu des plus graves affaires son image lui revient et l'assiége :

« Dites au général qu'il attende ma décision en Espagne... Cet enfant me tient en souci. Eraso, souvenez-vous que si un jeune Flamand vient me chercher au palais, vous devez l'introduire ici. » Et, pour l'arracher à cette préoccupation troublante, il ne faut pas moins que l'arrivée de Philippe II.

Philippe, pour se rendre à Bruxelles, a passé par Yuste, dont il fait à son père une description qui ne manque pas, aujourd'hui encore, d'une certaine exactitude.

L'empereur l'écoute avec un intérêt auquel se mêle cependant un peu de distraction.

Quand le roi a pris congé de l'empereur, Eraso s'approche : « Ce jeune homme est venu, accompagné d'un singulier clerc.

L'EMPEREUR.

« L'occasion est admirable ; retenez le jeune homme et faites entrer l'autre. »

Lucas entre et se prosterne aux pieds de l'empereur.

L'EMPEREUR.

« Levez-vous, vous devez être fatigué.

LUCAS.

« En effet, je serai mieux assis. »

Et il s'assied à terre. Sur la scène espagnole, le gracioso ne hait pas cette façon de s'asseoir. Tous les théâtres ont, dans le jeu des personnages, de ces anciennes traditions.

L'EMPEREUR.

« D'où êtes-vous ?

LUCAS.

« Je suis Espagnol.

L'EMPEREUR.

« Votre nom ?

LUCAS.

« Je m'appelle Lucas.

L'EMPEREUR.

« Et vous servez ?...

LUCAS.

« Don Juan est mon maître.

L'EMPEREUR.

« Il est pauvre?

LUCAS.

« Comme un colimaçon.

L'EMPEREUR.

« A quoi vous emploie-t-il?

LUCAS.

« Je l'ai élevé. Je ne lui ai pas appris grand'chose! La noblesse à ses yeux consiste à ne savoir ni lire ni écrire.

L'EMPEREUR.

« Que sait-il faire?

LUCAS.

« Frapper, la nuit et le jour, d'estoc et de taille. Si je n'y prends garde, comme il dort près de moi, il pleut des coups d'épée par-ci, des coups de poing par-là. Quand il fait grand jour, il m'appelle, et, moitié figue, moitié raisin, il se fait des bannières avec les draps de mon lit.

L'EMPEREUR.

« C'est toute mon humeur... Et don Juan est très-sage?

LUCAS.

« Il mange bien.

L'EMPEREUR.

« Tu ne m'entends pas. Il est prudent?

LUCAS.

« Jusqu'à la défiance.

L'EMPEREUR.

« Il se fait aimer?

LUCAS.

« Il ne dit de mal de personne.

L'EMPEREUR.

« Il est généreux?

LUCAS.

« Comme un héritier de la veille. Mais il est inquiet dans son humeur. Parlez-lui un peu sévèrement. »

Enfin, pour s'acquitter de son message, Lucas déroule aux yeux de l'empereur et lui remet, de la part de la mère de don Juan, une toile où est représenté le Jugement dernier.

LUCAS.

« C'est grand'pitié de voir tous ceux que le diable emporte. On y voit des empereurs.

L'EMPEREUR.

« Et aussi des sujets rebelles, » réplique l'empereur, qui n'est pas encore bien rompu à l'humilité monastique. Entre enfin don Juan.

DON JUAN.

« Je baise les pieds de Votre Majesté.

L'EMPEREUR.

« Soyez le bienvenu! J'ai lu la lettre que vous m'avez apportée. (A part.) Qu'il a bon air! (A don Juan.) Votre mère me prie de vous bien recevoir.

DON JUAN.

« Seigneur… (A part.) Je me sens troublé. Ma peur ajoute à sa gloire; c'est la première fois que j'ai peur.

L'EMPEREUR.

« Que dites-vous?

DON JUAN.

« Je suis tout hors de moi de me voir ici face à face avec un monarque qui a été l'admiration et l'effroi du monde.

L'EMPEREUR.

« Ce n'est pas de la peur, c'est du respect, et j'en sais gré à votre mère. (A part.) L'enfant n'est pas sot, et je sens les larmes me gagner.

DON JUAN.

« Elle a pour moi la tendresse d'une mère.

L'EMPEREUR.

« Et savez-vous qui est votre père?

DON JUAN.

« Je l'ignore encore. Mais, à en croire ma vanité, si ce n'est pas Votre Majesté, je ne sais qui ce peut être.

L'EMPEREUR.

« Le choix n'est pas maladroit, et à quoi vous porte votre inclination?

DON JUAN.

« Moi, seigneur? à être soldat.

L'EMPEREUR.

« A la bonne heure! J'aime cela... Le jeune homme me plaît fort. Don Juan !

DON JUAN.

« Seigneur?

L'EMPEREUR.

« Luis Quixada, mon majordome-major, vous prendra pour page. Restez ici à son service.

DON JUAN.

« Moi page, seigneur?

L'EMPEREUR.

« Sans doute; sa vertu et sa noblesse le rendent digne d'être votre maître.

DON JUAN.

« Juste ciel! être venu ici pour servir! »

La première journée se termine par un long discours dans lequel Charles-Quint annonce son abdication à sa famille et au monde. La fin fait revivre dans toute sa grandeur l'antique royauté espagnole.

« Philippe, le jour est venu. Je vous laisse avec pleine confiance tous mes domaines. Ils n'ont rien perdu par ma faute de leur bonne renommée. Voulez-vous les conserver, apprenez, mon fils, à être roi. C'est un métier difficile, car il comprend tous les autres. Quelques-uns disent que le roi est la tête, parce qu'elle gouverne les membres; malheur aux membres, quand la tête est mauvaise. Vous êtes l'esclave de tous. Envisagez d'abord ce que Dieu vous commande, et n'oubliez pas un moment son Église. Servez le pape avec dévouement, et ne négligez pas vos soldats. Ils sont les remparts de l'État. Aimez et estimez les lettres. Faites que chez vous on respecte la verge du plus humble alguazil. Souffrez peu le luxe; il n'est bon qu'à efféminer les hommes. Ordonnez que justice égale soit toujours rendue au grand et au petit. Ne montrez jamais à ceux que vous recevez un visage fâcheux; c'est un grand défaut chez un roi. Sachez punir et récompenser, et ne tenez fermée à personne ni votre porte, ni votre oreille. Si par son bras et son épée un de vos sujets a mérité récompense, ne regardez pas si la noblesse est dans son logis, c'est à vous de l'y faire entrer. La noblesse gagnée fait l'hidalgo meilleur. Regardez bien à qui vous accordez les dignités de l'Église. Ce sont pasteurs qui gardent votre troupeau du loup. Donnez aux plus dignes les charges importantes, et ne vous inquiétez jamais d'autre chose. Ne vous gouvernez pas par vous seul; il n'y a que les tyrans qui ne veulent prendre conseil de personne. Ayez pour tous vos vassaux des entrailles de père; il n'y a de royaume bien gardé que celui où le roi règne sur les âmes. Craignez Dieu enfin, si vous voulez réussir en toute chose. Ne me répondez pas une seule parole. Prenez ce siége, mon fils!

PHILIPPE.

« Je tremble, seigneur, d'y prendre la place du plus grand des rois.

L'EMPEREUR.

« Que Votre Majesté s'asseye. »

Il est à regretter que les deux autres journées ne répondent pas assez à cette large et belle exposition. Elles ne manquent pas de beautés sans doute. Mais on voudrait retrouver davantage à Yuste le Charles-Quint que l'Espagne y sentit jusqu'à la fin. On s'amuse, on s'intéresse aux petits détails, parfois ingénieusement amenés et toujours soigneusement rassemblés, des dernières années du grand homme; mais on se demande si le poëte n'aurait pas pu tirer des effets plus dramatiques de ce que M. Mignet a si bien mis en lumière, je veux dire de la part que Charles-Quint garda jusqu'au bout dans les grandes affaires de son temps. Puisqu'il n'a pas craint de faire surgir dans cette solitude, toute pleine d'une pensée encore si émue des choses du monde, Philippe II et la reine de Hongrie, ces deux visites devaient-elles ne laisser aucune trace dans Yuste? Quand il pourrait nous montrer face à face le grand monarque fatigué et le héros désabusé, Charles-Quint et celui qui était devenu Francisco de Borja, il ne sait que nous occuper des espiégleries de don Juan et des aventures lascives de frère Lucas. Il y avait enfin cet épisode si populaire de Charles-Quint assistant vivant à ses propres funérailles. Je sais que la critique historique a d'excellentes raisons pour révoquer en doute l'authenticité de cette anecdote romanesque. Mais la poésie n'y regarde pas de si près, et il suffisait que la tradition s'en fût établie, pour que le poëte eût ici le droit de préférer la tradition à l'histoire. On a cru un moment qu'Enciso allait faire irruption pour la seconde fois dans le domaine de Shakespeare; mais il s'arrête trop vite en beau chemin. La pensée était belle pourtant, et faite pour rappeler une des fortes scènes du *Jules César*. Charles-Quint écrit l'histoire de sa vie, et, au moment où, après avoir évoqué ses grandes actions dans les termes les plus emphatiques, il se demande ce qui peut manquer à sa gloire, il voit apparaître un guerrier armé de toutes pièces, en qui il se reconnaîtra bientôt lui-même, mais mort, et qui répond à l'orgueilleux défi par cette sévère parole : « Il y manque le plus grand exploit.

L'EMPEREUR.

« Dieu me soit en aide ! Qu'ai-je vu ? J'oppose en vain

tout mon courage à la terreur qui m'assiége. Ombre ou vision, que veux-tu? Je vois sur ta tête la couronne impériale; dis, qui es-tu? Que signifient ce sceptre, cette toison, cette armure complète, et ce visage défiguré par la mort?

L'OMBRE.

« Je t'offre ici l'image de ce que tu dois être.

L'EMPEREUR.

« Qui es-tu?

L'OMBRE.

« Charles-Quint, la vanité t'abuse. Le plus grand exploit est de savoir mourir. »

L'ombre se retire, mais l'empereur reste sous le coup de la vision. Il se relève cependant par un généreux effort, et, se rappelant le dernier mot de l'ombre, il prend la résolution de se coucher vivant dans son cercueil et d'aller ainsi d'avance au-devant du dernier adversaire qu'il lui reste à vaincre. L'idée sans doute est heureusement motivée, mais l'exécution ne répond pas à la vigueur de l'idée. Il semble qu'à mesure que le poëte avance l'inspiration le quitte. En face de la mort véritable de son héros, qui fut si grande, il se trouble, et, impuissant à la mettre en action, il la relègue dans un pâle récit.

Revenons à don Juan. Son aimable et folle adolescence répand seule un peu de vie et fait circuler un air frais et pur sous ces grands cloîtres qui ne répètent plus que les graves paroles du vieillard attristé et l'écho de ses pas pesants. Brave, généreux, turbulent, c'est bien le charmant étourdi que Lucas peignait tout à l'heure à Charles-Quint, tout ému de se reconnaître dans cet enfant de sa vieillesse. Un jour qu'on le lui rapporte blessé par des paysans peu endurants, quel cri paternel il laisse échapper! Et lorsque, se sentant mourir, il l'éloigne de lui, quel déchirement!

« Je ne puis y résister. Que Dieu vous garde mille années! Embrassez-moi. Ah! quel glaive tranchant! Il a fait de mon cœur mille morceaux.

DON JUAN.

« Mon âme, en cette conjoncture, me dit je ne sais quoi; mais c'est folie.

L'EMPEREUR.

« Allez, don Juan, et que Dieu vous conduise. Servez le roi et soyez vertueux. Revenez, don Juan. Il pleure? Il faudra bientôt se résigner à ne plus vous voir. J'écris à mon fils qu'il vous emploie. Allez, que Dieu vous conduise... Il s'en va, le rappellerai-je? Je sens mon âme s'en aller aussi par lambeaux. A mon aide, ô mon Dieu! Ah! les liens de l'amour sont de terribles liens! »

Et il s'élance vers la porte par laquelle don Juan est sorti. Mais le tableau du *Jugement dernier* se détache du mur et tombe à ses pieds.

« Don Juan, don Juan, qu'est ceci? Le tableau du *Jugement* est tombé et s'est mis en travers de la porte. C'est un effet de votre grâce, Seigneur. C'est un avis pour moi. On n'est pas mort tant que l'on aime. J'appelais don Juan, quand c'est moi que Dieu appelle. »

Suivant les statuts de l'ordre, Charles-Quint a chargé don Juan de rapporter à Philippe II les insignes de la Toison d'or. Don Juan se présente à ce redoutable frère qu'il ne connaît pas. « César m'a chargé d'une mission auprès de Votre Majesté. Il se regarde comme mort, et en conséquence il envoie à son roi et maître cette Toison, dernier honneur d'une grande royauté qu'il va échanger contre un trésor plus sûr et plus grand. L'éclat de sa vie a cessé, et aujourd'hui commence celui de la mienne. Et, sans savoir qui je suis, j'apporte au roi que j'adore l'insigne du plus grand des guerriers. »

Le roi passe la Toison au col de don Juan et lui dit : « Le lion protège l'agneau : recevez les insignes du plus envié des ordres, l'héritage d'un grand empereur. Fils de don Carlos, frère de Philippe, pour dire plus encore, Altesse, relevez-vous.

DON JUAN.

« Est-ce une illusion, une ombre, ou un songe vain ?

LE ROI.

« Relevez-vous, Prince de la mer.

DON JUAN.

« Comment aller plus haut sans monter au ciel ? Je suis le fils de don Carlos ! ai-je bien ma raison ? O mon père ! l'amour que j'avais dans le cœur me révélait d'avance cet heureux événement. »

Comment se fait-il maintenant que ce même Diego de Jimenez Enciso, qui a dessiné d'un trait si vif l'adolescence de don Juan d'Autriche, ait laissé échapper l'occasion de nous le montrer jeune homme, et presque à la veille de Lépante? Don Juan avait sa place naturelle dans un drame sur l'*Infant don Carlos*. Il y entrait sans faire aucune violence à l'histoire : entre la face sinistre de Philippe II et l'étrange physionomie de son fils, le regard aurait eu un point lumineux et doux où se reposer. Sachons gré du moins au poëte d'avoir mis dans son drame ce que ne mettra dans le sien aucun de ceux qui traiteront un jour le même sujet.

Tout est singulier dans ce fils de Philippe II, et sa vie autant que sa mort. L'imagination des romanciers a pressenti là un mystère et s'en est emparée. Il semble que rien ne pouvait se passer simplement dans l'ombre de Philippe II. Cette double circonstance qu'Élisabeth de Valois, avant d'épouser le roi d'Espagne, avait été demandée pour son fils, et que, celui-ci mort, la reine n'avait tardé que quelques mois à le suivre au tombeau, avait paru suffisante à l'abbé de Saint-Réal pour qu'il se crût autorisé à expliquer ces deux morts par les douloureux combats d'une passion commune. C'était à l'époque où, chez nous, l'amour expliquait toutes choses; il semblait devoir trancher, dans l'histoire comme au théâtre, tous les nœuds gordiens. Avec l'idée d'ailleurs qu'on se faisait de Philippe II, la catastrophe n'avait rien que de vraisemblable. D'autre part, tout semblait se réunir pour faire dans la fable première une part à la politique. Les relations de don Carlos avec les mécontents de Flandre, ses tentatives avérées d'évasion, tout, jusqu'à cette circonstance singulière que le président du conseil de Castille qui fut chargé d'instruire le procès était précisément le grand inquisiteur, en vérité c'est plus de tentations qu'il n'en fallait pour justifier, jusqu'à un certain point, les romanciers et les poëtes d'avoir voulu voir dans don Carlos autre chose qu'un être maladif et pervers. L'intérêt qui s'est longtemps attaché à son nom et à sa destinée, il le doit surtout à l'horreur qui, à tort ou à raison, poursuit encore la mémoire de Philippe II.

L'Espagne elle-même s'y est longtemps méprise, et ses poëtes ont suivi ceux des autres nations. Quintana, et ce nom résume tout l'esprit d'une époque, dans son ode sur le Panthéon de l'Escurial, n'a pas hésité à perpétuer cette fable d'un Infant don Carlos amoureux de la reine, et initiateur en Espagne, sous Philippe II, des idées de la réforme. Cinquante ans plus tard, un autre poëte, M. le duc de Frias, un libéral aussi, et, comme Quintana, un libéral de 1812, mais revenu des préjugés de l'ancien libéralisme, dans un beau poëme sur la mort de Philippe II, prenait hautement parti pour le père calomnié contre le fils égaré, égaré de cœur et d'esprit.

D'un poëte à l'autre, ou, pour mieux dire, entre une ode et l'autre, la lumière s'était faite : les contemporains avaient été interrogés, écoutés; les témoignages étaient venus s'ajouter aux témoignages; Simancas avait laissé lire dans le secret de ses archives; l'histoire enfin avait parlé, et ce qu'elle avait dit, ce qu'elle dit chaque jour encore avec une autorité croissante, je le résumerai en peu de mots.

Le prince don Carlos, premier-né de Philippe II, était venu au monde à Valladolid, le 8 juillet 1545, la même année où naissait don Juan d'Autriche. Sa mère ne lui survécut que quelques jours, emportant avec elle le seul frein assez fort peut-être pour réprimer et contenir un naturel qui, de bonne heure, annonçait une grande violence; le père lui-même était absent. Ses maîtres, quoique choisis avec soin, et parmi les plus dignes, remplaçaient mal le père et la mère, et de bonne heure ils pressentirent et laissèrent entendre ce qu'on devait craindre de l'enfant qui leur était confié. Impétueux, sombre, cruel, quoique parfois généreux, il aimait à voir souffrir. Quand le père et le fils se retrouvèrent en présence, il était peut-être trop tard déjà pour remédier au mal, et Philippe put voir dans la créature ombrageuse qui lui fut présentée moins un enfant malade que pouvait ramener une tendresse attentive qu'un sujet indocile qu'il lui faudrait peut-être châtier un jour. La lutte, on le voit, commença de bonne heure.

Lorsque, en 1560, Philippe épousa Élisabeth, ce fut Carlos, alors âgé de moins de quatorze ans, qui, suivant la coutume espagnole, servit de parrain aux époux, et quelques jours plus tard, suivant une autre coutume, il était lui-même salué Prince des Asturies. Atteint déjà de cette fièvre lente qui ne le quitta guère le reste de sa vie, il fit assez mauvaise figure à cette cérémonie, où nul ne fut tenté de lui trouver la physionomie d'un héros de roman. Ce jour-là, il faillit en coûter cher au duc d'Albe pour être venu un peu trop tard lui baiser la main. Cette année et la suivante, le mal fit de tels progrès, que le roi eut l'idée, et on ne sait pourquoi il y renonça, d'envoyer don Carlos respirer un air plus vif aux bords de la mer, à Malaga, à Gibraltar ou à Murcie. Ce n'eût guère été le moment de donner suite au mariage consenti déjà entre le prince et Anne, fille de son oncle le roi de Bohême. Le roi s'arrêta au parti de l'envoyer à Alcala de Henarez, avec l'espérance de voir s'y fortifier sa santé, et pour essayer si, dans cette université célèbre, il prendrait un peu de goût au latin, qu'il avait grandement négligé. Il lui donnait, pour lui tenir compagnie, son oncle don Juan et son cousin Alexandre Farnèse. C'était au commencement de 1562; mais, le 17 avril de la même année, le prince tomba du haut d'un escalier et alla donner de la tête contre une porte fermée. Les suites de cette chute, d'abord peu grave en apparence, rendirent nécessaires des opérations telles, qu'il est vraisemblable qu'un certain dérangement du cerveau s'ajouta par moments aux instincts dépravés de l'âme et aux inspirations désordonnées de la fièvre. Sauvé de la mort cette fois par l'intercession de San Diego, dont les restes, conservés à Alcala, furent apportés devant son lit et touchés par lui, dix ans plus tard il se voyait encore au bord du tombeau. Il fit alors son testament, dans lequel on rencontre une pensée bienfaisante et royale, un souvenir pour un vieil officier qui, l'année précédente, avait vaillamment défendu Mers-el-Kébir contre le dey d'Alger. Rappelé encore une fois à la vie, don Carlos ne tarda pas à donner de nouvelles marques de son humeur emportée.

Il frappa de sa main son gouverneur, don Garcia de Toledo, et ne témoigna pas plus d'égards au prince d'Eboli, Ruy Gomez de Silva, qui avait succédé à Toledo; il courut même, armé d'un poignard, sur le grand inquisiteur, le cardinal Espinosa, président du conseil de Castille, parce qu'il s'était permis d'exiler un comédien qui avait ses bonnes grâces, et on eut grand' peine à l'arracher à sa fureur.

Quand cette violente humeur se trouve chez un prince héritier d'une couronne, elle le pousse vite au mécontentement, qui n'est habituellement, dans ce rang élevé, qu'une forme de l'ambition impatiente. Au dedans comme au dehors, les mécontents songèrent de bonne heure à faire de ce téméraire l'instrument de leurs desseins particuliers. Les Flamands surtout comprirent vite tout ce que leur donnerait de force un fils de Philippe II, s'ils parvenaient à l'avoir non pour leur avocat à Madrid, mais pour leur chef à Bruxelles. Qu'il fût ou non capable de les conduire, ils ne s'en inquiétaient guère. Une fois entre leurs mains, d'autres feraient en son nom ce qu'il serait inhabile à faire lui-même. Les passions de don Carlos le livraient d'avance à toutes les intrigues. On lui offrit de l'argent pour mettre à exécution les desseins qu'on lui suggérait, et il crut lui-même les choses assez avancées pour s'en ouvrir à ceux qui l'entouraient. Ceux-ci coururent avertir le roi, qui n'ignorait sans doute aucune de ces menées.

Pour y mettre fin, il chargea le duc d'Albe du soin de pacifier les Pays-Bas. C'était en 1567. Le duc, avant de partir, étant allé prendre congé du prince, celui-ci lui dit qu'il saurait bien l'empêcher de s'emparer d'un rôle qui lui appartenait, et tira sa dague pour en frapper le duc. Ce dernier n'évita le coup qu'en se jetant sur le prince et en le retenant étroitement serré dans ses bras. On accourut au bruit et on les sépara.

Le prince conçut un autre projet : ce fut d'aller lui-même chercher en Allemagne cette épouse qu'on se hâtait si peu de lui amener. Mais il fallait trouver de l'argent. Un gentilhomme à lui fut chargé de parcourir la Castille et l'Andalousie, et en rapporta environ cent cinquante mille ducats. Le prince lui-même s'adressa directement à don Juan d'Autriche. Le héros, qui était aussi un homme de sens, chercha inutilement à le dissuader de son dessein, et, ne pouvant y parvenir, alla dire la chose au roi.

Le roi n'avait rien à apprendre. Retiré au Prado, il y attendait l'heure d'agir, dans une perplexité d'esprit et de cœur qu'il est permis de croire sincère. Averti enfin que le prince avait sommé le directeur des postes de lui fournir des chevaux et que son évasion n'avait manqué que par le soin qu'on avait pris de disperser au loin les relais, il accourut à Madrid; son parti était pris. C'était le 18 janvier.

Il entendit la messe avec son fils, qui ensuite se retira chez lui, où don Juan vint le visiter. Celui-ci était à peine entré que le prince alla fermer la porte, et, revenant sur lui, lui demanda ce qu'il avait dit au roi. Don Juan éluda d'abord la question, mais le prince le serra de plus près et finit par mettre l'épée à la main. Don Juan tira la sienne, en criant au prince qu'il y regardât à deux fois. On accourut de l'antichambre, et l'affaire en demeura là. Le prince, se sentant un peu malade, se coucha plus tôt qu'à l'ordinaire.

Un peu avant minuit, le roi entra dans sa chambre, accompagné du duc de Feria, de Ruy Gomez de Silva, du prieur de San Juan et de Luis Quixada. Le duc de Lerme et don Rodrigo de Mendoza avaient, par son ordre, tenu les portes ouvertes. Quelques valets de chambre venaient à la suite avec des marteaux et des clous. Le prince, s'éveillant au bruit, ne comprit qu'il était arrêté qu'en ne retrouvant plus son épée et en cherchant inutilement sous son chevet un pistolet qu'il y tenait caché. Sur un signe du roi, portes et fenêtres furent aussitôt clouées, et l'appartement du prince fut transformé en une prison où ses serviteurs, devenus ses geôliers, n'obéirent désormais qu'avec la permission du roi à celui à qui ils avaient prêté serment comme Prince des Asturies.

Le lendemain, le roi rendait compte à ses conseillers de l'événement de la nuit, et le jour suivant il chargeait une commission ayant à sa tête le cardinal Espinosa, président du conseil de Castille, d'instruire le procès du prince.

Alors commencèrent les grandes difficultés. Cet homme, qu'on pourrait croire si dédaigneux de l'opinion, crut cependant devoir rendre compte à l'Europe de la résolution si hardie qu'il venait de prendre. Il écrivit au pape, à l'Empereur, à la reine de Portugal, et leur parle de la nécessité douloureuse où il s'était trouvé. Il était naturel qu'on cherchât dans ces lettres le secret de Philippe II. Il ne le dit nulle part. Il laisse entendre que l'arrêt est irrévocable et doit entraîner les dernières conséquences, et en même temps il s'attache à éloigner du prince tout soupçon d'hérésie ou de rébellion. Qu'est-ce donc? Et quel autre crime a-t-il pu commettre? En vérité, il y avait bien là de quoi faire soupçonner quelque mystère que l'honneur du roi lui défendait de révéler, et on serait tenté de donner raison aux romanciers, si, parmi les personnages qui tout d'abord intercédèrent en faveur de l'infant, au premier rang ne se trouvait la reine. Comment accueillir d'ailleurs cette interprétation, lorsque plus tard on voit encore la reine demander à visiter le prince dans sa prison? Il faut chercher ailleurs le crime de don Carlos. Mais était-ce bien un crime que poursuivait Philippe II? Je me suis demandé souvent si l'austère monarque, craignant, sans en avoir la certitude, que la foi de son héritier n'eût été, non pas altérée, mais simplement tentée, ne s'était pas dit que la foi d'un prince qui pouvait être appelé à régner, un jour, sur la catholique Espagne, ne devait pas seulement être soupçonnée, et ce fut peut-être pour en éloigner jusqu'au soupçon qu'il ne déféra point le procès à l'inquisition. Je croirais aussi que Philippe, sans le vouloir dire, se fit un scrupule de conscience de laisser tomber son royaume en des mains que ne guidait pas une intelligence entièrement saine. Dans ce second cas, pouvait-il être question de châtiment? Aussi Philippe semble-t-il parfois vouloir en écarter l'idée. Ce qu'il paraît vouloir, ce n'est pas punir, c'est exclure. Philippe, ce représentant si convaincu de la royauté de droit divin, crut sans doute que Dieu lui commandait de sacrifier à la bonne renommée de cette royauté un fils qui pouvait, un jour, en compromettre l'honneur, et voilà peut-être comment il faut comprendre ces allusions qui reviennent deux fois dans sa bouche ou sous sa plume au sacrifice d'Abraham. Quelle mission que celle des juges appelés à porter une sentence dans une telle cause, devant un pareil accusateur et contre un tel accusé!

Tout le temps que dura l'instruction, Philippe ne sortit pas de Madrid. Quel combat terrible le cœur du père dut livrer à la conscience du roi! La mort vint à son aide et lui épargna l'horreur de signer l'inévitable arrêt. A la manière dont il en parle, il est permis de croire qu'il l'eût signé.

Cependant le prince, retenu prisonnier dans son appartement et gardé à vue nuit et jour, ne se soumettait pas à sa mauvaise fortune. Ses passions s'exaspérèrent; sa raison, déjà si faible, ne put reprendre sur elle-même aucun empire; son intelligence se troubla de plus en plus, et comme le scorpion qui, entouré de feu, tourne, dit-on, son dard contre lui-même, il fit de tels extravagances, que de graves historiens ont pu saisir la pensée arrêtée d'un suicide dans ce qui en avait au moins les apparences. Il restait des jours entiers sans manger, puis, quand on le pressait de prendre quelque chose, il se gorgeait de nourriture; il passait des nuits à se promener nu dans sa chambre, et ensuite, pour combattre la fièvre qui le dévorait, il se noyait d'eau glacée et en arrosait jusqu'à ses matelas. La folie et la fièvre ne suffisent que trop à expliquer de tels emportements. On frémit seulement d'avoir à se demander si la médecine fit assez pour les combattre, ou si, allant au-devant d'une pensée qui ne s'exprimait pas, elle n'abandonna pas un peu à la Providence la responsabilité d'un événement qui prévenait tant de difficultés.

Quoi qu'il en soit, le prince expira le 24 juillet, à quatre heures du matin : il venait d'avoir vingt-huit ans. Trois jours auparavant, il s'était prêté avec quelque mauvaise grâce à recevoir les sacrements et à demander pardon au roi. Le 27, celui-ci écrivit au marquis de Villafranca : « Il est mort en bon chrétien et en bon catholique. » Il craignait aussi que le pape, à qui il l'avait représenté comme en état de démence, s'étonnât qu'on lui eût administré les sacrements ; il recommanda à son ambassadeur à Rome de bien faire comprendre à Sa Sainteté que cette folie était de celles qui admettent des moments lucides et des degrés différents. Par là aussi le roi se justifiait indirectement d'avoir donné des juges à son fils ; mais ce sont ces subtilités d'une conscience inquiète qui me faisaient dire tout à l'heure que ce que le roi avait voulu faire, c'était une sorte de coup d'État de la puissance paternelle, dont le secret devait à jamais rester entre elle et Dieu. Tel était encore le trouble de sa pensée, je ne veux pas dire de sa conscience, à l'heure même où la mort complaisante achevait sa besogne, qu'il n'osait prendre sur lui de bénir celui qui allait mourir. Il demanda conseil, et, quand il se fut décidé à bénir son fils, il le fit, la dernière nuit, en dissimulant sa présence et en avançant une main tremblante entre l'épaule du prince d'Éboli et celle du prieur de San Juan; puis, il se retira en pleurant. Ces larmes de Philippe II s'adressaient-elles à un coupable encore cher ou à une victime?

En racontant la vie de don Carlos, j'ai presque raconté la pièce de Diego de Jimenez Enciso. On y retrouve l'histoire à chaque scène, et c'est à ce titre qu'elle va nous intéresser plutôt que sous le rapport purement dramatique, quoique en certaines parties l'invention ne manque pas; ce qui manque, c'est une action régulière et fortement nouée.

J'ai déjà remarqué entre les personnages l'absence de don Juan d'Autriche; peut-être s'étonnera-t-on aussi de ne pas y trouver la reine. Son nom n'est pas une fois prononcé dans le drame; le soin que prend le poëte de l'écarter serait-il un indice de quelque mauvais bruit qui aurait couru, et faut-il croire que l'abbé de Saint-Réal fonda, en effet, sur quelque rumeur de ce genre, son récit romanesque? Rien n'en témoigne dans l'histoire. Quant au don Carlos de Enciso, il est si loin de songer à la reine, que le poëte nous le montre poursuivant de ses amours insolentes une nièce du duc d'Albe.

Il est temps de parler du drame. Au commencement de la première journée, Philippe reçoit, à l'occasion de sa fête, les vœux de toute sa cour. Au milieu de cet empressement le roi est distrait : il a remarqué avec chagrin l'absence de son fils.

LE ROI.

« Que fait le prince?

RUY GOMEZ.

« Seigneur, pour donner le change à la fièvre quarte, il a passé la matinée à jouer à la paume dans le corridor.

LE ROI.

« Le jour où l'on fête ma naissance, il n'est pas auprès de moi! Voilà les tristes compensations de ma grandeur! Dites-lui de venir ici. (Gomez sort.)

LE DUC D'ALBE.

« Que Dieu donne la santé à Votre Majesté pour prix de sa bonté!

LE ROI.

« Je suis bien quand je suis ainsi.

LE DUC D'ALBE.

« Bien, seigneur, mais triste. Que Dieu remédie à la cause!

LE ROI.

« Duc, ceci n'est point votre affaire.

LE DUC D'ALBE.

« Je suis père, et sais où est le mal.

LE ROI.

« Ruy Gomez vient-il?

LE DUC D'ALBE.

« Le voici.

LE ROI.

« Et le prince?

RUY GOMEZ.

« Son Altesse se plaint d'un grand mal de tête.

LE DUC D'ALBE, à part.

« Il faut cependant chercher remède à ceci.

LE ROI.

« Il est au lit ?

RUY GOMEZ.

« Il est levé, sire, et s'habille pour sortir.

LE ROI.

« Levé, et il ne vient pas ?

RUY GOMEZ.

« J'imagine qu'il va, cette après-midi, à Alcala.

LE ROI.

« Sans mon ordre ?

LE DUC D'ALBE.

« La fièvre quarte rend l'humeur mélancolique ; il se trouvera peut-être mieux de l'air de la campagne.

LE ROI.

« Cruelle destinée ! il me fuit : la nature a fait de lui mon ennemi.

LE DUC D'ALBE.

« Le prince aura été indisposé ; mais je vais l'amener ici en lui disant, ce qui est vrai, le plaisir qu'éprouve Votre Majesté à le voir ; il sera ici dans un instant.

LE ROI.

« Je suis irrité ; que faire ? Manquer de la sorte au respect qu'il me doit, c'est trop compter aussi sur mon amour. Oh ! comme l'Empereur, mon seigneur, le connaissait bien, il s'est toujours défié de son humeur ambitieuse. Il est rare que la raison force le naturel. »

Philippe, en effet, ne devait pas ignorer que l'Empereur, se rendant à Yuste, avait permis que son petit-fils lui fût amené sur sa route, et que, quelque attention passionnée que l'enfant eût apportée au récit de ses campagnes, il n'avait été content ni de sa tenue, ni de son humeur. Un peu plus tard, la princesse régente, sœur du roi, ayant parlé de placer don Carlos à Yuste, sous les regards de son sévère aïeul, celui-ci s'était bien gardé d'accueillir une pareille ouverture; il eût craint que cette nature sauvage et perverse ne lui gâtât don Juan d'Autriche.

N'êtes-vous pas frappés cependant de cette singulière attention qu'apportait don Carlos, encore enfant, au récit des grandes guerres de Charles-Quint? On a vu plus haut comment il tira l'épée contre don Juan; le courage personnel était peut-être, avec la libéralité, la seule qualité royale qu'on ne pût lui refuser.

Revenons au poëte. Toutes les paroles qn'on a rapportées sont comme autant d'éclairs qui présagent la tempête. Philippe, ne se contenant plus, fait retirer tout le monde, et, resté seul avec son fils, il lui reproche dans un long discours tous ses torts envers lui. Le prince se plaint à son tour que son père ne lui donne aucune part dans les affaires de l'État et les abandonne tout entières à d'insolents favoris.

On s'étonnera peut-être de trouver de si longues harangues dans la bouche de Philippe II; mais l'étonnement vient de ce que nous nous sommes forgé un Philippe II qui, sous plus d'un rapport, n'est pas précisément celui de l'histoire. Philippe parlait, écrivait surtout longuement; il n'y a pas à protester contre le caractère impitoyable et froid que l'histoire lui attribue; mais le sphinx aux monosyllabes est une création moderne d'Alfieri.

Du reste, cette longue scène n'a de remarquable que la fin, où nous voyons ce naturel impétueux et arrogant de don Carlos misérablement dompté par la fièvre, et l'audacieux jeune homme, épuisé par cette lutte inégale, redevenir tout à coup un enfant chétif et malade qu'il faut mettre au lit.

CARLOS.

« Mais qu'est ceci? Je sens se répandre dans mes veines un froid soudain qui fait de moi un tronc inutile, une statue muette. Je tremble et ne sais plus donner une forme à mes plaintes; mes idées se glacent, la fièvre quarte me serre; c'est... (Il laisse tomber son chapeau.)

LE ROI.

« Ramassez votre chapeau.

CARLOS.

« C'est à se tuer.

En voulant tirer sa dague, il laisse tomber ses gants.

LE ROI.

« Ramassez votre dague; vous laissez tomber vos gants. Qu'est-ce encore? Tenez mieux votre manteau et votre épée. Hélas! que signifie ce désordre? qu'avez-vous? Étrange colère! toute couleur vous abandonne. Mon fils, mon ami, assez, assez, Carlos, pas un mot de plus. Si j'ai causé le mal, je saurai trouver le remède. Je suis père, après tout. Il ne me parle pas; que Dieu me soit en aide! Il est glacé. Appuyez-vous sur moi. Chose étrange! Holà! Ruy Gomez!

RUY GOMEZ, entrant.

« Seigneur?

LE ROI.

« Faites porter dans son lit le prince, qui se trouve mal. (Il sort.)

RUY GOMEZ.

« L'accident s'aggrave; que se passe-t-il, seigneur?

LE PRINCE.

« Un accès de colère, une rage comprimée par le respect. Des chevaux pour aller à Alcala !

RUY GOMEZ.

« Moi, je vais avertir le roi. (Il sort.)

LE PRINCE.

« Voilà donc comme mon père me traite! Mais je saurai me soustraire à ses rigueurs. Je quitterai l'Espagne, j'irai en Flandre. Je cherche avec M. de Montigny et quelques Flamands avec qui je suis en correspondance les moyens d'échapper à cette oppression. Et maintenant, puisque Fadrique a averti Violante que je vais à Alcala, oublions, si je le puis, auprès d'elle les anxiétés qui me dévorent. »

Tout le drame est dans ce court monologue. Voilà Carlos à Alcala et peu disposé, on le voit, à profiter des leçons de ses doctes maîtres. Il y recherche l'amour d'une jeune fille, nièce du duc d'Albe et aimée de don Fadrique, qui est aussi de la maison de Tolède. Don Fadrique se trouve ainsi le confident et le rival du prince, situation peu honorable au premier coup d'œil, mais relevée par le soin jaloux qu'apporte le jeune homme à veiller sur l'honneur de celle qui lui est chère. Ainsi, dans cette première entrevue, le prince devenant trop pressant, Fadrique, qui ne perd pas de vue un de ses mouvements, pousse la porte et entre, au grand mécontentement de Carlos, qui ne parle de rien moins que de le jeter par la fenêtre. C'était, on le sait, ses façons habituelles. Il en est empêché par l'arrivée du duc, qui, trouvant la porte close, l'a forcée à son tour pour apporter au prince un message du roi.

Ici, comme on le voit, les invraisemblances s'accumulent. Je ne cherche pas à les expliquer, encore moins à les excuser. Une fois qu'on a mis le pied sur la scène espagnole, il faut, bon gré, mal gré, en prendre son parti, et ne demander aux gens ni d'où ils viennent, ni comment ils se trouvent là.

LE DUC D'ALBE.

« Prince, l'Espagne aujourd'hui vous prête serment comme à l'héritier de la couronne.

LE PRINCE.

« Faveur signalée! Je vous laisse la tête en récompense de cette bonne nouvelle. Là où je suis, on n'entre pas furieux, mais tremblant.

LE DUC D'ALBE.

« Moi, trembler!

LE PRINCE.

« Sans doute, quand je vais être votre maître.

LE DUC D'ALBE.

« Vous ne savez peut-être pas qui je suis. Je n'ai jamais su trembler; j'ai pu faire trembler les autres.

LE PRINCE.

« Il suffit.

LE DUC D'ALBE.

« Comme il vous plaira.

LE PRINCE.

« Passez devant moi. »

Dans l'étiquette espagnole le plus haut personnage marche le dernier. Le duc, on le sait, était parmi les favoris de son père un de ceux que le prince haïssait le plus. Il lui en voulait surtout de ce que le roi avait résolu de l'envoyer en Flandre. Il a tellement à cœur d'y aller lui-même, que si son père ne l'y envoie pas, il est décidé à s'échapper pour s'y rendre secrètement. C'était, il l'a dit lui-même, l'objet de ses mystérieuses relations avec Montigny.

Revenons à Madrid avec don Carlos, nous allons y retrouver l'envoyé des cités flamandes. L'histoire raconte qu'à un second voyage de Montigny en Espagne, bien qu'il fût parti muni de lettres de madame Marguerite, on mit peu d'empressement à le recevoir et à lui donner réponse, le remettant sans cesse d'un jour à l'autre.

Il est une heure avancée de la nuit, et le roi écrit, en attendant que le duc lui amène don Carlos. Montigny s'est présenté, mais aussi inutilement que de coutume. Cependant le gentilhomme qui veille à la porte du roi lui ayant dit que Philippe ne tarderait pas à sortir, il se décide à attendre dans une pièce voisine, non sans avoir laissé voir sa mauvaise humeur.

MONTIGNY.

« Je ne fais qu'aller et venir au palais, sans pouvoir obtenir audience, et je suis assez franc pour oser dire en face à Sa Majesté mon sentiment et son erreur.

DON DIEGO DE CORDOBA.

« Votre Grâce a-t-elle quelquefois parlé au roi?

MONTIGNY.

« Jamais.

DON DIEGO DE CORDOBA.

« Eh bien, je crois que si vous osez le regarder en face, vous en mourrez pour le moins. Il n'y a pas dans le monde entier un homme assez résolu pour lui parler sans se troubler. »

Montigny sourit et se retire, et le gentilhomme s'endort sur la chaise royale, l'unique qu'il puisse y avoir dans la Camara. Il est à peine assoupi que le roi sort de son cabinet, et entre Philippe en belle humeur et le courtisan feignant de dormir et profitant de son sommeil pour demander quelque faveur nouvelle qu'il n'oserait prétendre éveillé, il se passe une scène assez piquante, scène vraiment comique, s'il était vraisemblable que don Diego osât prendre de telles libertés avec celui qu'il a peint tout à l'heure si terrible. Mais c'est là le privilége et l'art suprême du courtisan, de savoir trouver l'heure où l'on peut impunément jouer avec le tigre.

Le roi revient bien vite à son humeur ordinaire :

« Montigny n'était-il pas ici?

DON DIEGO DE CORDOBA.

« Il attend ici près.

LE ROI.

« Qu'il entre.

DON DIEGO DE CORDOBA.

« Voici le moment.

MONTIGNY, troublé.

« Que Votre Majesté daigne me donner sa main à baiser. Je n'en trouverai jamais une occasion plus heureuse.

DIEGO DE CORDOBA, à part.

« Il ne sait plus où il en est.

LE ROI.

« Répondez; vous êtes Montigny?

MONTIGNY.

« Voici un mois que j'attends cet heureux moment.

LE ROI.

« Remettez-vous.

MONTIGNY.

« J'apportai de Flandre une lettre où Son Altesse avertit le roi d'un grave dommage.

LE ROI.

« J'entends.

MONTIGNY.

« Votre Majesté semble pressée, et je craindrais...

LE ROI.

« Soyez sans crainte, j'ai tout le temps.

MONTIGNY. Il laisse tomber ses gants.

« Votre Majesté a laissé tomber ses gants.

LE ROI.

« Ce ne sont pas les miens.

MONTIGNY.

« Le gouvernement des Pays-Bas... Je ne sais plus où j'en suis; cette solitude et le respect m'ôtent la présence d'esprit.

LE ROI.

« Ou la conscience.

DON DIEGO DE CORDOBA.

« Le Flamand a perdu la tête.

LE ROI.

« Vous voulez dire que ma sœur m'avertit du complot de quelques rebelles qui, séditieux et inquiets, veulent troubler la paix des Pays-Bas. J'aime à croire que vous n'êtes pas du nombre. Vous êtes venu concerter avec moi un moyen sage d'empêcher l'effet de leurs desseins, et voilà plus d'un mois que je vous retiens?

MONTIGNY.

« C'est cela même, seigneur, et je voudrais partir.

LE ROI.

« Vous ne pouvez repartir si vite.

MONTIGNY.

« Pour quel motif?

LE ROI.

« Il importe que vous restiez. L'Espagne est pour les étrangers une douce patrie.

MONTIGNY.

« Ma présence est nécessaire en Flandre.

LE ROI.

« Prenez du bon temps, Montigny, prenez du bon temps.

MONTIGNY, à part.

« Le roi saurait-il mes desseins ?

LE ROI.

« Vous reviendrez me voir plus à loisir.

MONTIGNY.

« Je ne sais que m'acquitter de ce que je dois à mon rang et à mon roi.

LE ROI.

« Et vous vous en trouverez bien. Qu'est ceci ?

On entend un bruit d'instruments.

DIEGO DE CORDOBA.

« Ce sont les réjouissances publiques qui commencent, à l'occasion de la reconnaissance du Prince des Asturies.

LE ROI.

« S'il est arrivé, remettez-lui cette lettre en mains propres, don Diego. Ah ! mon fils, ah ! Carlos, si tu dois être un bon roi, qu'avec mon royaume Dieu te donne l'empire du monde ! (Il sort.)

MONTIGNY.

« Cet homme n'est pas un roi, c'est un fantôme. Que dois-je faire ?

DON DIEGO DE CORDOBA.

« Prenez du bon temps, Montigny, prenez du bon temps, car vous devez être malade. Seulement veuillez

remarquer que les rois, sans tant d'épithètes, s'appellent simplement des médecins, et que leurs remèdes
tuent et guérissent. »

Il est peu de scènes, selon moi, aussi belles, aussi
complètes dans le théâtre espagnol, où les caractères
aient plus de relief, où la parole aille plus au fait, et, ce
qui se rencontre bien rarement, où il y ait moins de
mots inutiles. Surtout ce trait admirable, *cet homme
n'est pas un roi, c'est un fantôme*, témoigne de l'impression profonde que Philippe II avait produite sur
les âmes, et montre combien autour de sa mémoire la
légende avait commencé de bonne heure.

Avec la seconde journée reparaît don Carlos. Revenu
à Madrid, où le duc a aussi ramené sa nièce, il soupçonne autre chose qu'un sentiment d'honneur chevaleresque dans le soin que prend Fadrique de protéger
Violante contre ses ardeurs amoureuses, et de nouveau
il le menace de sa colère. Fadrique se retire, au lieu de
se justifier. Survient don Diego de Cordoba, réclamant
une réponse à la lettre du roi. « Je l'ai déchirée, » répond insolemment le prince, et il donne le signal à une
troupe de musiciens qu'il s'est fait amener pour distraire
sa mauvaise humeur. Tout à coup il croit apercevoir
dans la tapisserie un œil curieux qui le regarde. Il se
lève furieux et porte un coup de poignard dans la tapisserie. Ce trait m'a rappelé, dans Hamlet, un coup d'é-
pée tout semblable, et ce nom d'Hamlet m'était déjà
venu une autre fois à l'esprit, à cette étrange réponse
que fait don Carlos à son père :

LE ROI.

« Avez-vous pris quelque chose ?

LE PRINCE.

« Oui, seigneur.

LE ROI.

« Comment vous en êtes-vous trouvé?

LE PRINCE.

« Je ne sais, en vérité.

LE ROI.

« Voudriez-vous quelque chose?

LE PRINCE.

« Être mort. »

Mais, à part cette lueur passagère, et cette autre analogie amenée par le hasard, j'ai beau chercher et comparer, je ne trouve au fils farouche de Philippe II aucun des traits du mélancolique songeur de Shakespeare. Autant celui-ci est dégoûté de tout avant d'avoir touché à rien, autant l'autre cache au fond de sa haineuse tristesse d'impatientes convoitises et d'ambitieux désirs.

Don Carlos voudrait pourtant bien savoir quel est l'insolent que son poignard a châtié. Il appelle, et un marmiton vient lui apprendre que le coup est tombé sur un étranger dont il ignore le nom. Le prince s'amuse un moment des propos de ce drôle, dont il fera tout à l'heure son compagnon, et demande qu'on lui amène l'étranger. La mystérieuse victime n'est autre que Montigny. Le prince feint d'abord de ne pas le reconnaître, puis il écoute le triste résultat de son entrevue avec le roi, puis il l'oublie et retourne à ses folies.

LE PRINCE.

« Et Cisneros le comédien?

UN VALET.

« Depuis hier il n'a pas reparu au palais.

LE PRINCE.

« Il y vient tous les jours, et il faut que cette consolation me manque aujourd'hui! Qu'on le cherche, pendant que je m'habille.

LE VALET.

« Cisneros n'est plus à Madrid.

LE PRINCE.

« Il est parti sans ma permission?

LE VALET.

« Le président l'a exilé.

LE PRINCE.

« Que me dis-tu là, et pour quel crime?

LE VALET.

« Il ne veut plus qu'on joue la comédie.

LE PRINCE.

« Il ne veut pas! le beau caprice! Et qu'importe qu'il ne veuille pas, si moi je veux? Et sous quel prétexte l'audacieux, le téméraire, le malappris, l'insolent ministre, l'a-t-il exilé?

LE VALET.

« Ce que j'en ai su, c'est qu'il ne peut souffrir qu'en appelant le monde à la comédie le bruit du tambourin le réveille tous les jours pendant sa sieste.

LE PRINCE.

« Plaisant petit-maître! pour si peu de chose, et

quand on sait combien j'aime Cisneros! Mais tous les favoris de mon père sont mes ennemis. Sur mon âme, le petit licencié me le payera! Allons, dites que c'est moi qui vous envoie, et qu'on me l'amène ici sur-le-champ. Dites, en passant, au capitaine de la garde que, dans le lieu même où l'on entendait le tambourin, il ordonne à quatre tambours de battre, de midi à cinq heures. Qu'attendez-vous encore? Faites comme je vous le dis. »

Ce petit licencié dont parle ici don Carlos n'était autre, on s'en souvient, que le grand inquisiteur en personne, lequel se trouvait, à la même époque, le président du conseil de Castille. Les paroles que le poëte prête ici à don Carlos sont précisément celles qu'il adressait, un jour, à Espinosa, en courant sur lui le poignard à la main.

Demeuré seul avec Montigny, le prince change subitement de langage, et reproche à son complice de s'être attiré le coup dont il a failli être victime. Entouré d'espions par son père, il a cru avoir affaire à l'un d'eux. Il craint que son père n'ait découvert quelque chose, et cherche à se justifier à lui-même l'évasion qu'il médite par la manière dont il est traité. Il termine ainsi :

« Me voici reconnu comme Prince des Asturies. Cherchez-moi les ressources dont j'ai besoin pour sortir d'Espagne, et ne vous troublez pas, pour vous être trouvé en présence du soleil couchant, quand vous avez pour vous le soleil levant.

MONTIGNY.

« Seigneur, voici venir Ruy Gomez.

LE PRINCE.

« Cachez-vous au plus vite, entrez dans ce cabinet. Il ne faut pas qu'il vous voie.

MONTIGNY.

« Le danger est sérieux. »

Suit une folle querelle entre le prince et Ruy Gomez, puis entre le président et le prince, contre qui l'inquisiteur maintient fièrement le droit de l'autorité royale. On sait quelle en est la suite. Le roi arrive à propos pour empêcher un malheur. Seul de nouveau avec son fils, il reprend avec beaucoup plus d'autorité, mais avec un accent où perce déjà une sorte de découragement mélancolique, l'entretien de la première journée. Il parle noblement en père et en roi. On sent que cette thèse de l'autorité est familière et chère à l'Espagne, qu'elle tient au fond de ses croyances.

LE ROI.

« Vous êtes Prince des Asturies et le roi est vivant; réprimez les ardeurs déréglées de votre humeur ambitieuse et téméraire. L'éternelle Majesté conduit, sans s'émouvoir, toutes choses par les voies qui lui sont propres, pendant que le temps suit son cours. Vous connaissez ce jeu si familier aux anciens, où une foule de lutteurs couraient tour à tour avec un même flambeau. L'un d'eux prenait le flambeau et courait, et, arrivé au but marqué de la course, il le passait à un autre, qui, avec le même flambeau, partait comme son devancier, pour ne s'arrêter qu'au terme convenu ; et le flambeau allait ainsi de main en main et de l'un à l'autre, sans jamais s'éteindre. Mais celui qui courait ne passait jamais la lumière à un autre avant l'heure voulue ; car deux ensemble avec le même flambeau auraient eu peine à courir. Je règne maintenant, et je porte le flambeau de la royauté. Quand j'aurai atteint, au bout de ma carrière, le terme assigné par Dieu, je vous remettrai le flambeau allumé, et vous courrez alors jusqu'au jour où vous le donnerez à un autre qui, à son tour, devra courir et faire son temps. Le flambeau brille pour tous, tous nous courons sur la scène du monde. J'irai ainsi jusqu'à la fin de mon règne. Laissez-moi courir maintenant avec le flambeau, et, quand j'aurai achevé ma course, alors, Carlos, commencera la vôtre. »

Le prince se justifie comme il peut, mais en homme qui ne sera jamais convaincu, parce qu'il ne sera jamais assez maître de lui-même et de ses passions. La fin de son discours n'est pas sans énergie, dans son amère douceur.

« Votre Majesté voit en moi non un fils, mais l'héritier de ses États. Qu'Elle vive, qu'Elle règne, et porte seule le flambeau, sans jamais toucher l'extrême limite de sa course mortelle, et fasse Dieu que j'arrive moi-même, avant l'heure de porter le flambeau, au terme qui doit livrer mes fautes à la mort et à l'oubli ; et, si le malheur qui me poursuit me refuse le repos, j'y mettrai ordre et m'arrangerai pour que mon humeur ne m'inquiète plus, pour que mes amis me pleurent, pour que les favoris se réjouissent; car j'éteindrai le flambeau, s'il ne meurt pas de lui-même.

LE ROI.

« Carlos, je gémis comme père, et que Dieu vous soit en aide! de vous trouver si obstiné. Tu nies, et tu le nies avec indignation, que tu aies eu la pensée d'aller en Flandre, et je sais, moi, qu'une foule de lettres vont et viennent par les mains de Montigny.

LE PRINCE.

« Votre Majesté aurait-elle l'intention de me presser pour me perdre? Je ne sais qui est Montigny, je ne le connais pas; je suis vendu par des traîtres.

LE ROI.

« C'est bien, Carlos.

LE PRINCE.

« Seigneur...

LE ROI.

« C'est bien, vous dis-je. Mon indignation s'accroît de minute en minute. Quel est ce sang?

LE PRINCE.

« Quelle inquisition implacable!

LE ROI.

« Le sang va dans la direction de ce cabinet; il y a là quelqu'un. Holà! sortez!

LE PRINCE.

« C'est quelque valet.

LE ROI

« Il faut s'en assurer.

LE PRINCE, à part.

« Voilà qui est fini.

LE ROI.

« Quel qu'il soit, il faut qu'il sorte.

MONTIGNY, sortant.

« Seigneur...

LE ROI.

« Ne vous avais-je pas demandé si personne ne pouvait nous entendre? Carlos, cet homme que vous voyez est Montigny : reconnaissez-le bien, et ne venez pas me dire, une autre fois, si une autre fois j'ai à vous le demander : « Je ne sais qui est Montigny, je ne le connais pas. » C'est cet homme, celui-ci, regardez-le bien, car c'est une honte que la réponse s'égare quand c'est un roi qui interroge et un prince qui répond. Allez vous habiller. Carlos, il se fait tard.

LE PRINCE, à part.

« Qu'il n'ait pu échapper à ses yeux! La confusion m'ôte la force de répondre. (Il se retire.)

[LE ROI, à Montigny.

« Que faisiez-vous dans le cabinet du prince?

MONTIGNY.

« Un étranger est toujours curieux de voir ce qui est digne d'admiration...

LE ROI.

« Assez. Quelle plus grande preuve de trahison que d'oser me mentir en face? Celui-là est un traître qui ment à son roi. »

Entre don Diego de Cordoba.

LE ROI.

« Don Diego, l'Italie est folle de tableaux et de statues, et M. de Montigny est curieux. Conduisez-le, qu'il admire et contemple à son aise tout ce qu'il y a d'admirable dans l'appartement réservé du prince. (A part). Et au retour vous l'étranglerez secrètement dans le cabinet. Mon secret entre les mains de Montigny! Puisque Carlos le veut ainsi, je ferai que mes vassaux tremblent, et Montigny servira d'exemple.

DON DIEGO DE CORDOBA.

« Allons, Montigny.

MONTIGNY.

« Que signifie tout ceci?

LE ROI.

« Amusez-le, entretenez-le.

MONTIGNY.

« Seigneur, il ne me reste plus rien à voir.

LE ROI.

« Eh bien, recommencez à regarder.

MONTIGNY.

« Suis-je donc arrêté?

DON DIEGO DE CORDOBA.

« Prenez du bon temps, Montigny, nous allons fort nous divertir. »

Voilà, si je ne me trompe, une scène où revit le génie de Philippe II, et qui ne déparerait pas un drame de Shakespeare.

Il est fâcheux que de cette hauteur il faille retomber dans les tristes amours de don Carlos et voir se renouveler l'odieuse scène d'Alcala, scène de nuit et d'aventures où le prince, surprenant Fadrique, est à son tour surpris par le duc, et où une bougie soufflée amène un de ces chaos d'incidents où triomphe le génie espagnol. Le duc demande à grands cris de la lumière. Mais le prince a eu le temps d'enlever Violante, et Fadrique, se voyant seul avec le duc, étonné qu'un seul homme ait fait tant de bruit, trouve le moment bien choisi pour lui demander sa nièce en mariage. L'alliance est assortie, mais le duc, dans son bon sens, remarque que ce n'était guère la peine de tout éteindre et de barricader les portes.

FADRIQUE.

« Vous savez qui je suis?

LE DUC D'ALBE.

« Vous êtes Zuniga, vous êtes Pacheco; continuez.

FADRIQUE.

« Vous connaissez la beauté et l'esprit de Violante. Vous savez que l'amour dore parfois les plus grandes erreurs.

LE DUC D'ALBE.

« Voyons, j'ai été amoureux comme un autre; mais ce temps est passé. Au fait.

FADRIQUE.

« Sa beauté, son intelligence, ont triomphé de ma volonté; je lui ai offert mon amour, elle en a accepté l'hommage.

LE DUC D'ALBE.

« Pourquoi tant de détours? Vous voulez et elle consent; ces deux mots disent tout.

FADRIQUE.

« Nous étions résolus tous deux à vous faire part de notre honnête désir, quand le prince...

LE DUC D'ALBE.

« Singulier amalgame! Qu'a de commun le prince?...

FADRIQUE.

« Le prince, n'écoutant rien, sollicite ses faveurs pár d'indécents moyens, au point d'avoir osé, tout à l'heure, dans le silence de la nuit, escalader votre maison. Je l'ai vu.

LE DUC D'ALBE.

« Intraitable jeune homme! où s'arrêteront tes ambitieuses pensées? Voudrait-il l'épouser?

FADRIQUE.

« Épouser Violante?

LE DUC D'ALBE.

« D'où vient cette surprise? N'est-elle pas ma nièce? Et ce titre ne vaut-il pas mieux qu'une couronne?

FADRIQUE.

« Et, pour prouver ses intentions, il l'a, car je ne la vois plus, il l'a déjà enlevée.

LE DUC D'ALBE.

« Que dis-tu? Sang du Christ! Voilà maintenant ce que tu me racontes?

FADRIQUE.

« Cette chambre est fermée; je ne vois ni elle, ni Inez; votre déshonneur est certain.

LE DUC D'ALBE.

« Comment, certain? Vive Dieu! je mettrais plutôt le

feu au palais. Ce bras ne serait-il plus la terreur du monde, depuis l'Inde jusqu'à la Flandre? Et un enfant se permettrait un pareil jeu avec moi! Suivez-moi.

FADRIQUE.

« Je vous suis; mais si je n'ai raison...

LE DUC D'ALBE.

« Vous ne ferez que ce que je voudrai, et vous tiendrez pour très-content.

FADRIQUE.

« C'est que mon honneur...

LE DUC D'ALBE.

« Votre honneur, je le prends à mon compte. »

Voilà un amoureux qui traite les choses assez froidement, comme on le voit; mais, en revanche, voilà un duc d'Albe aussi fier que l'histoire le montre. Le poëte avait dû souvent entendre les vieillards qui l'avaient connu s'entretenir de lui, et il présente ici sa forte image telle qu'elle était gravée dans la pensée des contemporains.

Au commencement de la troisième journée, on apporte Violante évanouie dans l'appartement de son ravisseur. Ce qui l'a sauvée, c'est que le prince a été appelé auprès du roi. La jeune fille profite de ce répit pour essayer de reprendre ses sens; mais des gémissements étouffés qu'elle entend tout près d'elle la replongent dans ses premières angoisses : c'est l'agonie du pauvre Montigny, sur lequel s'exécute la terrible sentence du roi. Le mystère qui entoure encore à demi cet événement du règne de Philippe II permettait au poëte de mêler la création à la réalité. Selon l'exacte chronologie, Montigny survécut quelque temps à don Carlos. La chose faite, les meurtriers se retirent. Je regrette seulement que le poëte ait rendu le duc d'Albe présent à cette odieuse besogne. N'avait-il que ce moyen de l'amener là pour remettre sa nièce dans ses bras? Heureux de retrouver celle-ci, le duc l'emmène, un peu étonnée qu'il s'étonne si peu lui-même de l'avoir trouvée là.

Cependant le prince revient et cherche à tâtons sa proie. Serait-elle dans le cabinet où il a laissé Montigny? Ce quelque chose qu'il entrevoit dans le fond, immobile sur une chaise, est-ce Violante? La lumière arrive, et une lueur sinistre pénètre dans le cabinet. Ce qu'il prenait pour Violante, c'est Montigny étranglé et tenant un papier dans ses mains.

LE VALET.

« Quel spectacle horrible ! »

LE PRINCE.

« Va-t'en, et laisse là ce flambeau. Dieu me soit en aide! Montigny mort dans mon appartement! A quoi faut-il que je m'attende? Je reconnais à ces marques l'ingénieuse cruauté du roi, qui veut par là me faire comprendre que ma maison même ne met pas à l'abri de sa justice. Montigny mort! n'est-ce pas un songe? Et étranglé! Est-ce bien possible? Qui ne respecte pas la maison est bien près de s'attaquer au maître... »

Mais quel est ce papier que tient encore la main du cadavre? Est-ce une lettre adressée à l'Empereur et signée du nom du Prince des Asturies? Celui-ci ne se souvient pourtant pas de l'avoir écrite. Lisons avec lui :

« J'ai reçu de la main de Montigny la lettre par laquelle Votre Majesté me commande de venir secrètement me marier. J'aurais dû partir sur-le-champ, si j'avais été le maître d'écouter mon inclination; mais je ne le suis pas, car, suivant l'inviolable loi de la morale, je dois obéissance à mon père et fidélité à mon roi. C'est donc à lui d'abord qu'il convient de communiquer ce dessein, et je partirai dès que mon roi et père me l'aura ordonné. »

Le prince comprend, mais sans s'y résigner, la leçon indirecte que Philippe lui donne d'une manière si tragique, et il éclate en imprécations. Survient le duc. Le prince fait enlever le cadavre, puis, s'adressant au duc:

« J'apprends, entre autres sujets que j'ai de me plaindre, que moi voulant aller en Flandre, duc, vous prétendiez y aller.

LE DUC D'ALBE.

« Que Votre Altesse veuille bien se calmer; son visage a la pâleur de la mort.

LE PRINCE.

« Vous n'irez pas.

LE DUC D'ALBE.

« J'en ai reçu l'ordre.

LE PRINCE.

« Qu'importe?

LE DUC D'ALBE.

« Étrange emportement! Comment, quand mon roi me l'ordonne, il n'importe pas?

LE PRINCE.

« Non, il n'importe pas.

LE DUC D'ALBE.

« S'il me l'ordonne, je dois y aller.

LE PRINCE.

« Ma volonté aussi fait loi, et, puisque la vôtre prend la mienne à partie, je ferai en sorte que vous n'y alliez pas. »

Et il tire sa dague pour en frapper le duc, mais celui-ci saisit le bras et la dague tombe.

LE DUC D'ALBE.

« Pauvre de moi, si Votre Altesse s'emporte contre moi!

LE PRINCE.

« La dague est tombée de mes mains.

LE DUC D'ALBE.

« Non, Votre Altesse l'aura jetée à terre pour ne pas en frapper quelqu'un qui l'a si bien servie.

Il relève l'arme, et la présentant au prince :

« Voici la dague, et voici la poitrine qu'elle pourra frapper, quand ma vie ne sera plus utile au roi. »

La scène, on l'a vu, était dans l'histoire; mais ces belles et ironiques paroles n'appartiennent qu'au poëte.

Philippe hésite encore, mais on sent que sa patience est à bout. Il veut tenter cependant une dernière épreuve. Le prince s'est plaint que son père ne lui donnait aucune part au gouvernement. Le roi se fait plus accablé qu'il ne l'est en effet du fardeau de l'État, et invite son fils à le soulager.

« Je me sens las et vieux; mais le lit d'un roi, c'est ce bureau, son champ de bataille. De ma vie je ne me suis couché sans avoir résolu toutes les affaires; commencez dès aujourd'hui à prêter l'épaule à ce lourd fardeau d'un royaume. »

L'impatient jeune homme s'ennuie bientôt des détails insipides auxquels il faut donner son attention. Le roi lui-même, fatigué, s'endort ou feint de dormir. Une cassette est là sur la table, cassette mystérieuse et remplie sans doute des grands secrets de l'État. La tentation est trop forte;.Carlos y met la main, et qu'en retire-t-il? les rapports journaliers qui tiennent son père averti de toutes ses actions, puis, tout au fond, les lettres de Charles-Quint, son crucifix et sa discipline tachée de sang. Cette vue émeut d'abord le jeune homme, mais elle le ramène bientôt à ses pensées habituelles.

« Voilà donc avec quelles armes combattait l'empereur, mon aïeul, ce monarque à jamais inimitable! De quelle autre tendresse il t'aimait, ô père abusé! que tu n'aimes ton fils, puisque, par amour pour toi, empereur il se fit néant! Vivant, il te donna ses royaumes, et son affection fut si grande, que, pour être père, il cessa d'être roi. Toi, tu es roi, et tellement roi, qu'étant mon père, tu te fais mon juge... »

Puis, prenant à témoin le crucifix :

« Vous qui, dans les profondeurs de l'âme, lisez les secrets que l'homme a tant de peine à démêler en lui-même, vous savez bien qu'on n'a rien entrepris contre le pieux respect qu'un fils doit à son père. Avec quelle majesté il dort! O grandeur suspendue, qui s'use par sa durée même! O sommeil commun qui, ainsi que la mort, égale toutes choses! Que m'offres-tu, ô sommeil, sinon la mourante image de ce flambeau avec lequel les rois courent à ce but où s'arrête leur rêve? Est-il possible, ô père de mes entrailles, que mes folies te persuadent si aisément que je souhaite ta mort, quand je ne puis, même en idée, soutenir l'ombre de cette mort que le sommeil me retrace? »

Ce mouvement est pathétique, sans doute, et, si on songe que Philippe n'a pas perdu une des paroles de son fils, on se demande comment il ne sort pas de cette situation une de ces crises salutaires qui rapprochent les cœurs et sauvent tout. On sent que le roi est touché, à la manière dont il se roidit contre les témoignages qui s'accumulent sur le prince et au dernier effort qu'il fait pour le trouver moins coupable. Quand, après le cardinal qui a cherché à dissimuler le tort de Carlos, arrive le duc d'Albe qui dit toute la vérité, Philippe lui dit :

« Vous êtes terrible aussi.

LE DUC D'ALBE.

« Je ne lui ai pas donné prétexte, Dieu le sait.

LE ROI.

« Tout le monde se plaint de vous.

LE DUC D'ALBE.

« De moi?

LE ROI.

« De vous.

LE DUC D'ALBE.

« Bien des gens me portent envie de mille façons; c'est l'apanage de la vertu.

LE ROI.

« On vous accuse de n'être pas courtois, de parler avec hauteur à tout le monde. »

Mais le père a beau lutter, Carlos est condamné dans la pensée du roi. Je crois que le procès n'eût pas moins embarrassé le poëte que les juges. La mort le tirera comme eux d'embarras. Osera-t-il du moins mettre sur la scène les étranges détails de l'arrestation? Non. Le prince, ramené chez lui par la fièvre, apprendra par l'impassible contenance de ses serviteurs, au premier ordre qu'il leur donnera, qu'il est prisonnier du roi, sous leur garde, et il meurt comme dans l'histoire. Pour rendre cette mort dramatique, il eût fallu rompre en visière à tous les témoignages. Que le poëte n'a-t-il du moins respecté celui qui nous montre la froide main de Philippe II s'allongeant entre deux épaules pour bénir le moribond? L'apparition de cette main était plus tragique que celle de cette ombre qui vient dire à Carlos qu'il ne régnera pas, le ciel ne voulant point que celui-là vive et règne qui a cherché son appui dans une armée hérétique. Elle préparait mieux ces austères paroles de Philippe, où l'on craint de sentir je ne sais quel secret et profond soulagement:

« Je savais, le jour où il est né, qu'il mourrait un jour. Tout vivant doit tribut à la mort. Ceci épargne à l'Espagne de graves embarras, c'est la fièvre-tierce qui l'a tué.

RUY GOMEZ.

« La fièvre et les excès auxquels il s'est livré, comme de faire en plein été arroser ses matelas, de manger de la neige, de marcher nu, et de rechercher tout ce qui était contraire à sa nature et à sa complexion.

LE ROI.

« C'est plus que toute chose son mauvais génie qui l'a tué. Duc, appelez Violante et Fadrique. »

Puisqu'il y avait deux amoureux dans la pièce, il fallait bien qu'elle finît par un mariage. Cependant, même au milieu de ces détails qui n'ont pas tous la gravité que réclamait un pareil lieu et une pareille heure, Philippe se redresse tout entier.

LE ROI.

« Duc, allez en Flandres abattre les rebelles.

LE DUC D'ALBE.

« Seigneur, c'est ce qu'il y a de mieux à faire. Que je parte seulement, et ils ne sont plus à craindre. »

Ainsi se termine cette œuvre singulière, moins singulière encore toutefois par la vigueur et la netteté de l'exécution, en certaines de ses parties, que parce que, sur une scène où la fantaisie règne habituellement en souveraine, et dans un sujet où, d'un bout de l'Europe à l'autre, l'imagination s'est donnée carrière, le poëte espagnol est le seul qui paraisse avoir connu la vérité historique et parce que, l'ayant connue, il l'a respectée dans les faits essentiels. Il n'a abordé, je l'avoue, aucun des redoutables problèmes que soulève ce sombre épisode du règne de Philippe II, il n'a pas, d'une main hardie, porté le flambeau dans l'âme tortueuse de ce prince. Il s'en est tenu aux faits généraux, à cet aspect des choses qui suffit à la foule des intelligences moyennes, à ce premier dessein des caractères dont se contente la tradition courante; ce Philippe II, ce don Carlos, ce duc d'Albe, il les regardait vivre dans la mémoire de ceux qui avaient pu encore les voir marcher, les entendre parler; qu'importe que ce n'ait été que de loin et sans jamais les approcher! Quelque chose du passé flottait encore dans l'air. Quelque chose de la réalité vivante des personnages avait pu se transmettre d'une génération à l'autre. Ce témoignage de seconde main, même en ces proportions amoindries, a son intérêt émouvant, et au théâtre cette mesure de vérité, quand il s'agit d'un homme tel que Philippe II et d'une catastrophe comme celle de don Carlos, est précieuse encore.

Le talent naturellement élevé de Diego de Jimenez de Enciso s'est bien trouvé de ce commerce passager avec la muse austère de l'histoire. Il en a rapporté une simplicité relative de style bien rare dans les œuvres dramatiques de ses contemporains, et une gravité qui lui donne, au milieu d'eux, une physionomie à part. C'est ce que j'ai voulu marquer en lui.

III

PIERRE CORNEILLE ET JEAN-BAPTISTE DIAMANTE

UN SAVANT ESPAGNOL

Don Cayetano Alberto de la Barrera. — Sa physionomie. — Un pharmacien homme de lettres. — Son catalogue de l'ancien théâtre espagnol. — Le Cid. — Erreurs de Voltaire. — Le Cid de Diamante, postérieur à celui de Corneille. — Preuves de tout genre.

PIERRE CORNEILLE ET JEAN-BAPTISTE DIAMANTE

UN SAVANT ESPAGNOL

Il a paru dernièrement à Madrid un ouvrage qui maintient l'érudition espagnole dans le rang qui lui appartient, et qui place un nom nouveau parmi ceux des écrivains qui, en Europe et en Amérique, s'occupent avec succès de l'histoire du théâtre en Espagne.

Cet ouvrage, couronné par la Bibliothèque nationale de Madrid qui prend et qui gardera, j'espère, la noble habitude de mettre au concours des questions ou des travaux d'un grave intérêt, a été imprimé aux frais de l'État ; il a pour titre :

Catalogue bibliographique et biographique de l'ancien théâtre espagnol depuis son origine jusqu'au milieu du dix-huitième siècle, par don Cayetano Alberto de la Barréra y Leirado.

Qu'est-ce d'abord que don Cayetano Alberto de la Barrera y Leirado? Je vais, je crois, surprendre un peu le lecteur en disant que c'est un pharmacien. Mais en Espagne, où ces contrastes n'ont rien d'étrange, nul ne s'est étonné de voir un pharmacien, c'est-à-dire un homme qui par état sait beaucoup de chimie et d'histoire naturelle, prouver qu'il savait aussi l'histoire littéraire. Voici d'ailleurs, dans le même pays, les noms de trois autres pharmaciens qui, de nos jours, se sont fait un nom honorable dans les lettres : don Antonio Florez, don Pedro Calvo Asensio et don Juan Ruiz del Cerro. Chez nous (mais nous sommes, nous, d'impitoyables logiciens), le public aurait commencé par se défier : il eût eu peur que de si savants hommes ne maniassent pas d'une main aussi sûre leurs fioles que leurs livres. En serait-il de même en Espagne? Rien n'autorise à le croire. Ce qu'il y a de certain, cependant, c'est que don Alberto de la Barrera, partagé entre la profession qui le faisait vivre et les livres, sa passion favorite, a fini par donner tout son cœur aux livres. Il a vendu sa pharmacie, et, assez riche d'un petit héritage pour n'écouter plus que ses goûts, il s'est réfugié au troisième étage d'une maison modeste, où il passe des jours et bien des heures de la nuit à fouiller des parchemins, à interroger des textes, à déchiffrer des manuscrits, et, faisant une réalité de ce commode fauteuil imaginé par Alfred de Musset, il se donne à lui-même le spectacle de ces comédies innombrables qui, pendant près de deux siècles, ont été représentées sur toutes les scènes de l'Espagne.

Qui le surprendrait dans son cabinet, j'allais dire dans sa citadelle, trouverait un homme de quarante-sept ans, étant né à Madrid le 7 août 1815, ayant la franche et honnête physionomie d'un savant du seizième siècle, y compris l'orthographe, où un peu d'archaïsme ne lui déplaît pas. Une seule chose, au premier aspect, révèle en lui l'homme de notre temps, c'est le képi du milicien, dont il ne se sépare jamais, fidèle jusqu'au bout à l'emblème de ses opinions comme à ses opinions elles-mêmes. Dans tout le reste, c'est un ancien. Quelques lignes de lui, détachées d'une lettre qui m'a été communiquée, le peindront au moral.

« Je l'ai dit dans mon prologue, je suis persuadé que mon œuvre contribuera en quelque manière à relever et à illustrer nos gloires littéraires. Je ne me mettrai donc pas en frais de modestie. Vous vous étonnez de mes travaux allemands, comme les appelle P...; mais il faut considérer que ces travaux et d'autres encore sont le fruit de onze ans d'une incessante activité, sans distraction d'aucun autre souci, ni presque d'aucune autre occupation, particulièrement depuis ces cinq dernières années, où je ne me suis laissé détourner par aucune espèce d'obligation, n'ayant de relations qu'avec un très-petit nombre de personnes, relations d'ailleurs qui ne sont ni très-fréquentes ni très-suivies, surtout en ce qui est des usages incommodes de la société, que je n'ai jamais appris ni ne pense jamais apprendre. Joignez à cela ma passion pour les livres, une mémoire excellente, une curiosité infatigable, et, si vous vous dites, en outre, que mes premières études m'ont porté vers les sciences naturelles, dont le commerce donne le goût et l'habitude de la classification et de l'analyse, vous comprendrez comment ce genre de travaux littéraires a dû m'être particulièrement facile et m'agréer plus que nul autre. Vous seriez étonné de voir les additions que j'ai déjà faites à mon livre et que j'y fais incessamment. »

Comprenons-nous, à notre tour, comment un excellent pharmacien peut devenir un très-savant bibliophile?

Deux mots maintenant sur le livre lui-même. La partie essentielle de l'ouvrage est un dictionnaire où viennent se ranger, par ordre alphabétique, chacun avec sa notice et l'indication de ses ouvrages, imprimés ou manuscrits, tous les poëtes qui, en Espagne, ont travaillé pour le théâtre. La biographie est plus ou moins étendue, selon l'importance de l'auteur ou l'abondance des renseignements. Que d'écrivains dont on ne savait que le nom retrouvent ici leur postérité et leur histoire! Combien d'œuvres anonymes y reprennent le nom de leur père! On saura désormais dans quelle bibliothèque publique ou privée telle pièce oubliée ou inédite de Lope de Vega, de Tirso ou de Calderon attend un retour de fortune ou le bon plaisir d'un éditeur. Que de mystères tout à coup révélés! et quelles révélations nouvelles vont sortir de celles-ci! L'ouvrage à peine vient de paraître, et déjà les matériaux nouveaux abondent et se pressent dans les mains de l'auteur. Il le disait lui-même tout à l'heure, et j'en donnerai bientôt une preuve éclatante.

Le dictionnaire forme la première partie du Catalogue et en est de beaucoup la plus considérable. La seconde est une table, divisée elle-même en plusieurs sections, de toutes les pièces, comédies, tragédies, *autos*, *zarzuelas*, etc., dont il est parlé dans le dictionnaire, avec le nom de l'auteur et la date de l'ouvrage, quand elle a pu être connue.

Que don Cayetano de la Barrera veuille bien me le pardonner, mais, la première fois que j'ouvris son excellent livre, j'avais devant les yeux et dans la pensée un autre nom que le sien, celui de notre grand Corneille. Depuis que je vis en Espagne, je suis poursuivi de l'idée de marquer avec plus de précision qu'on ne l'a fait jusqu'ici les emprunts que le théâtre français a faits à l'Espagne, et, en attendant que j'en aie le loisir, je vais quêtant tout ce qui se rattache à ce sujet. Chaque jour m'apporte un peu de lumière, un texte nouveau, une indication précieuse, quelque solution inattendue. Je vais ainsi de *Venceslas* à *Héraclius*, et de *Don Juan* à *Horace*; mais le *Cid* surtout ne me quitte pas.

Corneille a beaucoup imité Guillen de Castro, et il le reconnaît avec loyauté. Mais il ne parle que de Guillen de Castro et de quelques *romances* dont Guillen de Castro s'était lui-même inspiré, et Voltaire veut qu'il ait eu à un autre poëte espagnol, Juan Bautista Diamante, plus d'obligation encore qu'à Guillen de Castro. Tout semble, au contraire, s'accorder pour prouver que c'est bien plutôt Diamante qui aurait imité, traduit Corneille. Pour moi, le doute n'a jamais existé; mais aux arguments littéraires manquait encore la preuve matérielle, et c'était elle que je cherchais.

Voltaire est le premier, il a été longtemps le seul qui ait parlé de Diamante. L'Académie, dans ses *Sentiments sur le Cid*, ne prononce même pas le nom de Guillen de Castro, encore moins celui de Diamante. Elle n'avait garde, on verra pourquoi. Les pamphlets du temps, en vers ou en prose, réclament en faveur de Guillen de Castro, dépouillé, disent-ils, comme le paon de la fable ; aucun ne se souvient de Diamante. Les Espagnols eux-mêmes n'ont jamais, en aucun temps, pris grand souci de la chose, et aujourd'hui, on le verra, leur langage est le nôtre. La critique chez eux a fait assez de progrès pour que, revenus déjà à une appréciation complète-ment juste des faits dans la question de *Gil Blas*, ils se contentent, en ce qui est du *Cid*, de la loyale déclara-tion de Corneille, laissant Voltaire, plus Espagnol qu'eux-mêmes, prendre fait et cause pour Diamante.

Le commentaire de Voltaire sur Corneille a trouvé d'énergiques redresseurs. C'est aujourd'hui un lieu com-mun que ce commentaire, plein d'observations justes, de fines remarques, d'aperçus ingénieux, a pris sur la gloire de Corneille pour faire vivre sa petite-fille. Ce nom et cette gloire n'ont pas besoin de moi pour se défendre. Je voudrais seulement, sur un seul fait, réta-blir l'entière vérité. Si Corneille en sort plus grand et Voltaire amoindri, c'est un malheur dont je suis d'a-vance consolé.

Voltaire dit dans la préface du *Cid* : « L'Espagne avait

deux tragédies du Cid, l'une de Diamante, intitulée *el Honrador de su padre*, qui était la plus ancienne, l'autre, *el Cid*, de Guillen de Castro, qui était la plus en vogue. »

Mon Dieu! voilà qui semble parfaitement ingénu; rien de plus simple, de plus inoffensif. Mais Voltaire excelle à donner un air innocent à ses plus noires malices. Ici, par exemple, il est très-clair que, s'il reste prouvé que Diamante est antérieur à Guillen de Castro, le *Cid* de Corneille ayant d'ailleurs plus d'analogie avec la pièce du premier, il sera démontré que Corneille, qui n'en dit rien, a surtout imité celle-ci. C'est pourquoi il importe avant tout de prouver que Diamante est de beaucoup d'années postérieur à Guillen de Castro.

Mais faisons, entre parenthèses, une petite remarque, et ne passons rien à Voltaire.

Comment lui qui affecte de si bien savoir le titre de la pièce de Diamante, et qui l'énonce même en espagnol (*el Honrador de su padre*) sait-il si mal le titre de l'œuvre de Guillen de Castro, qu'il appelle négligemment *el Cid*, quand nul n'ignore que Guillen de Castro a intitulé sa pièce *las Mocedades del Cid*, la *Jeunesse du Cid?*

J'ouvre toutes les biographies, et j'y trouve que don Guillen de Castro y Bellvis, né à Valence, dans la conquête même du Cid, mourut à Madrid le lundi 28 juillet 1631, à l'âge de soixante-deux ans, c'est-à-dire cinq ans avant l'apparition du *Cid* de Corneille, qui, représenté en 1636, fut imprimé au commencement de l'année suivante.

Juan Bautista Diamante, né d'un père castillan et

d'une mère portugaise, vivait encore en 1674 ; c'est du moins la conclusion qui ressort de quelques lignes que lui a consacrées Nicolas Antonio. Ce qu'il y a de certain, c'est qu'aucune de ses pièces ne fut imprimée avant 1659, époque à laquelle *el Honrador de su padre* parut dans un recueil de pièces de divers auteurs. Lui-même ne donna que plus tard l'ensemble de ses œuvres, dont la première partie fut publiée en 1670, la seconde en 1675. Le manuscrit autographe de l'une de ses pièces, qui se trouve dans la bibliothèque de M. le duc d'Osuni, porte la date de 1657. Il est donc très-vraisemblable que Diamante a écrit vers le milieu du dix-septième siècle, et telle est l'opinion universelle en Espagne. Une dernière preuve à l'appui de cette conjecture, c'est la date même de l'époque à laquelle ont vécu les contemporains, disons plus, les collaborateurs de Diamante : Moreto, Matos Fragoso, Lanini Sagredo, Andres Gil Enriquez, Francisco de Avellaneda, Juan Velez de Guevara, qui tous étaient de très-jeunes gens, quelques-uns des enfants, à l'époque où mourut Guillen de Castro.

Mais le débat, au fond, n'est pas entre Diamante et Guillen de Castro. Voltaire continue :

« On voyait dans toutes les deux une infante amoureuse du Cid, un bouffon appelé le valet gracieux, personnages également ridicules; mais tous les sentiments tendres et généreux dont Corneille fait un si bel usage sont dans les deux originaux. »

Je ne ferai qu'une remarque, c'est que le *gracioso*, qui tient en effet trop de place dans *el Honrador de su padre*, n'existe dans aucune des deux parties des *Mocedades del Cid*.

« Je n'avais pu encore déterrer le *Cid* de Diamante, quand je donnai la première édition des commentaires de Corneille; je marquerai dans celle-ci les principaux endroits qu'il traduisit de cet auteur espagnol. »

Je vois en effet au bas de chaque page du *Cid* des vers espagnols cités en note. Mais, chose étrange après ce qu'on vient de lire, de toutes ces citations, une seule, la première, appartient à Diamante, toutes les autres sont de Guillen de Castro. Pourquoi cela? Ne serait-ce pas que Voltaire se serait vite aperçu que les notes allaient être plus longues que le texte, et qu'il ne s'agissait pas de citer quelques vers isolés, mais des scènes entières, mais des actes complets? Jaloux comme il aurait dû l'être de la gloire de la France et de l'honneur de Corneille, ne devait-il pas se demander s'il n'y avait pas là quelque mystère à éclaircir?

« Quand le *Cid* parut, dit spirituellement Fontenelle, le cardinal en fut aussi alarmé que s'il avait vu les Espagnols devant Paris. » Voltaire, qui mieux que personne était fait pour les repousser, n'eut aucun scrupule de les mettre au cœur de la place. Sans plus examiner, il accusa Corneille d'avoir traduit Diamante. C'était même, à ses yeux, non une traduction, mais un véritable plagiat; car Corneille, qui avait publiquement confessé, et même un peu tard, dit-on, ses emprunts à Guillen de Castro, s'était bien donné de garde de parler de Diamante.

Mais n'y avait-il pas dans ce silence même quelque chose qui parlait éloquemment en faveur de Corneille? A qui ce vieux Romain avait-il donné le droit de le croire coupable d'une dissimulation qui équivalait à un mensonge? Voltaire avait-il déjà oublié cette sublime apostrophe de Géronte à Dorante : « *Êtes-vous gentil-homme?* » et les vers magnifiques qui suivent :

> Où le sang a manqué si la vertu l'acquiert,
> Où le sang l'a donné le vice aussi le perd,
> Ce qui naît d'un moyen périt par son contraire ;
> Tout ce que l'un a fait, l'autre le peut défaire,
> Et dans la lâcheté du vice où je te voi,
> Tu n'es plus gentilhomme, étant sorti de moi.
> ... Laisse-moi parler, toi, de qui l'imposture
> Souille honteusement ce don de la nature ;
> Qui se dit gentilhomme et ment comme tu fais,
> Il ment quand il le dit et ne le fut jamais.

Que Voltaire aille chercher ces vers dans la comédie d'Alarcon, dont le *Menteur* est imité, il y trouvera les mêmes idées, la même scène, les mêmes reproches; mais ce cri sublime de la loyauté indignée, on ne l'y entend pas : il sort de l'âme du grand Corneille.

Mais enfin, si des arguments de cet ordre n'étaient pas de ceux qui touchaient Voltaire, la simple justice voulait du moins qu'il examinât le livre qu'il avait dans les mains. On a vu que *el Honrador de su padre* avait été imprimé pour la première fois en 1659. Voltaire, par hasard, avait-il découvert quelque édition plus ancienne? J'en doute, mais, dans ce cas, il eût été à propos de le dire. Si cette date ne l'a point frappé, c'est qu'il a supposé peut-être que Corneille avait pu voir représenter l'œuvre de Diamante. Mais où? Je m'explique que Molière, dans sa vie errante, aventureuse, ait pu, sur la frontière d'Espagne, assister, dans quelque grange, à la représentation du *Don Juan* de Tirso de Molina. Mais Corneille, on connait sa vie simple, retirée, casanière. Ce dernier des Romains vivait d'ordinaire comme un humble bourgeois de Rouen. — Bien, répondra Voltaire, Corneille n'a jamais vu représenter la pièce de Diamante, mais il a pu la lire. Ce sera donc en manuscrit, puisque nous venons de voir qu'avant 1659 elle n'avait pas été imprimée. Ceci nous ramène au nœud même de la question, la date précise de la naissance de Diamante. J'ai hâte aussi d'y arriver, croyez-le bien. Mais qu'on me permette de revenir encore une fois à Voltaire.

Voltaire aura beau dire, il ne sera jamais un simple commentateur. Il a beau se faire petit et se réduire à ce modeste rôle, il ne saurait empêcher qu'on ne voie en lui l'auteur de *Mérope* et de *Zaïre*. On pourra lui refuser les parties élevées du génie poétique, on ne lui contestera pas un sens délicat, une entente profonde de procédés de l'art, un merveilleux savoir-faire. Le poëte qui, dans *Zaïre* et dans la *Mort de César*, avait si bien ou si mal, comme on voudra, imité Shakspeare, devait savoir mieux qu'un autre distinguer, à de certains signes, une imitation d'un original. Corneille, je le sais, est un de ces imitateurs qui s'emparent des choses avec une telle puissance, qu'ils se les rendent aussitôt propres, à ce point même que ce qui ailleurs n'était naturel qu'à demi le devient tout à fait sous leur plume.

Mais l'œil de Voltaire ne devait pas s'y méprendre. Dans le *Cid*, par exemple, Corneille emprunte à Guillen de Castro des traits vifs et rapides auxquels il prête une plénitude qui les achève, et on sent, en comparant les deux poëtes, que le premier a complété ce que le second avait trouvé, mais avec une telle vigueur d'expression, qu'il semble avoir inventé lui-même ce qu'il n'a fait que perfectionner : c'est une création nouvelle dans la création première. Lorsque ensuite on lit les mêmes choses dans la pièce de Diamante, on leur trouve une mollesse, une langueur qui trahit l'effort, et un travail pour dire autrement ce qui deux fois déjà avait été bien dit. C'est un examen qu'il faut avoir fait soi-même, scène par scène, vers par vers. Ce qu'il y a de singulier, c'est que si Corneille a imité Diamante, étant prouvé d'ailleurs que ce dernier est venu après Guillen de Castro, il faut dire également que Diamante avait d'abord imité Guillen de Castro: car, dans les situations principales, les trois poëtes se font écho l'un à l'autre. Seulement, chez Diamante, l'écho va s'affaiblissant toujours. Je ne veux pas lui contester ici son mérite. Il jouit en Espagne d'une assez grande réputation, due en partie à *el Honrador de su padre.* Mais, dans cette pièce même, il tombe ou languit dès qu'il se sépare de ses deux émules. Il a çà et là, dans le corps de l'ouvrage, d'assez fiers accents. Mais tout à coup, et comme s'il craignait qu'on ne vînt à lui reprocher d'avoir imité ou traduit, il cherche une voie nouvelle, et Dieu sait où elle le mène! Vous vous souvenez de la

scène où le roi, pour éprouver Chimène, feint d'avoir
reçu la nouvelle de la mort de Rodrigue. Dans Corneille,
comme dans Guillen de Castro, l'erreur ne dure qu'un
moment, et la critique a trouvé que c'était déjà trop pour
la gravité de la tragédie. Diamante, lui, trouve que ce
n'est pas assez, et, s'emparant de l'idée, il en tire tout
son dénoûment, véritable dénoûment de comédie, et
qui compromet bien autrement l'honneur de la scène
tragique et l'héroïque grandeur du sujet. Voilà, ce me
semble, à quoi Voltaire devait reconnaître l'imitateur
qui s'évertue à chercher du nouveau, et qui, à tout
prix, change pour faire mieux. Pour qui compare Corneille et Diamante, il est évident que l'un a moins imité
l'autre qu'il ne l'a traduit. Mais ce seul mot de traduction, rapproché du silence obstiné de Corneille, ne
devait-il pas être pour Voltaire un trait de lumière et lui
rappeler ce passage de Fontenelle dans la Vie de son
oncle? « Corneille avait dans son cabinet cette pièce
traduite en toutes les langues de l'Europe, hors l'escla-
vone et la turque; elle était en allemand, en anglais, en
flamand, et, par une exactitude flamande, on l'avait
rendue vers par vers. Elle était en italien, et, ce qui est
plus étonnant, en espagnol. Les Espagnols avaient bien
voulu copier eux-mêmes une pièce dont l'original leur
appartenait. » Cette traduction, cette copie, était évidemment celle de Diamante.

Mais la Harpe parla comme Voltaire. C'était, comme
on le sait, son habitude, et la tradition s'établit. M. de
Puibusque, dans son excellente *Histoire comparée des*

littératures espagnole et française, a osé, un des premiers, lui rompre en visière, mais en historien qui raconte et ne prend pas le temps de discuter. Du moins dit-il nettement que Diamante, venu après Corneille, et il en donne pour preuve la date de la première édition de sa pièce, s'est borné à traduire notre grand poëte. M. Philarète Chasles, dans ses belles et rapides études, avait posé nettement les mêmes conclusions.

Je regrette de n'avoir pas sous la main un très-beau Mémoire, lu, il y a quelques années, à l'Académie de Rouen, par un ancien inspecteur général de l'université, M. Viguier. Sauf un jugement trop sévère peut-être sur l'*Héraclius* de Caldéron, nous n'avons rien en France d'aussi solidement pensé sur le théâtre espagnol et d'aussi exact sur les imitations que Corneille en a faites. En ce qui concerne Diamante, si j'ai bonne mémoire, les conclusions de M. Viguier sont les mêmes que celles de M. de Puibusque et de M. Chasles.

L'Espagne, il y a vingt ans, n'en était encore qu'au doute, mais un doute loyal et tout disposé à se laisser convaincre. « Nous nous garderons bien, écrit notre savant ami don Eugenio de Ochoa, d'assurer que Corneille ait traduit Diamante, d'abord parce que Corneille n'en dit rien, et ensuite parce que nous ignorons si Diamante a composé *el Honrador de su padre*, avant que Corneille ait écrit le *Cid* ou depuis. Tant que nous ne pourrons nous appuyer sur aucun document authentique pour décider lequel des deux a copié l'autre, le doute subsistera pour nous. Il n'est pas probable que

Diamante ait copié Corneille, mais il ne l'est pas non plus que Corneille, dont la bonne foi est notoire, si en effet il eût copié Diamante, en eût fait mystère. Ce qui vraiment est fort étrange, c'est que Voltaire, qui a tant écrit sur le *Cid*, n'ait pas pris la peine de vérifier l'époque à laquelle parut la comédie de Diamante. » Voilà qui est parler en critique sincère et en bon Espagnol. Mais, s'il ne manquait que la connaissance de cette date au docte éditeur de la collection espagnole de Baudry, il ne doit plus douter aujourd'hui, et près de lui Corneille a gagné son procès.

Don Juan-Bautista Diamante a définitivement perdu le sien auprès de don Cayetano Alberto de la Barrera. On jugera si j'étais impatient de consulter le nouvel oracle, *plus sûr que celui de Calchas*. J'ouvre donc le précieux Catalogue à la page 125, et je lis : « Juan-Bautista Diamante, un des plus féconds et des plus renommés poëtes dramatiques qu'ait produits l'Espagne dans la seconde moitié du dix-septième siècle. On ignore la date de sa naissance, mais on peut la fixer avec assez de vraisemblance entre 1630 et 1640. Notre poëte commença à travailler pour le théâtre vers 1657. Il est possible que son premier ouvrage ait été *el Honrador de su padre*, qui parut imprimé dans la première partie d'un recueil de comédies de divers auteurs, Madrid, 1659, et dans lequel on remarque des beautés de premier ordre, au travers de ses nombreuses irrégularités. Diamante avait sous les yeux, en écrivant cette pièce, *las Mocedades del Cid*, de Guillen de Castro, et l'imitation qui en a été faite par Corneille, et il a pris de l'un et de l'autre ce qui lui a paru bon. »

Voilà, j'espère, qui tranche nettement toutes les questions. Mais Voltaire dira, et d'autres avec lui, je le crains, que ce sont là de pures affirmations, dénuées de preuves précises. Je le sentais confusément en lisant ce passage avec une joie qui n'était pas sans trouble. Toutefois un érudit aussi consciencieux que don Alberto de la Barrera n'avait pu avancer légèrement de tels faits. Il devait avoir gardé par devers lui les preuves d'une assertion aussi clairement formulée. Vivant à cent lieues de Madrid, je me hasardai à lui faire dire par un ami commun que, compatriote du grand Corneille, j'étais tout disposé à l'en croire sur parole, mais que je serais heureux qu'il voulût bien me faire connaître ce qui l'avait amené à conclure que Diamante fût né entre 1630 et 1640.

Au bout de quelques jours, la réponse suivante me fut communiquée :

« Votre question ne pouvait venir plus à propos. Juste au moment où elle m'arrive, je tiens dans mes mains ce bon Juan-Bautista Diamante. Car voici plusieurs jours que je m'occupe à extraire les pièces d'un procès qui lui fut intenté en 1648 et qui vient d'échapper par bonheur au sort qui le menaçait, car on allait en faire des paquets. Les faits intéressants que j'en ai tirés me sont arrivés trop tard de quelques jours pour pouvoir être insérés dans le dernier appendice ou supplément de mon ouvrage. Je m'étais servi, pour écrire l'article qui le concerne, des faits qui se trouvent dans Barbosa Machado et dans Nicolas Antonio, et de ceux que j'ai pu moi-même trouver ailleurs. Voyant que, dès 1658, il prenait déjà le titre de licencié, comme cela résulte du manuscrit autographe de sa comédie *el Veneno para si,* qui existe dans la bibliothèque de M. le duc d'Osuna, j'ai calculé que sa naissance pouvait avoir eu lieu de 1630 à 1640 ; je ne m'étais trompé que de quatre ans : il était né à Madrid en 1626. C'est ce qui résulte d'un interrogatoire signé de sa main et dont l'original fait partie du procès que j'ai sous les yeux. »

. Et don Cayetano Alberto de la Barrera pousse l'obligeance jusqu'à joindre à sa lettre une copie du précieux document. On me permettra d'en donner, à mon tour, une minutieuse traduction :

« En la ville de Alcala de Hénarès, le vingtième jour du mois de septembre 1648, en vertu d'un ordre du seigneur recteur, moi, notaire, je me présentai à la prison des étudiants de cette université, en laquelle je fis comparaître devant moi don Juan-Bautista Diamante, écolier en ladite université et détenu dans la susdite prison, de qui je reçus le serment devant Dieu et sur une croix qu'il promettait de dire la vérité, et lui demandai ce qui suit :

« Lui ayant demandé comment il se nomme, quel âge il a, quelle est sa condition et où il est né ;

« A quoi il répond qu'il se nomme don Juan-Bautista Diamante, qu'il est étudiant de cette université et sous-diacre, qu'il est né dans la ville de Madrid et qu'il a vingt-deux ans, à quelque chose près.

« Et moi, notaire, ayant vérifié que ledit Juan-Bautista a moins de vingt-cinq ans et plus de quatorze, je le préviens et le requiers d'avoir à se nommer un procureur au procès qui puisse assister à son interrogatoire. »

Quel était ce procès? Les biographes prétendent que, dans sa première jeunesse, Diamante avait embrassé d'abord le métier des armes. Peut-être en avait-il gardé certaines habitudes peu compatibles avec les mœurs plus sévères de sa nouvelle carrière. Peu nous importe, au surplus. Nous parlons ici devant un autre tribunal, c'est le *Cid* qui est en cause, nous plaidons pour le grand Corneille contre Voltaire, et il nous semble que ce document retrouvé si à propos donne pleinement gain de cause à notre illustre client.

Diamante, né en 1626, pouvait-il avoir écrit avant 1636, c'est-à-dire avant l'âge de dix ans, *el Honrador de su padre*, une pièce où la critique espagnole signale des beautés de premier ordre, et qui seraient d'autant plus surprenantes que, dans l'hypothèse de Voltaire, il ne les aurait empruntées de personne? Calderon, je le sais, composa à treize ans son premier drame, *el Carro del cielo;* mais il avait treize ans et non pas dix; mais ce drame ne figure pas dans ses œuvres; et puis c'était Calderon, et je n'ai lu nulle part que Diamante ait été un de ces génies précoces qui font violence aux lois de la nature.

Il me vint, malgré tout, un dernier scrupule; quand

on veut avoir raison contre Voltaire, ce n'est pas trop
d'avoir raison deux fois. Je me demandai donc si le
Diamante qui a écrit des comédies était bien le même
qui figure au procès de 1648. Malgré l'identité du
nom et des prénoms, il n'était pas impossible qu'il eût
existé deux Diamante. Que faire? J'eus de nouveau recours
à don Cayetano Alberto de la Barrera, et lui exposai la
difficulté. Il eut la bonté de me répondre ce qui suit :

« J'eus le même doute qui vous est venu, quand j'exa-
minai ces documents, mais toute incertitude disparut
bientôt. L'identité de Juan Bautista Diamante, sous-diacre en 1648 et prêtre en 1656, et de Diamante, écrivain
dramatique, me fut démontrée jusqu'à l'évidence par
cette double observation, d'une part, que Barbosa Machado déclare expressément que le poëte était fils de
Jacome Diamante, Espagnol, et d'une mère portugaise,
et, d'autre part, que le clerc mis en cause était bien le
fils de Jacome Diamante et de sa première femme, Mag-
delena de Acosta (nom portugais *da Costa*), comme il
ressort de nombreux documents qui figurent au procès,
et en particulier d'une pétition signée par Jacome lui-
même. »

Je me réjouis d'être parvenu, si en effet j'y ai réussi,
à éclaircir ce point de notre histoire littéraire, et, dans
ma petite campagne contre Voltaire, je suis un peu honteux, je l'avoue, d'avoir eu pour auxiliaire un compatriote de J. B. Diamante. Tout le génie du monde ne
devait pas autoriser l'auteur des Commentaires à porter atteinte avec tant de légèreté à une gloire si haute,

et à atténuer, même indirectement, par une assertion qui ne s'appuyait sur aucune preuve sérieuse,
ce dicton du dix-septième siècle : *Beau comme le
Cid !*

134   L'ESPAGNE RELIGIEUSE ET LITTÉRAIRE.

et à atténuer, même indirectement, par une assertion qui ne s'appuyait sur aucune preuve sérieuse,
ce dicton du dix-septième siècle : *Beau comme le
Cid !*

IV

LE COUVENT DE LORETO — SAN FRANCISCO SOLANO ET LE POËTE DON J. NICASIO GALLEGO

A DON ANTONIO TRUEBA

IV

LE COUVENT DE LORETO

Après qu'on a passé le nouveau pont qui de Séville conduit au faubourg de Triana, on voit la plaine s'élever insensiblement et aboutir bientôt à de vastes plateaux couverts d'oliviers, et qui, dans les anciens temps, appelés le Jardin d'Hercule, ont, depuis les Arabes, gardé le nom d'Aljarafe. Dans cet immense verger qui s'étend à perte de vue, quelques bouquets de pins d'Italie, quelques cyprès séculaires auxquels s'enroulent des rosiers grimpants; çà et là un palmier solitaire, viennent, de distance en distance, interrompre la monotonie du premier coup d'œil. Toutefois ceux qui n'auraient vu d'oliviers que dans le midi de la France se feraient difficilement une idée de ce qu'il est dans la campagne andalouse. Aux environs de Marseille, par exemple, l'olivier maigre, chétif et pâle, semble sortir avec effort d'une terre pou-

8.

dreuse et blanche, d'où l'on s'étonne qu'il ait pu tirer une séve à la fois si riche et si douce. En se rapprochant de la frontière d'Italie, il prend, il est vrai, de l'ampleur et une couleur plus vivante, mais sans arriver jamais à cette vigueur, sans jamais revêtir ces formes fantastiques par lesquelles il semble qu'il veuille rivaliser, en Andalousie, avec l'aloés et le figuier de Barbarie. Si le sol qui le nourrit garde encore assez de suc pour porter une autre moisson, le blé et les fèves de marais croissent sans lui nuire à l'ombre de l'olivier; et là où la terre se refuse à cette culture accessoire, elle se couvre d'herbes et de fleurs éclatantes. Voilà, sans doute, pourquoi ces champs privilégiés s'appellent aussi le *Pays des fleurs*. De leur uniforme verdure sortent à chaque instant des villages propres et bien bâtis, et dont plusieurs, Umbrete et Olivares, par exemple, portent des noms historiques.

La route de Huelva traverse l'Aljarafe, route qui touche à de grands souvenirs, car, à une demi-lieue à peine de Séville, elle coupe en deux le village de Castilleja et effleure le seuil de la maison où mourut Fernan Cortés, et après avoir contourné San Lucar la Mayor, elle va aboutir à Moguer, tout à côté de ce petit port de Palos, où s'embarqua Christophe Colomb.

Le couvent de Notre-Dame des Anges, ou de Sainte-Marie-de-Loreto, au pied duquel nous quitterons cette route, nous offrira des souvenirs d'une autre sorte, mais qui, pour être moins éclatants, n'en ont pas moins leur enseignement. De la plus austère de ses cellules partit l'apôtre du Pérou, San Francisco Solano. Dans une autre, à deux pas de la première, fut, pendant quatre ans, retenu prisonnier un grand poëte assez profane, quoiqu'il ait porté le camail des chanoines, don Juan Nicasio Gallego. Ce grand contraste sous la même robe marque profondément la différence des temps; cette double étude aura son intérêt. Mais entrons d'abord dans le couvent et demandons à ses ruines ce qu'elles savent encore de ses anciens habitants.

A une lieue environ de Castilleja, je pris un sentier sur la droite, et, au bout d'une centaine de pas, je me trouvai devant la porte de Loreto. Une tour féodale domine l'ensemble des bâtiments, mais, malgré sa hauteur qui l'en détache et ses teintes rouges, ce n'est qu'en la touchant, pour ainsi dire, qu'on finit par l'apercevoir.

Le premier aspect du couvent est grave, la cour d'entrée d'un effet tout religieux. Elle est carrée et entourée de hautes murailles. Au centre se dresse une belle croix de fer dont le piédestal offre au voyageur fatigué ses degrés encore revêtus d'azulejos. Le long de la muraille s'élèvent douze cyprès énormes qui rappellent celui de la Sultane au Généralife; ils portent les noms des apôtres. Mais j'ai dit douze et c'est une erreur; comme les apôtres eux-mêmes, après la trahison de Judas, ils ne sont plus que onze. Il y a une quarantaine d'années que la tempête a déraciné le douzième, et, par une étrange rencontre, c'était précisément celui qui portait le nom de Judas; sa place est restée vide. Il était appuyé contre le mur de la bibliothèque, dont le feuillage attristait la fenêtre. Les bons pères durent éprouver un

sentiment de bien-être le jour où ils se sentirent débar-
rassés de ce sinistre témoin de leurs veilles studieuses ;
le fait est qu'ils n'ont pas songé à le remplacer, et que
Matthias n'a point son cyprès à Loreto.

La porte de l'église fait face à l'entrée et s'élève au-
dessus du sol de quelques marches. Dépouillée de ses
antiques richesses, elle n'a gardé que ses proportions
élégantes et quelques ouvrages d'art qui ne sont pas
sans mérite, entr'autres une statue de Notre-Dame de
Lorette, qui pourrait bien être venue d'Italie, et une
Mère des douleurs, petit chef-d'œuvre du génie espagnol, dû au ciseau de Roldan.

De l'église je passai dans les cloîtres, silencieux aujourd'hui comme l'église elle-même. A l'époque où les
couvents furent supprimés, une trentaine de religieux,
maîtres ou disciples, animaient encore celui-ci ; il n'y reste
plus que deux pauvres prêtres et un frère lai, vivantes
archives des derniers souvenirs de ces saintes murailles.

Je n'ai jamais rencontré que le frère lai à Loreto,
étant toujours arrivé au couvent aux heures où ses deux autres gardiens étaient allés évangéliser les villages des environs, confiés à leur saint ministère. Mais Fray Juan Antonio Alvarez eût suffi à satisfaire une curiosité plus éveil-
lée encore que la mienne. Il avait pour moi le rare
mérite de s'être trouvé au couvent, à l'époque où don
J. Nicasio Gallego y fut relégué. C'était en 1816, et peu
de temps après que Juan Antonio lui-même était revenu de France où il avait été emmené prisonnier durant la guerre de l'Indépendance. Il avait alors à sa

charge la cuisine du couvent, et sa bonne humeur l'avait mis tout d'abord en relation avec le poëte, tout haut chanoine que fût celui-ci. Il récite volontiers ses boutades en vers; il raconte, en les savourant, ses bons mots, ses joyeux propos. Seulement il a toujours l'air de vous demander comment un si gai compère était un si grand personnage.

La première chose que me mena voir Juan Antonio, ce fut, à l'angle du patio, une cellule sans alcôve; elle avait été celle du poëte, pendant les ardeurs de l'été. On y pénètre par un étroit couloir, au-dessus duquel je remarquai une image de saint François d'Assises, dessinée au crayon. Cette ébauche était de la main de Gallego. La cellule n'avait d'ailleurs rien de remarquable.

Ce premier patio mène à un second, plus petit, et dont le principal mérite consiste en quatre beaux rosiers plantés aux quatre coins. Au centre est un puits dont la margelle en marbre porte la date de l'année où il fut construit, 1745. Le bon frère lai n'y puise jamais un seau d'eau sans se souvenir que Nicasio lui disait souvent : « Juan y Antonio, ce puits est plus vieux que moi; » le bonhomme accompagne invariablement ces paroles du même sourire dont il les accueillit sans doute la première fois qu'elles lui furent adressées.

A l'un des angles de ce patio, une petite grille ferme une étroite chapelle dédiée à *Nuestra señora del amor hermoso*. Là san Francisco Solano dit sa première messe. Cette chapelle avait été sa chapelle pendant l'été.

D'autres souvenirs, qui sont encore ceux d'un poëte,

m'attendaient à un autre angle du patio. On m'y montra la cellule où M. le duc de Frias vint se cacher pendant un mois, exilé de Séville, où Ferdinand VII, qui allait de Cadix à Madrid, n'avait pas voulu se voir exposé à le rencontrer. Mais c'était en 1823, et quand depuis trois ans déjà la révolution de 1820 avait délié la chaîne de Nicasio, son maître et son ami.

Rentrons dans le cloître et montons le grand escalier, nous retrouvons au premier étage les souvenirs confondus de l'apôtre et du poëte. La cellule que le premier habitait durant l'hiver existe encore. Elle ne se distingue des autres que par une porte toute sculptée, ajoutée naturellement après coup. Les vers naïfs qui la désignent au respect des voyageurs n'ont été écrits à coup sûr ni par don Juan Nicasio Gallego, ni par le duc de Frias.

La bibliothèque n'est pas loin; mais les livres ont disparu. C'est dans cette pièce aujourd'hui dépouillée, c'est devant cette fenêtre où Judas se tenait encore debout comme un espion, sur cette table de bois commune que Nicasio, assis sur un banc rempaillé, écrivit, dit-on, sa belle élégie à l'occasion de la mort de la seconde femme de Ferdinand VII, la reine Isabelle de Bragance.

La cellule d'hiver du poëte avait une double alcôve et une fenêtre sans grille. Il pouvait parfois s'y croire libre.

Achevons notre pèlerinage, et parlons de la tour. Elle n'est ni du même temps ni de la même main que le reste du monastère. Construction gothique plutôt que moresque, elle aura été élevée par quelque hardi capi-

taine dont les pieux descendants auront uni la maison
de prière à leur demeure féodale. On la nomme dans le
pays la torre Loretana; mais est-ce la tour qui a donné
son nom au couvent ou si du couvent le nom est remonté
au donjon; je serais volontiers de ce dernier avis; mais
je n'ai, je l'avoue, aucune raison à en donner. J'eus
grand'peine à trouver, à travers les fagots dont la salle
basse est remplie jusqu'à la voûte, la porte et l'escalier
qui mènent à la plate-forme. Mais, quand on a rampé jusque-là, comme on est bien payé de sa peine! J'emprun-
terai ici les paroles d'un aimable érudit, ami de ces contrées, et au récit duquel je dois d'être venu moi-même
visiter Loreto, don Antonio Gomez Azeves :

« Quand je me dressai au milieu de la plate-forme
(l'auteur dit bien, c'est au milieu qu'il faut se placer,
car il ne reste pas trace de parapet), mon âme se rem-
plit d'une joie infinie devant le merveilleux paysage qui
s'offrit à mes yeux. La pittoresque Olivares, les champs
fertiles de San Lucar la Mayor, Benacazon, Umbrete,
Bollullos, Mairena de l'Aljaraje, Espartinas, Gines,
Valencina et Salteras formant un cercle grandiose, élevaient leurs humbles tours au milieu des oliviers et des
vignes. L'église et le clocher de Loreto empêchaient de
voir Villanueva del Ariscal, en laissant une seule lacune
dans ce délicieux panorama. Le paganisme dans les
tronçons de colonnes épars çà et là au pied des murs du
couvent, l'islamisme dans la terre que foulaient mes
pieds, le christianisme dans ces temples autour desquels
se groupent tous ces villages, rappelaient à ma mémoire

la grandeur des anciens peuples et la gloire des nations modernes. Partout, me disais-je en moi-même, la croix du Rédempteur a fait tomber en morceaux devant elle les idoles et le croissant. »

En ramenant à mes pieds ma pensée et mes yeux, la huerta des pauvres moines me faisait souvenir de leur vie tranquille et pieuse, de leurs promenades solitaires, de leurs saintes études. Je m'étonnais seulement de n'y pas apercevoir un seul palmier entre les figuiers et les orangers. Le palmier, dans les couvents de l'Espagne, est, à mes yeux, le lien mystérieux qui les rattache aux monastères de l'Orient. Tout contre la tour et dans une cour intérieure, je voyais de vastes amphores de terre cuite ensevelies dans le sol, et dont l'ouverture béante attendait la récolte nouvelle des oliviers voisins. Qu'ont gagné les pauvres, depuis que ces richesses, tant reprochées aux moines, ont passé en d'autres mains? Ce qu'ils ont gagné? Ce que la religion elle-même a gagné à se faire du monde. Je raconterai l'héroïque apostolat d'un jeune moine qui, vers la fin du seizième siècle, sortit de Loreto pour aller évangéliser le Pérou. Je dirai ensuite l'existence agitée d'un prêtre mondain, patriote, poëte, philosophe, regardant comme un châtiment et comme un malheur de sa vie de se voir enfermé dans ces mêmes cloitres d'où l'apôtre avait emporté tant de saintes ardeurs, et le lecteur choisira.

I

SAN FRANCISCO SOLANO

J'ai, je l'avoue, un goût très-particulier pour cette seconde génération d'Espagnols, qui alla réjouir de ses vertus le nouveau monde, encore épouvanté du spectacle des vices de la première. Cette seconde et pure conquête semble demander grâce pour les vices de l'autre.

Don Francisco Solano, l'apôtre du Pérou, fut un de ces généreux disciples de Barthélemy de las Casas. Peu connu, même en Andalousie, quand il quitta son pays natal, c'est du fond de l'Amérique que sa gloire fait rejaillir une douce lumière sur le berceau de ses humbles commencements.

Il était né en 1549, dans la petite ville de Montilla, la véritable Munda de Jules César et le berceau de Gonsalve de Cordoue. Ses parents, Marco Sanchez Solano et Ana Jimenez Hidalgo, étaient de *vieux chrétiens*, comme on dit encore quelquefois. Ils s'attachèrent à préserver leurs enfants, notre san Francisco était le second, de toute influence qui aurait pu altérer leur pureté.

Placé de très-bonne heure au collége que les jésuites avaient à Montilla, Francisco s'y fit aussitôt remarquer par sa docilité, sa bonne tenue et, en certaines rencontres, par une charité courageuse. C'était ainsi qu'il se jetait volontiers entre ses jeunes camarades, quand ils se battaient. Il y prit la noble habitude d'intervenir entre les hommes eux-mêmes. Un jour, dans la campagne, il voit deux hommes tirer le fer l'un contre l'autre. Le généreux enfant se précipite entre les deux épées, et les adversaires se laissent désarmer par ces naïves paroles : « Pour l'amour de Dieu, ne vous battez pas. Il n'y a ici personne pour vous séparer, et, si vous veniez à vous tuer, ce serait un grand malheur. »

Les Franciscains avaient un couvent à Montilla. Fracisco y prit, en 1569, l'habit de son patron, et dès le premier jour, donnant l'exemple aux autres, sous cet habit déjà si rude il portait un cilice, et dormait la nuit dans une écorce de liége, la tête appuyée sur un chevet de bois. Cette couche lui semblait encore trop douce, et, quand venaient l'avent et le carême, il la remplaçait par une claie de grosses cordes et de bois à peine équarri, allant d'ailleurs pieds nus, et ne se permettant que bien rarement l'usage de la viande. Très-réservé dans son langage, il n'abordait volontiers que les choses de l'ordre spirituel.

Après un tel noviciat, qui pouvait lui refuser l'entrée de l'ordre? Au bout de trois ans passés dans le couvent de Montilla, informé qu'il y avait, à deux lieues de Séville, une maison où l'autorité du père gardien maintenait dans la règle une observance plus étroite, il n'eut point de repos qu'il n'y fût envoyé; or ce couvent, c'était celui de Notre-Dame de Loreto.

Là il choisit pour vivre le coin le plus dédaigné, tout à côté des cloches. Aidé d'un novice, il s'y bâtit, avec des roseaux, sa cellule de ses propres mains. Un trou laissé dans le mur tenait lieu de fenêtre. Le reste était à l'avenant. Ce fut là que, mêlant l'étude, le jeûne, la prière et les larmes, Francisco apprit la logique, la philosophie et la théologie. Il en sortit prêtre, et j'ai parlé de l'humble chapelle où il chanta sa première messe. Le bon Marco, son père, accourut de Montilla pour l'entendre. Comme le jeune religieux avait une belle voix, on lui donna la direction du chœur. Mais on ne tarda pas à s'apercevoir que cette voix était plutôt faite pour proclamer du haut de la chaire les vérités de l'Évangile ; c'était là sa vraie vocation.

Vers cette époque, sa mère qu'il chérissait tendrement étant devenue aveugle, il lui fut permis d'aller la visiter, et ce fut sans doute pour le rapprocher d'elle, peut-être à son insu, qu'il fut rendu à l'évêché de Cordoue.

On voit encore à une demi-lieue de cette ville, au pied de la Sierra, les restes d'un ancien couvent, transformé aujourd'hui en maison de campagne, et qui avait commencé par être un palais arabe ; son nom dit encore sa poétique origine. Il y a à l'Arizafa des cyprès, des orangers, des grenadiers contemporains, je crois, des kalifes, des sources jaillissantes que M. le duc de Rivas a chantées, et qui avant de fertiliser ce beau lieu ont désaltéré les saints ermites de la Sierra. Envoyé à la Arizafa comme maître des novices, je ne sais si Francisco Solano y remarqua aucune de ces merveilles. Châtiant sur son corps les fautes de ses élèves, il y vivait d'herbes grossièrement accommodées, et, quoiqu'il soit permis de croire qu'il dormait quelquefois, ce fut en vain que l'on chercha à le surprendre dormant.

Il faut bien croire qu'il finit par s'apercevoir des délices de l'Arizafa, car un peu plus tard on le retrouve avec le même emploi dans un autre couvent, situé à cinq lieues de Cordoue, au milieu des rochers. Il n'en sortait que pour aller prêcher aux environs. Il aimait surtout à faire entendre aux enfants la parole divine. Quand il avait pu en réunir un certain nombre autour de lui, la source s'ouvrait intarissable et douce.

Nommé gardien dans ce même couvent, il ne trouvait aucun ministère assez humble pour ses mains, assez rebutant pour sa charité. Il ne cédait à personne l'honneur de soigner les malades, et souvent, en revenant de faire leur lit, il se jetait à genoux, au milieu du réfectoire, pleurant et confessant devant toute la communauté des fautes qui étaient encore des vertus. Il allait se rouler à demi nu dans les épines des buissons voisins, puis après avoir tourmenté le corps, c'était l'âme qu'il se plaisait à humilier. On le vit tendre la main et demander l'aumône dans les rues de Montilla, sa ville natale. Là où nous aimons surtout à promener les misérables trophées de notre orgueil, il aimait, lui, à se montrer plus humble et à prendre la dernière place.

Sa charité cherchait avidement le martyre. Il apprend que la petite ville de Montoro, à quelques lieues de son couvent, est en proie à la peste, et qu'elle envoie ses malades à l'ermitage voisin de Saint-Sébastien. C'est là d'abord qu'il s'enferme pour les soigner, avec un de ses pères, fray Buenaventura, qu'il eut la douleur de perdre et la consolation de soigner jusqu'à son dernier soupir. Ceux qu'il réussissait à sauver passaient le temps de leur convalescence dans un moulin. Il les y portait lui-même, les habillait, les prêchait, puis les ramenait à Montoro, d'où il se hâtait de revenir lui-même à l'ermitage. Atteint à son tour du fléau, il guérit, et, le dernier des convalescents, il reprit le chemin de son couvent. De toutes les villes devant lesquelles il passait sans entrer, on accourait, les femmes surtout, pour le voir, pour l'entendre, pour lui rendre grâce.

Mais, quelque pénibles que fussent ces ovations à son humilité, ce n'était pas là cependant le martyre qu'il convoitait. Aussi demanda-t-il à se rendre aux missions d'Afrique. Cette grâce lui fut refusée ; mais, apprenant que l'on en préparait d'autres pour l'Amérique, il renouvela ses instances, et cette fois sa prière fut accueillie. On le destina au Pérou et à la plus éloignée de ses provinces, celle de Tucuman. Cette nouvelle le trouva aux portes de Grenade.

Avant de quitter l'Espagne, sans espoir d'y revenir jamais, il visita quelques-uns des couvents où il avait fait l'apprentissage des vertus qu'il allait exercer si loin, et dans le nombre Loreto ne fut pas oublié. Il s'embarqua à Séville, sur la flotte du vice-roi, marquis de Cañète. C'était en l'année 1589.

Quand on fut en vue des îles Dominicaines, le vaisseau s'arrêta et grand nombre des passagers en profitèrent pour descendre à terre. Les religieux furent de ce nombre. Au bout de quelques heures, le canot ne venant pas les reprendre, ils se crurent abandonnés, et Solano, se réjouissant de voir approcher sitôt l'heure du martyre, se mit à chanter des psaumes et des hymnes. Un de ses compagnons l'avertit que c'était le moyen d'attirer les sauvages, mais sa voix n'en devint que plus vibrante. Au dernier verset, le canot arrivait. Jusqu'à Panama, cette merveilleuse ardeur de sa foi ne se ralentit pas un moment. On va voir les prodiges de sa charité.

A Panama, il s'embarque avec son prélat et d'autres religieux et fait voile pour le Pérou. Mais bientôt le navire est assailli par une tempête affreuse ; les marins, perdant tout espoir, mettent la chaloupe à la mer. Les religieux y entrent et pressent Solano de les suivre. Mais lui, à la vue de tant de malheureux condamnés à périr sur le vaisseau, se refuse à les quitter. Il console les uns, il enseigne les autres. Il y avait là beaucoup de nègres, qui, ce jour-là, furent convertis à l'Évangile.

Cependant la tempête coupe en deux le navire. Tout l'avant s'abîme dans la mer. Ceux que le flot a épargnés se groupent sur l'arrière autour du courageux mission-naire, dont la parole, pendant trois jours, domine le bruit des vents et de la mer. Pendant ces longues heu-res, ces infortunés n'eurent d'autre nourriture que l'ardente prédication de l'apôtre. Il ne cessait de leur promettre que, le quatrième jour, Dieu leur renverrait la chaloupe. Le témoin qui raconte ce fait ajoute que, ne croyant pas lui-même à un retour qui ne pouvait être que l'effet d'un miracle, il se jeta à la mer, et fut sans doute lui-même l'instrument du miracle auquel il ne croyait pas, en annonçant à ceux qui étaient sauvés qu'ils pouvaient peut-être sauver encore les autres.

Quoi qu'il en soit, au quatrième jour, on vit reparaître la chaloupe. Le père l'avait aperçue le premier. Tous ces pauvres gens l'entourent aussitôt, lui baisent les mains, se jettent à genoux devant lui. Quand le dernier d'entre eux fut entré dans la chaloupe, ce qui restait du navire s'abîma dans la mer.

Qu'allaient devenir maintenant les pauvres naufragés? Cette côte qui les avait recueillis offrait peu de ressources; la charité ingénieuse de Solano les multiplia; lui seul savait trouver. Il s'était bâti, à l'écart, une hutte de feuillages d'où il ne sortait que pour rendre service à autrui. La hutte eut bientôt sa légende. Un enfant qui avait frappé à sa porte pour lui demander à manger l'avait trouvé, disait-il, en extase devant une petite fille d'une merveilleuse beauté.

Peu à peu le refuge devenait une sorte de colonie. Solano n'était pas homme à laisser ses malheureux amis pendant soixante jours, sur ces plages désolées, sans choisir un lieu consacré où ils pussent se réunir et prier. Avec ce qu'on avait pu emporter du vaisseau, on bâtit un oratoire. Il avait, lui, sauvé une Vierge qui fut placée sur l'autel et devint la forme visible de la Providence qu'ils appelaient à leur secours. Le soir, on chantait des hymnes en chœur; Solano prenait ensuite la parole, et on s'endormait dans l'espoir d'un meilleur lendemain.

Mais avec cette bienfaisante influence croissaient aussi les passions de cette société éphémère. La mer ayant apporté quelques débris du navire, on se les disputa, et de là des luttes sanglantes. Solano accourut, un jour, pour se jeter entre les prétendants; sa parole fit tomber les épées des mains, et les deux partis s'embrassèrent.

Il était temps cependant que Dieu mit une fin à cette situation violente. Dans la nuit du 25 décembre, comme ils dormaient tous, le père Solano se présenta au milieu d'eux, en chantant des noëls. Il leur apportait une bonne nouvelle : c'est qu'un vaisseau allait venir les prendre. Il ne le prédisait pas, c'était comme s'il le voyait s'avancer sur la mer. Et nous ferons souvent encore cette remarque, la plupart de ses prédictions eurent ce caractère de seconde vue. Voici d'autre part ce qui s'était passé. Le chef de la mission, fray Baltazar Navarro, avait radoubé la chaloupe et était, au hasard, parti pour Panama. Personne ne pouvait croire qu'il y arrivât. Il y avait pourtant réussi, et le vaisseau attendu devait être envoyé par lui. Il fut en vue trois jours plus tard.

Le père Solano prit quelques jours de repos dans un couvent de Lima, puis, impatient de travailler à la moisson qui depuis tant de jours semblait reculer devant lui, il partit pour Tucuman. Il avait un désert de sept cents lieues à traverser; mais la foi a des ailes et la charité n'a pas attendu les chemins de fer pour aller plus vite que l'ambition des conquêtes. Ce voyage héroïque préparait tous les cœurs à comprendre ses hautes vertus et lui rendait toutes choses plus faciles. Tombé au milieu d'une ville déchirée par les factions, Santiago del Estero, il n'eut, pour y rétablir la concorde, qu'à redire ces simples paroles qui sur la plage inhospitalière avaient arraché le fer aux mains des combattants. En passant deux fois sur ses lèvres, elles n'avaient rien perdu de leur autorité divine.

Aller pieds nus, vivre d'herbages, passer les nuits en prière, ce n'était pas ce qui lui coûtait. Mais il s'agissait de parler aux Indiens une langue qu'il ne savait pas. Il l'apprend en quinze jours, et le fait nous est rapporté par celui-là même qui la lui enseigna, et qui a besoin, pour s'expliquer une telle merveille, de se reporter au temps des apôtres. La langue d'une tribu lui révéla sans doute celle des autres, car un jour on le vit s'avancer au-devant d'une armée d'Indiens qui venait attaquer les chrétiens, et les haranguer dans leur idiome. Ce peuple désarmé s'arrête et demande le baptême.

Chacun de ses pas était marqué par un miracle ou, pour mieux dire, par un bienfait. On croyait bien le tenir enchaîné dans cette province lointaine, où malgré lui un chapitre l'avait nommé gardien de je ne sais plus quel couvent. Aussi Indiens et chrétiens furent inconsolables le jour où, donnant sa démission, il retourna à Lima. Il s'y sentait appelé à y fonder un couvent de son ordre. Il en est aussitôt nommé prélat : c'est de là désormais qu'il partira pour ses prédications, c'est là qu'il rapportera la gerbe de sa sainte moisson.

C'est à ce moment aussi que le récit des biographes, et j'appelle de ce nom tous ceux qui ont témoigné en cour de Rome de ce qu'ils avaient vu et entendu, c'est à ce moment que leur récit a une précision qui ne laisse prise désormais ni à l'incertitude ni au doute. Ils ne s'arrêtent pas à parler de sa prudence, de sa gravité, de sa tenue austère, de son humilité; ce sont vertus communes dans un religieux; mais sur l'ardeur de sa charité, sur la rigidité de ses pénitences, sur le zèle inépuisable de sa prédication, ils ne tarissent pas. Parlent-ils de ses macérations, ils nous le montrent toujours armé d'un cilice, cheminant pieds nus ou ajoutant des clous à ses sandales, quand il en mettait, tenant ses genoux nus sur la pierre des cloitres. Ne voulait-il pas, un jour, à Lima, arracher tous les arbres de la huerta du couvent, de peur que ses religieux et lui-même ne s'en laissassent distraire dans leurs oraisons! et ce lui fut une grande amertume de voir une promenade plantée dans son voisinage; les rumeurs du monde en viendraient jusqu'à lui.

Il ne portait pas dans la chasteté moins de raffinement. A Tucuman, une Indienne ne pouvait passer à moins de cent pas de sa cellule; il ne permettait à aucune de lui parler hors de l'église, et là même, il ne se laissait entretenir que pour motif pieux et quand il y avait nécessité.

Que ne raconte-t-on pas de sa charité! elle était sans bornes, ingénieuse, naïve, quelquefois sublime dans son expression, plus souvent touchante dans ses habitudes. Un jour, dans je ne sais quelle ville, étant à prendre sa collation chez le corrégidor, la conversation tourna peu à peu à la médisance; alors Solano, sans rien dire, tire un crucifix de sa manche, arrête sur lui ses regards, et d'une voix suave se met à chanter la passion. Les assistants, d'abord étonnés, s'attendrissent bientôt, et, touchés de repentir, se lèvent l'un après l'autre, et se retirent sans bruit. J'ai dit sa tendre sollicitude pour les malades. Au Pérou, il s'était avisé d'un nouveau moyen pour charmer leurs souffrances; les voyait-il abattus et découragés, il tirait de sa poche une espèce de luth rustique dont il s'était appris à jouer, et en faisait sortir des sons qui allaient à l'âme. Cet instrument ne le quittait guère, et souvent on le surprenait à genoux devant une image de la Vierge, chantant et s'accompagnant de son rabelillo.

De ce peu de mots il serait permis de conclure que l'extase était un état familier à Solano, et on ne se tromperait pas. Souvent à San-Francisco-de-Jesus, à Lima, il allait au chœur à onze heures, et à quatre heures du matin, quand le sonneur montait au clocher, il le retrouvait immobile dans sa stalle; d'autres, en passant devant la porte de sa cellule, en avaient entendu sortir ou s'exhaler des prières si doucement accentuées, qu'elles semblaient descendre du ciel plutôt qu'y remonter; d'autres, le surprenant dans une pieuse immobilité, l'avaient touché sans qu'il s'en aperçût, et avaient cru voir sortir de lui de célestes lueurs. De là à le voir franchir dans l'air la distance qui séparait le chœur de l'autel, il n'y avait pas loin. Un témoin même affirme l'avoir vu passer ainsi au-dessus de la grande place de Lima. Un autre l'a vu, malade, s'élancer de sa cellule, et emporté comme par un tourbillon, sans que ses pieds touchassent la terre. Il fit ainsi le tour du cloître, les bras croisés sur sa poitrine et les yeux tournés vers le ciel, et alla tomber en défaillance dans les bras d'un Indien, humble serviteur du couvent. On accourt de tous côtés, le père revient à lui, mais si faible qu'il faut le reporter dans son lit. Quelquefois, en célébrant la messe, il éprouvait un tel ravissement d'esprit que, rentré dans sa cellule, il achevait la journée dans la même contemplation.

Mais c'était Noël surtout qui éveillait en lui cette douce ivresse. Une fois, à Lima, il passa la nuit entière à célébrer le joyeux mystère, dansant, chantant, sonnant les cloches. Mêmes transports s'emparèrent, un jour de lui à Tucuman, pendant la procession du Saint-Sacrement; laissant tomber son manteau, il se mêla aux Indiens et se mit à danser avec eux. Personne n'était tenté de rire de cette simplicité sublime.

Mais ne l'oublions pas, san Francisco Solano est avant tout l'apôtre du Pérou. C'est donc dans la chaire qu'il faut surtout le voir et l'entendre. Dans la chaire, ai-je dit? mais il ne prenait guère la peine d'y monter; comme les premiers apôtres, la chaire pour lui était partout, dans les rues, sur les places publiques, dans les plus humbles carrefours, tout auditoire lui était bon. Il allait devant lui, le crucifix à la main, et, s'il entendait un bruit de fête sortir d'une maison, il entrait et prêchait. Dans cette grande ville de Lima, déjà pleine de luxe et partant de corruption, sa parole n'avait garde de tomber à faux, et nul ne s'étonnait de le voir apparaître là où il était le moins invité, j'aurais tort de dire le moins attendu. Pas une porte n'effrayait sa courageuse charité, et il eut appris à Dante aussi bien que Sardanapale tout ce qui peut être fait ou dit dans une chambre. Les maisons de jeu, si nombreuses dans cette malheureuse Amérique du Sud, n'avaient guère de visiteur plus assidu ni plus redoutable. S'il savait une troupe de comédiens réunie entre quatre murs, il accourait, montait sur un banc et prêchait. Il les suivait sur le théâtre même, et, prenant avant eux la parole, il retrouvait devant un public effaré le mot célèbre du prédicateur italien : « La vraie comédie est celle que je représente devant vous; c'est le drame du Verbe fait homme, le drame d'un Dieu qui descend du ciel pour sauver les hommes. » Quelle scène, après ces trois mots, n'eût semblé insipide?

Mais on comprendra mieux la toute-puissante autorité de cette parole inspirée, quand j'aurai dit qu'un jour, à Lima, pendant l'un de ces tremblements de terre dont les récits nous épouvantent encore, étant dans l'église de son couvent, il parvint à retenir aux pieds de l'autel ses religieux éperdus. Ce que je vais raconter en donnera une idée plus complète encore. C'était encore à Lima, en 1604; il parlait du châtiment qui attend les villes coupables; mais ce qu'il disait sans doute de Sodome, de Gomorrhe, de Babylone ou de Ninive, l'auditoire l'entendit de Lima, et prit pour une prophétie ce qui n'était qu'une menace. Aussitôt le bruit se répand par la ville que Lima va être englouti dans un abîme : c'est le père Solano qui l'a dit. En un instant, les églises se remplissent de monde, on découvre les saintes images, les confessionnaux sont assiégés, emportés d'assaut; les confréries parcourent les rues en procession; les ennemis se réconcilient, on n'entend partout que des cris et des gémissements. C'était Ninive avertie par Jonas. Cependant le vice-roi s'inquiète et réunit l'audience. On se rend en corps chez l'archevêque; là les esprits se calment un peu, et on remonte à la source. L'auteur de tout ce bruit était paisiblement retourné à sa cellule. Mandé par l'archevêque, il accourt, et on lui demande de répéter son sermon. Pendant qu'il se recueille, quelqu'un des assistants se méprend à l'humilité de sa tenue et lui dit : « Ne vous troublez pas, bon père. — Celui-là ne se trouble pas, répond-il, qui a mis en Dieu toutes ses espérances. » Le sermon n'avait rien qui fût de nature à justifier de telles alarmes. Le père lui-même se prêta à rassurer la ville. Le bon vice-roi craignit seulement qu'elle ne se laissât rassurer trop complétement : « N'y mettons pas trop de zèle, disait-il, ceci est l'œuvre de Dieu, si ce n'est celle du père Solano. » Avec le jour, la paix rentra dans toutes les âmes. Mais pendant cette nuit huit mille retardataires avaient acheté la bulle de la croisade.

Son empire sur les animaux n'était pas moins grand que sur les hommes. Un jour qu'il y avait course à San-Miguel de Tucuman, un taureau s'échappe de l'arène; en ce moment, le père allait seul par les rues désertes.

Le gouverneur l'aperçoit, et, voyant le taureau se diriger de ce côté, ordonne à grands cris que l'on aille au secours du moine. Mais déjà le taureau était sur lui; le père, sans se troubler, lui présente le bout de son cordon. L'animal furieux s'approche, le flaire et se détourne, comme eût fait une brebis.

Mais, comme cet autre saint François, c'étaient les oiseaux surtout que Solano avait le don de charmer. Quand il se trouvait seul dans la huerta, il prenait son rabelillo et les invitait à chanter avec lui les louanges du Seigneur. Les oiseaux accouraient en foule, comme s'ils avaient compris son appel. Un religieux se souvenait de l'avoir vu à genoux devant un arbre et prêchant les oiseaux. L'auditoire gazouillait, voltigeait autour de lui, un grand nombre couvraient ses bras et ses épaules, comme ces bonnes âmes qui, dans nos églises, envahissent la chaire, laissant à peine au prédicateur la liberté de ses gestes. J'imagine que ce jour-là le bon père dut se reprocher un peu la pensée qu'il avait eue de faire arracher les arbres de la huerta. Au surplus, comment les oiseaux ne l'eussent-ils pas aimé? Il avait, disait-on, ressuscité une colombe et un rossignol. Simplicité enfantine des âmes aimantes, ne valez-vous pas bien la sèche logique de l'esprit?

On a vu, en plusieurs occasions, Solano lire dans l'avenir, et j'ai dit aussi le caractère particulier que révélait en lui l'esprit de prophétie. Ce qu'il prédit, on dirait qu'il le voit, et que c'est son regard qui perce le voile des temps. En 1603, il annonce la destruction de Trujillo. La prédiction ne s'accomplit qu'au bout de quinze ans, mais il avait raconté avec des détails si précis le tremblement de terre dans lequel elle devait s'abîmer, qu'à l'époque où la catastrophe arriva, c'est-à-dire huit ans après sa mort, aucune mémoire n'eut à faire effort pour se rappeler le discours où, comme un autre Jonas, le père Solano avait averti ces autres Ninivites. Il avait, en particulier, pressé une famille qu'il aimait de quitter le pays avec tous ses biens; cette famille s'était retirée à Lima. Mais, le temps ayant affaibli les premières impressions, la famille émigrée était revenue à Trujillo; elle y périt tout entière. Il avait annoncé, dit un témoin, que l'église même où il prêchait serait ensevelie dans la ruine commune et que la chaire seule resterait debout, comme pour témoigner de la vérité de ses paroles : une pauvre femme se réfugia sous la chaire et fut sauvée.

Mais, si le père Solano savait lire dans le temps, il lisait mieux encore dans les cœurs et dans les consciences. Un témoin raconte qu'il ne passait jamais à côté de lui sans un peu de crainte, sachant, pour l'avoir éprouvé, qu'il pénétrait toutes ses pensées. Un jeune clerc qui servait sa messe était tenté de quitter l'ordre. Le père le regarde, et, tout en continuant lesaint sacrifice, il lui dit doucement : « Mon fils, ne quittez pas ce saint habit. » Une dame le prie de la recommander à Dieu. « Oui, dit le père, quand vous aurez éteint la haine que vous gardez à votre frère. » La dame reconnait humblement son péché.

Un jour, à Lima, il voit un homme venir à lui sur le

pont qui mène au faubourg : « Vous êtes chrétien, lui dit-il, et vous allez vous battre avec votre prochain! » L'inconnu avoue, se laisse persuader, et voilà deux ennemis réconciliés.

Un autre allait à un rendez-vous d'un autre genre. Notre saint lui barre le chemin et le conjure de renoncer à son dessein. Par cela même il le sauve d'un grand danger; ce jour-là, un rival l'attendait pour le tuer.

Une négresse portait dans ses bras un enfant de six mois. Le père l'arrête, et, s'adressant à la douce créature comme si elle pouvait l'entendre : « Mon fils, lui dit-il, mourir plutôt que pécher. » La pauvre mère comprit et pleura. Son fils mourut trois jours après le saint.

Le monde inanimé ne résistait pas plus que les créatures vivantes à ce perçant regard. Il voyait l'eau couler sous la terre et dans les lieux en apparence les plus arides; quand il avait marqué l'endroit où l'on devait creuser, on était sûr de voir jaillir la source. A part l'intuition divine, on eût dit qu'en vivant au milieu des Indiens il avait pris d'eux quelque chose de l'incomparable finesse de leurs sens.

Cependant le moment approchait où une si sainte et si bienfaisante vie allait recevoir sa récompense. Le saint homme avait toujours dit qu'il mourrait le jour de Saint-Bonaventure; il avait eu toute sa vie pour ce saint une prédilection particulière. Ces préférences sont naturelles chez les saints comme chez les héros. Ce surnom de Docteur séraphique donné à saint Bonaventure suffirait pour expliquer la sympathie du séraphique apôtre, quand il n'eût pas été une des lumières, une des hautes gloires de l'ordre. Francisco Solano, en son couvent de Lima, allait souvent s'enfermer dans une cellule où était le portrait de saint Bonaventure; il y passait des jours entiers, quelquefois des nuits, à s'entretenir avec lui. Et qui nous dit que le grand saint qui, pour mettre la dernière main à l'un de ses ouvrages, revint sur la terre trois jours après sa mort, n'abandonna pas une autre fois sa tombe en faveur du plus fervent de ses disciples? Quoi qu'il en soit, Francisco Solano ne sortait de cette mystérieuse retraite que pour aller, le crucifix en main, prêcher sur les places publiques. Plus d'une fois ceux qui entrèrent après lui dans la cellule qu'il venait de quitter racontèrent en avoir trouvé le sol arrosé de son sang.

Sa dernière maladie eut les pieuses allures de sa vie entière. Il passa les heures suprêmes dans une contemplation sereine mêlée de larmes qui n'avaient rien d'amer. Jour et nuit, les oiseaux venaient chanter à sa fenêtre; d'autres amis, les religieux de son couvent, se relevaient, à son chevet, pour lui chanter des cantiques, lui réciter des psaumes, lui lire l'Évangile. Enfin, le 14 juillet 1610, jour où l'église célèbre la fête de saint Bonaventure, arrivé à ce passage du Credo, *et incarnatus est,* et au moment où sonnait la cloche de l'élévation dans l'église voisine du couvent, le serviteur de Dieu expira doucement, les yeux attachés sur le crucifix, et disant : *Glorificetur Deus!* Eut-il, en quittant ce monde, une dernière vision de sa chère Andalousie?

Vit-il passer dans sa douce agonie l'image lointaine de son couvent de Loreto? Tous les liens qui le retenaient à la terre étaient brisés depuis longtemps; la patrie, d'ailleurs, était pour lui depuis tant d'années partout où il y avait des âmes à sauver!

Béatifié par Clément X, en 1675, san Francisco Solano fut mis par Benoît XIII au nombre des saints, le 26 décembre 1726.

2

DON JUAN NICASIO GALLEGO

Entre san Francisco Solano et don Juan Nicasio Gallego un siècle et demi s'est écoulé : la différence est plus grande encore entre les deux époques qu'entre les deux hommes.

Don Juan Nicasio Gallego naquit le 14 décembre 1777, à Zamora, dans cette ville qui avait joué un rôle si énergique durant la guerre des *comuneros*. Contemporain de Padilla, Nicasio eût été assurément un des siens. Il commença ses études à Zamora même, et à treize ans, envoyé à Salamanca, il y achevait, en 1800, avec sa philosophie un cours de droit civil et de droit canonique. Dès cette époque il montrait un goût vif pour la poésie; mais celui qui plus tard ne prit jamais le soin de recueillir lui-même des vers qui se lisaient ou se chantaient d'un bout de l'Espagne à l'autre, dut oublier plus vite que personne et laisser perdre ses vers d'écolier. Ses amis remarquent à ce sujet que cette insouciance de ses productions, il ne l'eut jamais pour celles des autres. Il eut toujours pour ses émules des encouragements ou des conseils. Il semblait qu'il n'y eût que ses vers à lui qui ne lui parussent pas dignes de son intérêt. Il eut ce trait de commun avec plus d'un des anciens poëtes de l'Espagne.

Pourvu du grade de licencié et de bonne heure de celui de docteur, don Juan Nicasio reçut les ordres sacrés et alla à Madrid, au mois de mai 1805, concourir pour une place vacante de chapelain du roi. Il ne l'obtint pas; mais, en octobre de la même année, le roi lui confiait la direction de ses pages. A dater de cette époque, je ne trouve guère que de loin en loin dans son recueil de ces compositions érotiques qu'on s'étonne toujours de rencontrer signées du nom d'un prêtre. Peut-être ici ferons-nous bien de rappeler au lecteur ce passage de Cervantes où Apollon, entre autres priviléges qu'il accorde à ses nourrissons, « veut que le plus pauvre poëte du monde se puisse dire amoureux, bien qu'il ne le soit pas, et donner à sa dame tel nom qu'il lui plaira, celui d'Amarillis, d'Anarda, de Chloris, de Phillis, de Philida, ou même de Juana Tellez, sans qu'on doive lui en demander compte. » Bornons-nous à dire qu'à tous les noms que l'on vient de lire don Juan Nicasio ajouta ceux de Corina, de Celmira, de Pradina, de Lesbia. Ce dernier, pour peu que Nicasio, en le choisissant, se soit souvenu de Catulle, donne déjà une idée de la part qu'il faut faire, en ses vers de cette époque, au goût et à l'imitation de l'antiquité. Il imitait l'antiquité, Horace surtout, et toute sa vie il se retrouvera fidèle au même culte. On voudrait seulement, sous ses formes étudiées, ne pas sentir une inspiration si sensuelle, et que, si la langue est païenne, la pensée du moins fût chrétienne. On voudrait du moins que cette veine, plus rare depuis 1805, eût entièrement cessé de couler dès cette époque; mais les dates sont impitoyables, et, lorsqu'en 1807 il retournait à Zamora, sa ville natale, il y rapportait, je lis dans ses œuvres un beau sonnet qui le prouve, un cœur encore percé d'une flèche qui n'était pas sortie du carquois de l'amour divin.

C'est à cette époque cependant qu'il écrivait en l'honneur de Buenos-Ayres et de sa glorieuse défense une ode regardée comme l'une de ses meilleures inspirations, et qu'il adressait au jeune comte de Haro une épître où, dans un noble et patriotique langage, il exhortait à l'étude de la poésie le jeune patricien, qui fut depuis l'illustre duc de Frias. Plus jeune seulement de quelques années, le comte de Haro le respectait comme son maître, et toute sa vie il le nomma son ami.

Malgré l'inspiration plus grave de ces deux morceaux, l'invasion française le surprit cependant écrivant encore, tout en instruisant les pages du roi, de ces légères compositions dont s'emparaient les journaux du temps, ou qui, courant les ruelles, revenaient peut-être aux mains de ses élèves, où souvent elles devaient paraître moins déplacées que sous la plume du maître.

La journée du 2 mai réveilla dans l'âme de Nicasio la corde plus grave de Buenos-Ayres. Il n'est guère de poëte en Espagne qui n'ait, sous une forme ou sous une autre, salué ce signal tragique de la délivrance de son pays. Les vers que Nicasio écrivit alors sont restés dans toutes les mémoires, et en 1812 il retrouvait encore au fond de son âme assez d'indignation patriotique pour composer, à l'occasion de ce grand anniversaire, un chant qui courut toute l'Espagne, et qui est l'écho vif et populaire de l'élégie savante et austère.

Lorsque les Français revinrent à Madrid, cette fois avec Napoléon, don Juan Nicasio suivit à Séville le roi légitime qu'il accompagna encore à Cadix, et il ne revint à Madrid qu'avec lui. Associé à la commission chargée de dépouiller tous les plans, tous les mémoires qui des divers points du royaume étaient adressés à la Junte centrale, il eut part à toutes les résolutions prises sur la convocation des cortès. Il en fut singulièrement récompensé par son élévation à l'une des dignités de la cathédrale de Saint-Domingue, dont il ne prit jamais possession. Plus clairvoyant que la Junte, le peuple lui donna un siége au sein de ces cortès dont il avait si bien contribué à préparer l'avénement.

Son rôle dans ces cortès de 1810 fut celui d'un ami éclairé des principes de la société moderne. Il apparte-nait à ce groupe d'hommes supérieurs qui, sincèrement dévoués à la monarchie, voulurent alors rajeunir l'antique droit en le retrempant dans la liberté. Leur tort fut de ne pas savoir apprendre à cette liberté, qui n'était pas chose nouvelle en Espagne, la langue qu'elle avait parlé autrefois, et de lui prêter une phraséologie qui ressemblait trop à notre jargon révolutionnaire pour ne pas égarer les esprits au dedans, et au dehors l'opinion de l'Europe.

Quoi qu'il en soit, ce fut don Juan Nicasio qui, dans cette première assemblée, rédigea les divers projets qui réglèrent l'usage de la liberté de la presse. Il ne parut que cette fois dans les conseils de la nation; mais il y marqua honorablement son passage. Heureux s'il n'y eût pas compromis le repos de presque tout le reste de sa vie! Mais après le rétablissement de l'autorité royale, quand rien, ce semble, ne devait lui faire présager une disgrâce, il se vit enlevé tout à coup à ses études, à ses amis, et jeté dans une prison, où il resta dix-huit mois. Un poëte de forte trempe eût trouvé dans l'adversité la véritable école de son génie; mais Nicasio avait l'esprit ferme plutôt que l'âme grande. La persécution ne lui allait pas; il savait se résigner, mais non tirer de la captivité ou de l'exil des forces nouvelles. Il ne sortit de prison que pour être condamné à passer quatre ans de sa vie dans la Chartreuse de Jerez. J'ai inutilement demandé quelle cellule avait été la sienne dans ce beau monastère dont chaque jour emporte un lambeau sous nos yeux. J'en sais une où un vrai poëte se fût réjoui d'être enfermé; de l'étroite fenêtre on voit se dérouler devant soi le champ de bataille du Guadalete. La rivière qui porte ce nom coule au pied de la muraille; c'est à travers les roseaux de ses bords que le roi Rodrigue s'enfuit de cette course effrénée qui ne s'arrêta, dit-on, qu'en Portugal. Un peu plus loin c'est la mer d'où sort la radieuse Cadix. Il semble qu'il y eût là de quoi enchanter l'imagination la plus exigeante. Mais, jointes à la captivité et à la solitude, ces merveilles ne disaient rien au cœur de don Juan Nicasio, et son livre ne me présente, à cette date, qu'un sonnet ingénieux en remerciment à une dame qui lui avait envoyé un baril de l'excellent vin de la contrée. J'allais oublier qu'elle est aussi datée de la Chartreuse de Jerez, la belle élégie qu'il composa sur la mort prématurée du jeune duc de Fernandina; on y sent sous la pompe des vers un regret sincère et vrai :

« Muse, c'est assez. L'aube paresseuse rougit les nuages, les larmes se pressent sur ma joue, et ma langue engourdie par la douleur se refuse à chanter. Cesse, et dans ton vol rapide retourne, puisqu'à moi cela m'est défendu, retourne au bord du Manzanares, et sur la tombe sacrée dépose le laurier qui pare ton front. Si par fortune tu y rencontres la noble dame, redemandant au ciel un fils chéri, dis-lui, et ta voix sera pour sa peine une douce consolation, dis-lui que déjà, dans le chœur céleste, ceint d'une couronne immortelle, il adresse au Dieu tout-puissant des hymnes de gloire sur une harpe d'or. »

Depuis longtemps il se voit privé de sa liberté pour avoir servi le roi autrement que ne le voulait celui-ci, et cependant nulle part dans ses vers un sentiment amer ne vient tenter sa foi en la royauté; *puisqu'à moi cela m'est interdit*, il n'en dit pas davantage; et auparavant, parlant des premières armes de celui dont il pleure la fin, il avait dit :

« Oh! combien m'afflige le souvenir de ces jours où, déplorant l'absence du monarque retenu captif, tu accusais la lenteur de l'âge! »

La loyauté de don Juan Nicasio sut toujours garder ce milieu digne entre les emportements amers du patriote méconnu et les lâches flatteries d'un Ovide redemandant sa Rome absente.

Le vin de Jerez ne guérit ni cette blessure nouvelle ni les ennuis de sa captivité. D'ailleurs cette vue incessante de Cadix, où il croyait avoir rendu à son pays et à son roi des services, aujourd'hui si mal récompensés, devait irriter ses peines au lieu de les calmer. Ce qui est certain, c'est qu'il tomba malade, et obtint d'être transféré à quelques lieues de là, au couvent de la Luz, près de Moguer. Là aussi, pour une âme plus maîtresse d'elle-même, les grandes images ne manquaient pas. Moguer est voisin de ce petit port de Palos où s'embarqua Christophe Colomb et où il revint, traînant un monde à la remorque de son navire. Mais notre poëte n'eut pas le temps de se souvenir de Colomb. En effet, quelques mois après, il se voyait amené au couvent de Loreto.

Il est à croire que la colère royale commençait à s'apaiser, car à Loreto les liens du captif se relâchèrent un peu. Il lui était permis de sortir du couvent et de courir le voisinage, sans autre condition que de rentrer le soir dans sa cellule; d'ailleurs il n'y vivait pas de la vie commune des moines. Il ne faut pas oublier que le proscrit politique était un personnage ecclésiastique. Aussi était-il entouré de toutes sortes de respects. S'il ne lui convenait guère de s'asseoir à la table frugale des moines, il s'associait volontiers à leurs prières, et avait sa place ou chœur, où il chantait avec goût et intelligence. Il passait des heures dans la bibliothèque, où, quand il se sentait las de lire ou d'écrire, il s'amusait à colorier des estampes et des éventails, ou à distiller d'excellentes liqueurs qu'il envoyait à ses amis de Séville ou à ses hôtes des villages voisins d'Espartinas et d'Umbrete. J'aime à croire que dans ses libéralités il n'oubliait pas son compagnon d'infortune, don Manuel Cepero, personnage moins en vue, mais plus original peut-être du même groupe, et que nous avons connu doyen du chapitre de Séville. Don Manuel Cepero, arrêté en même temps que son ami, avait été, comme lui, confiné dans la chartreuse de Jerez, puis dans celle de Sévilla, qu'il quitta de nouveau pour celle de Casalla, où, pendant que le chantre de la cathédrale de Saint-Domingue enluminait des éventails, il élevait, lui, des abeilles. Les deux amis s'écrivaient souvent, et cette correspondance, mêlée de vers et de prose, a continué, je le sais, avec la même confiance, avec la même familiarité spirituelle, jusqu'à la mort de l'un et de l'autre.

Le doyen Cepero, tout le monde s'en souvient encore à Séville, quittait, sur le soir, l'habit ecclésiastique, et, s'affublant du chapeau calañés et du manteau national, il se glissait sans bruit dans une espèce de taverne, appelée le café de la Marine, située au bord du fleuve, à deux pas de la place des Taureaux. Là, il s'asseyait à l'écart, écoutant, regardant le peuple andalous , et aimant à le suivre dans toute la liberté de ses mouvements. De bonne foi il ne se croyait connu de personne, mais personne n'ignorait que ce fût lui, et sa présence ne faisait souvent qu'animer les gens.

Don Juan Nicasio avait, comme son ami, le goût des mœurs populaires. Souvent à Loreto, le soir, il allait s'asseoir dans la cuisine, où il s'amusait à exciter la verve des frères lais. C'est là qu'il eut occasion de rencontrer et d'apprécier le bon Juan Antonio Alvarez qui, après avoir pieusement recueilli pendant quatre ans ses vers et ses bons mots, trouve aujourd'hui le bonheur de ses derniers jours dans le plaisir de les réciter.

Nous les gâterions peut-être en les répétant après lui. Ces espiègleries de couvent veulent être dites d'une certaine manière et avec un accent du lieu que l'on rencontre difficilement, surtout dans une autre langue. Je me bornerai à un seul exemple qui donnera la note et le ton. Le père Pino, un vieux prêtre, attaché aujourd'hui à la petite paroisse de Villanueva del Ariscal, mais qui a été moine à Loreto, aime encore à raconter comment, ayant été envoyé, un soir d'hiver, dans la cellule de Nicasio, qui avait un accès de fièvre tierce, pour lui offrir une boisson rafraîchissante, celui-ci se souleva sur son coude et répondit au *Deo gratias* d'usage, par le couplet suivant qu'il improvisa et que je traduis :

« Père Pino, père Pino, qui restes dans ce couvent

avec le regret bien vif de n'avoir pas vu la mère depuis longtemps ; que cela te convienne ou non, va-t-en demain à Séville. On en parlera sans doute, et le père gardien se fâchera. N'importe, prends un morceau de pain, ouvre la porte et bon voyage, le monde est grand. »

Voilà les conseils que le dignitaire de la cathédrale de Saint-Domingue donnait aux novices, et qu'il eût volontiers sans doute suivis lui-même. Voilà le bon moine qu'eût fait, en l'an de grâce 1817 ou 1818, don Juan Nicasio Gallego.

Son génie politique avait laissé à Loreto de plus graves témoignages. Jusqu'à l'époque où les couvents furent dépouillés, on conserva de lui dans celui-ci, écrite de sa main et encadrée sous verre, une octave composée à l'occasion de la mort de la jeune reine doña Isabelle de Bragance. Voici cette octave qui n'a pas été recueillie dans les œuvres.

« Un coup inattendu de la mort impitoyable ravit à l'Espagne sa douce Isabelle. Car contre son bras cruel une haute demeure est un refuge aussi peu assuré que l'humble chaumière. Ce n'est pas le trône des rois, c'est une pure conscience qui désarme la colère du Seigneur. Il n'y a de grand et d'auguste dans la tombe que ce qui a été sur la terre bon, religieux et juste. »

A la mort de cette princesse, arrivée en 1819, les Pères de Loreto firent en son honneur un magnifique service. Ils convoquèrent tous les habitants de la contrée voisine autour d'un pompeux catafalque, élevé au milieu de leur église. Le père gardien avait prié Nicasio de diriger ce travail, et les vers qu'on vient de lire figurèrent sans doute sur le monument.

Cependant don Juan Nicasio ne pensa pas qu'une simple octave et ces soins matériels fussent assez pour payer la dette du pays à cette jeune reine qui ne fit que passer sur le trône, mais en accréditant l'espoir que des jours plus sereins allaient luire sur l'Espagne, si durement châtiée pour avoir cru que la fidélité monarchique pouvait se concilier avec la liberté; et il composa une élégie où ce sentiment est traduit en beaux vers. Le poëte se transporte en imagination dans la chapelle ardente où le corps de sa souveraine est exposé, et il y voit un vieillard, un de ceux peut-être dont les fils gémissaient alors dans les cachots ou dans l'exil, s'agenouiller devant les précieux restes, et d'une voix tremblante laisser échapper ces paroles :

« Adieu pour toujours, ô belle reine, le modèle accompli des mères et des princesses, la gloire du Portugal et l'étoile de l'Espagne !

« Quelle semence de tristesse et de deuil va répandre ton absence sur le sol de l'Espagne, pour y croître sans fin et y jeter de profondes racines !

« Les infortunés ne t'auront plus pour les secourir, ni le soldat pour te montrer ses larges cicatrices;

« Tu n'entendras plus les doux *viva* d'un peuple idolâtre, qui, les yeux attachés sur la terre, change ses cris d'amour et de joie en un deuil sans espoir.

« Il attendait de toi le terme des maux longs et cruels

que l'impure discorde a, d'une main prodigue, semés entre ses fils.

« Il en est tant, hélas! il en est tant qui, dans une obscure demeure fermée à leurs parents, à leurs amis, redoublent aujourd'hui leur plainte amère!

« D'autres, redemandant leur patrie bien-aimée, boivent l'eau des sources étrangères, trop souvent mêlée à leurs larmes.

« Mais, si le ciel entend nos sanglots, s'il est un ange qui porte au pied du trône étincelant, messager de paix, les vœux de la pitié,

« Par toi mon roi obtiendra du Père tout-puissant la consolation de sa mortelle douleur, et le peuple espagnol la prospérité et l'union. »

On a ici, mais dans quelle mesure! la douce plainte du proscrit. La révolution de 1820 vint rendre au poëte la liberté, et se hâta en même temps de le dédommager du temps perdu en le nommant archi-doyen de Valence. Mais en 1824, le roi, redevenant libre à son tour, révoquait tout ce qui, depuis quatre ans, avait été fait en son nom. Il semble que cette révocation ne dût pas atteindre ceux qui, dans l'Église, avaient été promus conformément aux règles ecclésiastiques. Mais le roi ne tint aucun compte des justes observations de don Juan Nicasio, qui se vit même forcé de se réfugier à Barcelone, sous la protection de la garnison française. Trois ans après, cette garnison était relevée, et Nicasio la suivait en France.

Le duc de Frias, fugitif comme lui et avant lui, habitait alors Montpellier. Les deux amis se rejoignirent avec joie dans cette ville. Nicasio n'y séjourna que quatre mois. Dans ce court espace de temps se place un acte qui honore la vie de l'un et de l'autre. Un autre poëte, supérieur à tous les deux, Melendez Valdes, les avait précédés sur le sol de la France. Il y était mort le 24 mai 1817, et ses cendres reposaient obscurément, à quelques lieues de Montpellier, dans le petit village de Montferrier. Il arrivait sans doute aux deux amis de diriger parfois leurs promenades de ce côté, et ils eurent honte pour leur pays et pour l'honneur des Muses de l'abandon où étaient laissés les restes de celui qui, dans l'histoire de la poésie castillane, a marqué une ère nouvelle. Qui sait si l'humble tombe qui portait un si beau nom ne leur fit pas faire sur eux-mêmes et sur leur destinée un retour mélancolique? Quoi qu'il en soit, un mausolée en marbre, élevé par leurs soins dans le cimetière de Montpellier, couvrit les cendres du noble exilé, et les yeux mourants de notre pauvre Brizeux, avant de se fermer sous ce beau ciel hospitalier aux poëtes, purent s'arrêter un moment sur la touchante épitaphe du chantre d'une autre Marie. Plus heureux lui-même que Melendez, il repose aujourd'hui sur la bruyère de sa Bretagne bien-aimée.

Cependant les passions commençaient à se calmer, et don Juan Nicasio put retourner à Barcelone, et se risquer même à Valence, où celui qui avait célébré en beaux vers la mort de la seconde femme de Ferdinand VII dut à l'avénement de la quatrième de voir cesser les persécutions dont il était l'objet. Il lui fut même permis de reparaître à Madrid, et, à l'occasion de la naissance de la gracieuse enfant qui est aujourd'hui la reine Isabelle, l'archidoyen révoqué de Valence fut nommé chanoine à Séville. Il y retrouva son ami don Manuel Cepero.

Une ode sur la naissance de cette royale enfant avait été le dernier effort de la muse lyrique de don Juan Nicasio; mais quelques mois auparavant il avait mis tout son cœur et le meilleur de son talent dans une élégie sur la mort de la seconde duchesse de Frias. Tous les poëtes de l'époque payèrent à l'illustre défunte un tribut de sympathie. Elle avait été pour Nicasio l'amie courageuse et fidèle des jours difficiles, elle l'avait, la nuit et à prix d'or, visité dans sa prison. Il se souvint, en face de la mort, de cet épisode de sa vie, si honorable pour tous deux, et il le raconte en vers saisissants et attendris. Même dans ses compositions les plus pompeuses, Nicasio a de ces traits vifs qui font sentir l'homme sous le poëte.

Achevons sa biographie. En 1833, le chapitre de Séville l'envoyait en députation à Madrid, où, retenu par l'invasion du choléra qui désolait l'Andalousie, il passa par une multitude de titres et d'emplois au nombre desquels on regretterait d'avoir à nommer celui de censeur, si ce titre, en Espagne, avait rien dont pût rougir un honnête écrivain. Toutefois j'aime mieux insister sur la part que Nicasio prit avec Quintana à l'organisation nouvelle de l'instruction publique. Par là se renouait entre eux la chaîne interrompue des temps, et renaissait, sous une forme plus tempérée, la tradition des cortès de 1810.

Membre de l'Académie espagnole depuis 1830, Nicasio en devint le secrétaire perpétuel en 1839.

Élevé en 1845 à la dignité de sénateur du royaume, il fut nommé en 1852 archiprêtre de N. S. del Pilar à Sarragosse; mais son grand âge ne lui permit pas d'aller prendre possession, et le 2 janvier 1853 il mourut des suites d'une chute qu'il avait faite un an auparavant, sur la place du Palais. Né en 1777, il avait alors soixante-seize ans.

Don Juan Nicasio Gallego était de haute taille et de belle prestance. Doué d'une rude mais expressive physionomie, on apercevait toujours le tribun derrière le prêtre, et certaine brusquerie de regard laissa trop voir en lui jusqu'à la fin le poëte trop hardi des jeunes années. Tous ceux qui ont vécu dans son intimité témoignent qu'à un esprit vif et prompt il joignait une originalité de langage qui rendait sa conversation fort amusante. Tout ce côté de son humeur ne parait que bien rarement dans le recueil que l'Académie a publié de ses poésies. Il est vrai que, si elle eût fait une part plus large à celles où il a mis un peu plus, ou, si l'on veut, un peu trop de lui-même, le recueil eût couru le risque de ne pas rester assez académique.

Tel qu'il est cependant, étudions-le, ce recueil. Ce qui manque dans le livre, peut-être le lecteur l'aura-t-il d'avance entrevu dans la biographie.

Passons d'abord légèrement sur une œuvre qui n'est,

à tout prendre, qu'un utile exercice de style; je veux parler d'une version espagnole que Nicasio a faite de l'*Oscar* d'Antoine Arnault. Cette traduction, arrangée pour le théâtre, eut pourtant un brillant succès; mais les amateurs qui en ont gardé mémoire font dans ce succès une part non moins grande à un jeune acteur qui s'y fit applaudir, Nicanor Puchol, qu'au poëte lui-même. En somme, l'heureuse issue de cette tentative ne semble pas avoir encouragé Nicasio à aborder la scène plus directement; s'il avait eu vraiment le germe du génie dramatique, rien n'eût été plus propre à le susciter en lui que le développement des grandes scènes dont sa jeunesse eut l'émouvant spectacle. Ce vivant enseignement ne paraît pas davantage avoir fait des poëtes dramatiques des deux illustres auteurs de *Pelage* et de la *Veuve de Padilla*.

J'attacherais plus de prix à une imitation que Nicasio donna en 1826 de la *Feuille*, ce petit chef-d'œuvre d'Arnauld. Elle n'a pas l'allure légère de l'original, et ce je ne sais quoi d'achevé qui caractérise les œuvres trouvées; mais elle en rend avec expression le sentiment mélancolique et résigné. Comme le mordant fabuliste, Nicasio avait goûté de l'exil.

La partie originale du volume renferme des élégies, des odes, des épîtres, des sonnets et quelques morceaux de poésie légère. J'ai déjà analysé, chemin faisant, les plus remarquables de ces compositions et celles qui se liaient de plus près à la vie du poëte.

Ce que j'aime à louer dans l'œuvre sérieuse de don

Juan Nicasio, c'est le procédé antique, horacien, de la composition. Son inspiration ne se laisse jamais glisser sur la pente du lieu commun, cet écueil ordinaire de la poésie lyrique élevée. A la manière d'Horace qu'il a étudié de préférence entre les Latins, après une exposition vive et rapide du sujet, il se jette volontiers de côté et dans quelque épisode qui, mieux que des généralités vagues, intéresse l'esprit et le cœur. On l'a vu, à propos de la mort de la belle duchesse de Frias, rappeler et raconter comment elle osa faire pénétrer dans les ténèbres de sa prison un rayon d'espérance et de consolation. Dans le même morceau, il oppose à cette scène pathétique celle de l'entrée de la jeune duchesse dans les murs de Cadix, au milieu des bombes qui éclataient sur la ville : elle avait déjà tous les genres de courage.

On n'aura pas oublié peut-être la touchante image de ce vieillard maudissant la guerre civile et invoquant la clémence du vainqueur devant le lit où reposent les restes d'Isabelle de Bragance.

Parfois Nicasio ne craint pas de se mettre en scène; mais, quand il le fait, c'est avec une simplicité qui rend la gravité plus douce.

Nicasio enfin, par cette naïve intervention du poëte dans son œuvre, par la netteté du style, par le soin qu'il prend d'éviter toute déclamation banale, et de se refuser ces longs développements qui engendrent vite la monotonie, appartient essentiellement à l'âge moderne. Il a moins de puissance et d'autorité, mais peut-être avec une égale énergie a-t-il plus de mollesse (*molle et facetum*) que Quintana. On sent que, si les deux muses ont respiré l'air des mêmes passions, celle de Nicasio du moins a gardé, au fond, la foi des aieux. Elle a trop oublié que certaines peintures ne lui étaient pas permises; mais ces entraînements que je déplore et que j'accuse hautement sont restés, en grande partie, le secret de ceux qui aiment à savourer dans l'ombre le fruit défendu. En ce qui est des œuvres avouées du poëte, s'il a manqué trop souvent à certaines convenances, il est du moins demeuré fidèle au bon goût. Voici, dans cette mesure toute profane, un sonnet qui est comme le dernier soupir de cette muse un peu trop libre de la jeunesse :

« Brisons l'humble petite flûte qui, accoutumée aux tendres chansons de l'amour, si elle n'eut pas le pouvoir de dompter l'orgueil des mers, sut du moins réjouir les champs de la Castille.

« Le Tormes, sur ses bords, l'entendit sans alarme et sans trouble exhaler des sons joyeux, et maintenant le Manzanares écoute ses plaintes et voit les pleurs couler sur ma joue.

« Mais, si de celle que ma lèvre désormais n'ose plus nommer elle ne sait que chanter la beauté gracieuse et les yeux azurés,

« Qu'elle meure avec ma félicité et mon espérance, et que le Manzanares jette au Tage profond ses débris trempés de mes larmes. »

A ce sonnet d'une inspiration si douce, il est à propos d'en opposer un autre d'un caractère tout différent, mais qui pourrait bien être une traduction de l'italien. Nicasio, on l'a vu, traduisait volontiers. Judas est le sujet de ce sonnet, et quoiqu'il porte la date de 1831, peut-être en l'écrivant, l'auteur ou le traducteur pensait-il à ce cyprès de Loreto qui, de son temps, se dressait sans doute encore contre la fenêtre de la bibliothèque du couvent.

« Lorsque l'horreur de sa trahison impie fascina l'âme du perfide apôtre et que, pendu à l'arbre fatidique, il se tordait en convulsions terribles,

« Se complaisant au spectacle de sa misérable agonie, le démon le regardait face à face, jusqu'à ce qu'impatient d'en finir, il le saisit impétueusement par les deux pieds à la fois.

« Mais quand il vit ce visage décomposé s'arrêter dans une dernière et sauvage contorsion, signe infaillible de sa fin tragique,

« Avec un sourire infernal et satisfait, il posa ses lèvres sur l'horrible masque et lui rendit le baiser qu'il avait donné à Jésus. »

Ici, du moins, je retrouve le ministre du Dieu vivant, un membre de cette grande Église d'Espagne, quelqu'un enfin qui fut chanoine là où saint Isidore a été archevêque, et fermant les yeux à toute autre image, l'oreille à toute chanson profane, j'aime, en finissant, à m'arrêter sur cette inspiration que Dante n'eût pas désavouée.

Il faut conclure cependant : voici un bien mince volume, après une vie si longue, pour justifier et pour continuer une renommée si haute. Je crois que l'Académie s'est étonnée, la première, du peu qu'elle a recueilli; mais pour grossir le volume, il fallait puiser à des sources qu'elle a dû s'interdire. Si, plus docile à l'esprit de l'Évangile qu'aux séductions de la philosophie sociale, don Juan Nicasio Gallego eût mieux résisté aux entraînements de son temps et de son esprit, il eût sans doute produit davantage et mis plus d'unité à la fois dans son œuvre et dans sa vie. Chantre de Saint-Domingue, archidoyen de Valence, chanoine de Séville, archiprêtre de Saragosse, sous tous ces titres pompeux, j'ai grand'peine à retrouver le prêtre dans ces quelques odes, dans ces rares élégies, dans ce petit nombre d'épîtres. Je ne vois que les membres épars d'un grand poëte; le grand poëte lui-même y est-il?

En quittant Loreto, et en reprenant le chemin de Séville, entre cette double haie d'oliviers et de figuiers d'Inde, que Nicasio appelle quelque part *les muets témoins de son inquiète destinée*, et que san Francisco Solano regardait sans doute d'un cœur plus apaisé, je rapprochais une dernière fois ces deux figures, l'apôtre et le poëte, et je me demandais laquelle de ces deux renommées m'eût tenté davantage, dans laquelle des deux cellules j'eusse dormi d'un meilleur sommeil. Les brises du soir m'apportaient, avec les tièdes parfums de cette vigoureuse nature, ce qu'elles avaient retenu des belles strophes sur la mort de la reine Isabelle de Bragance. Mais à la vue de l'un des bons Pères qui revenait, son bréviaire sous le bras, de quelque village voisin, et se hâtait, sous les oliviers, pour regagner plus vite son couvent, je songeai avec plus de douceur au charme du devoir accompli et à ce qu'il y a de saveur cachée dans une vie toute de prière, de sacrifice et d'abnégation.

V

LE SERMON SOUS LES ORANGERS

A MADEMOISELLE JULIE GOURAUD

Le *patio* de la cathédrale de Séville. — La porte du Pardon. — La première Bourse de Séville. — La chaire. — Ce qu'on lit au-dessous. —
Qui a prêché dans cette chaire. — San Vicente Ferrer. — San Francisco de Borja. — San Juan de Avila. — Fernando de Mata. — Don Fernando Contreras. — Biographie de ce dernier. — Ses voyages en Afrique
pour le rachat des enfants captifs. — Il se met lui-même en gage. —
Son incomparable humilité. — Il refuse l'épiscopat. — Sa mort. — Ses
funérailles populaires. — Le père Esclapes et le père Medina. — Le
sermon. — Physionomie de l'auditoire. — Conclusion.

V

LE SERMON SOUS LES ORANGERS

Le dimanche de la Passion ramène, chaque année, à Séville, une cérémonie touchante à laquelle j'aime à ne pas manquer. C'est un sermon prêché dans une cour plantée d'orangers et devant de pauvres enfants; s'il y a d'autres auditeurs, cette autre partie de l'auditoire est admise et non appelée. La même voix qui, sous les oliviers de la Palestine, disait avec un accent si tendre : « Laissez venir à moi les petits enfants, » répète encore les mêmes paroles, à deux mille ans bientôt de distance, sous les orangers de l'Andalousie.

La cathédrale de Séville, dans sa forme actuelle, est de beaucoup postérieure à l'époque où les Maures furent définitivement chassés d'Espagne; mais, de même que quelque chose des mœurs arabes est resté chez les habitants du midi de l'Espagne, l'art moresque, lui aussi, a laissé son empreinte visible dans les monuments élevés par la foi chrétienne. Ici, toutefois, il y a bien plus que d'involontaires souvenirs; il y a d'abord cette merveilleuse Giralda, de beaucoup l'aînée de la cathédrale, dont elle répand la voix sonore dans les airs, et à laquelle l'Orient, dans ses profondeurs, n'a rien, je crois, qu'on lui puisse préférer. Il y a, de plus, des lambeaux de muraille de l'ancienne mosquée engagés dans la clôture de l'enceinte où je me propose de vous conduire.

C'est encore un usage oriental que ces vastes cours qui font partie des édifices religieux. La mosquée de Cordoue a la sienne, avec ses fontaines entourées de sycomores, d'orangers et de cyprès. Les synagogues de Tolède ont aussi les leurs, mais avec des puits seulement, et point d'orangers, le climat ne les y laisserait pas vivre.

A Séville, cette cour, ou, comme on dit ici, ce *patio*, est la mesure de l'ancienne mosquée dont il occupe l'emplacement. C'est un quadrilatère d'environ quatre cent cinquante pieds de longueur sur une largeur de trois cent cinquante. Au centre est une vaste fontaine dont le double bassin n'est pas sans élégance et dont le perpétuel murmure accompagne bien le parfum des orangers.

On entre dans le patio par trois côtés différents, mais l'entrée principale s'appelle la *Porte du Pardon*. Cette porte charmante, arrondie en fer à cheval, a été construite par des mains arabes mais captives, et sur l'ordre d'un roi chrétien, Alphonse XI, en mémoire de la bataille du Salado. Les deux battants de la porte ont appartenu à la mosquée, ainsi que les feuilles d'airain ciselé dont ils sont revêtus. Au-dessus est un beau bas-relief en terre cuite, et, de chaque côté de l'entrée, se tiennent debout saint Pierre et saint Paul, l'un avec ses clefs, l'autre avec son glaive. Vainement, on le voit, la porte est restée musulmane de forme et de couleur, elle garde terre chrétienne et ouvre aux fidèles le domaine de Jésus-Christ.

Mais passons le seuil. Sous la porte même, et à gauche en entrant, le regard s'arrête sur une tête de Christ enfermée dans une chapelle de marbre devant laquelle brille une lampe toujours allumée. Entre la chapelle et une coquille remplie d'une eau bénite qu'il faut renouveler sans cesse, quelques pauvres femmes, assises sur la pierre, se délassent en récitant leur chapelet, quelques mendiants estropiés sollicitent l'aumône du passant. C'est un tableau complet comme Schnetz excelle à les peindre, et je m'imagine que Murillo, en passant par là, a été plus d'une fois tenté de le porter sur la toile. La légende de cet *Ecce homo* doit être touchante et curieuse, mais je n'ai pu la découvrir encore. On l'appelle le *Christ du Pardon :* ce nom n'est-il pas déjà toute une légende? Il suffit du moins pour expliquer celui de la porte. On en a cherché et trouvé une autre raison. Les vieilles gens de Séville m'ont raconté qu'autrefois ceux que la justice condamnait à la peine infamante du fouet étaient, perchés sur un âne et escortés du bourreau et de ses aides, promenés par la ville. A certains carrefours déterminés, le cortége s'arrêtait, le greffier lisait à haute voix la sentence, et le bourreau appliquait un coup de martinet sur l'épaule nue du patient; puis on se remettait en marche pour recommencer plus loin. Une délicate convenance voulait que l'on évitât de passer devant la porte des églises. Un jour, cependant, il arriva, je ne sais comment, que le cortége déboucha devant la porte du patio de la cathédrale. Il y a précisément une petite rue qui, de la grande place où est l'*audience* (on appelle ainsi en Espagne le palais de justice) conduit à cette porte. Quelques chanoines du chapitre étaient là à prendre le frais. Le patient, en les apercevant, cria miséricorde. Ceux-ci intervinrent, au nom du droit d'asile commenté et un peu étendu par la charité, et le pauvre diable eut son pardon. Le nom en serait ainsi resté au Christ et à la porte. On évita depuis, plus soigneusement que jamais, de prendre un pareil chemin.

En entrant sous les orangers, on éprouve un calme bienfaisant auquel le cadre lui-même ajoute une impression religieuse. Voilà pourtant le lieu qu'au seizième siècle, les marchands de Séville s'étaient permis de choisir pour y traiter de leurs affaires. Le patio des orangers était devenu une bourse en plein air, comme celle que nous avons vue et qui existe peut-être encore sur l'un des boulevards de Paris. Mais celle-ci, à deux pas de l'Opéra, est à sa place du moins, et ne peut, j'imagine, scandaliser personne. Ce ne fut pas le fouet du Christ qui, à Séville, purifia la maison de prière et, d'une *caverne de voleurs*, refit une pieuse promenade, ce fut le terrible Philippe II. Sa pâle figure, en s'y montrant, eût mis en fuite les plus hardis ; il employa cependant un autre moyen ; ce fut d'envoyer l'architecte même de l'Escurial, le fameux Herrera, lequel éleva au commerce de Séville cet admirable palais qu'on appelle la Lonja.

Le premier objet qui vous frappe, une fois entré dans le patio, c'est la Giralda qui le domine de presque toute sa hauteur. La chaire est du même côté, c'est-à-dire au nord ; elle est en marbre, et elle est adossée, j'aime mieux dire qu'elle s'appuie contre un des murs de la salle où se trouve la précieuse bibliothèque rassemblée par le fils de Christophe Colomb et par lui léguée à Séville. Ce rapprochement du hasard ne semble-t-il pas dire que la religion n'a rien à craindre du vrai savoir, et que c'est elle plutôt qui rend à celui-ci, en éclat et en élévation, ce qu'elle a l'air d'en recevoir en solidité.

Au-dessus de la chaire et le long de la muraille qui la porte, s'étend un *velarium* destiné à défendre de l'ardeur du soleil le prédicateur et les premiers rangs de l'auditoire, c'est-à-dire les enfants. La charité, qui leur a donné un asile, prend soin d'eux comme une mère. Nous ne sommes encore qu'au 17 mars, et déjà les orangers en fleur nous avertissent que les premières chaleurs du printemps ont mis la sève en mouvement.

L'auditoire se forme peu à peu ; les bancs réservés aux orphelins sont encore vides. Ils tracent autour de la chaire un espace carré et couvert d'un tapis. Là, tous les ans, viennent, avec l'archevêque, se placer l'Infante, sœur de la reine, et ses beaux enfants; mais, cette année, sa santé a obligé l'Infante à chercher un air plus vif dans la sierra de Cordoue, et c'est au milieu des ermites, voix sacrées de ces belles solitudes, qu'elle a dû commencer les exercices du saint temps.

Puisque nous en avons le loisir, lisons ce qui est écrit sur cette table de marbre placée derrière la chaire : « Ici ont prêché san Vicente Ferrer, san Francisco de Borja, san Juan de Avila, le Vénérable Fernando de Contreras et don Fernando de Mata. » C'est le livre d'or de la chaire du patio des orangers. Quelques détails maintenant sur chacun de ces noms. De ces saints personnages quatre appartiennent au midi de l'Espagne. Les plus célèbres sont ceux dont je parlerai peut-être le moins.

San Vicente Ferrer (que nous appelons saint Vincent Ferrier) est l'apôtre de Valence. Que de charmantes légendes j'aurais à vous raconter sur sa vie! Je me bornerai à vous dire que, né en 1357, il sema d'une main prodigue le grain de l'Évangile en Espagne, en Angleterre, en Allemagne et en France. Notre Bretagne reçut son dernier soupir. Il mourut à Vannes en 1419.

San Francisco de Borja est aussi un fils de cette poétique Valence. Né, en 1510, marquis de Lombia, duc de Candia, et depuis vice-roi de Catalogne, il mourut général des jésuites en 1572. Sa vie est tout un roman, et non sans quelque analogie avec celle de l'abbé de Rancé. Comme ce dernier, ce grand désabusé du monde eut mérité d'avoir Chateaubriand pour biographe. J'ai vu de ce saint une statue expressive dans la chapelle de l'université de Séville. Demandez à cette figure amaigrie par le jeûne quel nom elle portait autrefois à la cour de Charles-Quint. L'austère image vous répondra : « Je m'appelle la Pénitence. »

San Juan de Avila était né en 1502 dans les environs de Tolède, à Almadovar del Campo, mais on ne l'en appelle pas moins aujourd'hui l'apôtre de l'Andalousie. Écrivain mystique d'un rare mérite, on a de lui quelques ouvrages qui font autorité, mais de ses sermons il n'est resté que le souvenir des merveilles qu'ils produisaient dans les âmes. Il mourut à Priego en 1569.

Fernando de Mata était, lui, né à Séville en 1554, et il y mourut en 1612. Prédicateur habituel du Sagrario de la cathédrale, qui forme un des côtés de l'enceinte où vous avez bien voulu me suivre, on peut dire qu'il ne sortait pas de chez lui pour monter en chaire, dans le patio des orangers. Sa vie a laissé dans la mémoire des hommes une trace lumineuse et douce, et il me semble que son âme doit aimer à s'égarer encore autour de cette chaire, et à chercher sous ces ombrages l'écho de sa parole d'autrefois.

Je veux m'arrêter à vous parler un peu plus longtemps du Vénérable Contreras. Sa vie, consacrée presque tout entière au rachat des enfants captifs chez les infidèles, aurait dû en faire le patron bien-aimé des jeunes générations qui, chaque année à pareil jour, se pressent devant cette chaire.

Don Fernando Contreras naquit à Séville, en 1470,

d'une famille distinguée, mais sans fortune. Dès son premier âge, il laissa voir d'heureuses inclinations et un goût décidé pour le bien, une grande modestie, une attrayante douceur. A seize ans, après s'être longtemps consulté lui-même et avoir beaucoup prié, il prit le parti d'entrer dans la carrière ecclésiastique, et se livra avec ardeur à l'étude de la théologie. Il ne porta plus que des habits grossiers et adopta, dans la maison paternelle, un lieu retiré dont il se fit un ermitage, et où il ne voulut admettre qu'une paillasse, une table, une chaise, quelques livres et l'image d'un saint auquel il avait une dévotion particulière. Il avait pour toutes ressources un petit bénéfice qui l'aida à prendre les ordres; une fois prêtre, il s'en démit pour vivre dans la pauvreté évangélique. Les loisirs que lui laissait le saint ministère, il les employait à visiter les hôpitaux et à consoler les malades. En 1505, une grande disette ayant affligé Séville, il se fit le quêteur des pauvres, et la misère ayant amené la peste, il se fit l'infirmier des malades, aussi intrépide à braver la contagion du fléau qu'il l'avait été à affronter l'avarice des riches; souvent même il ensevelissait de ses mains ceux qu'il n'avait pu arracher à la mort. L'archevêque de Séville crut devoir récompenser un si beau dévouement en lui conférant un bénéfice:
— « Seigneur, s'écria le saint homme, en quoi ai-je pu offenser Votre Seigneurie, qu'elle me donne un bénéfice? »

En 1511, le cardinal de Cisneros l'appela à cette grande université de Alcala de Hénarès qu'il venait de fonder. Il y commença à s'exercer dans l'art de la prédication et eut l'insigne gloire de s'y lier d'amitié avec celui qui devait être un jour saint Thomas de Villeneuve.

Il ne quitta Alcala de Hénarès que pour se dévouer aux charitables desseins de doña Teresa Enriquez, duchesse de Maqueda, qui, tout récemment, avait élevé à Torrijos, à quatre lieues de Tolède, la collégiale qu'on y admire encore. Ce qui tentait surtout la tendre piété de cette noble dame, c'était le rachat des enfants chrétiens captifs chez les Maures. En associant à cette généreuse mission Fernando Contreras, elle allait au-devant de la véritable vocation de ce dernier. Mais, pour donner plus d'autorité à son zèle, elle lui facilita les moyens de prendre le grade de docteur.

Pour se préparer à ces lointaines entreprises, Contreras revint à Séville, qui était encore à cette époque le point de départ de presque toutes les expéditions maritimes, et il s'établit d'abord dans l'hôpital de Sainte-Marthe, puis dans une petite maison située près d'une porte de la ville, que nous pourrions voir d'ici, sans la muraille du patio, la porte de l'Arénal. C'était en 1526, et ne pouvant encore se mettre en mer, Contreras profita de ce délai pour fonder un collége où il se chargea lui-même d'enseigner le plain-chant, la grammaire, les belles-lettres et la théologie. On eût dit qu'il voulait d'avance préparer un asile aux enfants qu'il devait aller chercher si loin.

Précisément à cette époque, san Juan d'Avila, dont nous parlions tout à l'heure, passait à Séville pour se rendre en Amérique. Contreras réussit à le retenir en Espagne, et l'Andalousie lui dut son apôtre. Lui-même alors, par sa parole, faisait merveille dans Séville.

Cependant tout était prêt pour une première expédition; il mit à la voile et se dirigea sur Alger. Là, des difficultés de tout genre l'attendaient, mais le ciel lui procura l'occasion de gagner le cœur, des Maures. Une grande sécheresse désolait le pays depuis quatre ans; la prière du saint fit descendre une pluie bienfaisante sur ces campagnes embrasées. Le roi ou dey, dans le premier transport de sa joie, lui fit présent de trente enfants. Les courtisans voulurent imiter le maître, et, grâce à ces libéralités ajoutées à l'argent qu'il avait apporté d'Espagne, le généreux missionnaire ne réunit pas moins de trois cents enfants. Je laisse à penser si, au retour, il fut bien accueilli à Séville.

Le succès de ce premier voyage l'encouragea à en tenter un second qu'il réalisa en 1533. Cette fois la tempête l'assaillit en vue du port, mais il lui suffit, dit la légende, d'engager son bâton dans le timon du navire pour écarter le danger. Les Algériens avaient eu le temps d'oublier le miracle qui avait ouvert à tant de pauvres enfants la porte de leurs geôles, et Contreras n'avait pas assez d'argent pour racheter tous ceux qu'il eût voulu ramener avec lui. On lui livra sur parole une partie des captifs; je me trompe, il laissa son bâton pour garantie de sa parole. Ce bâton, il est vrai, venait de faire un miracle, mais le miracle qui toucha surtout les Maures, ce fut, je crois, la charité du négociateur. Son retour n'excita pas dans Séville moins d'enthousiasme que la première fois, quand on le vit s'agenouiller, avec tous ces enfants qui lui devaient plus que la liberté, devant la célèbre image de la Vierge appelée *de la Antigua*. Cet enthousiasme lui permit bientôt de racheter aussi le bâton resté aux mains des infidèles.

Deux voyages successifs devaient avoir épuisé les prisons d'Alger. Le troisième fut dirigé sur Tunis. Contreras sortait de la Goulette avec sa chère proie, quand tout à coup sept barques montées par des pirates entourent la sienne. Mais un nuage épais l'enveloppe et dérobe les chrétiens à la vue de leurs ennemis. Quand le nuage se dissipa, la mer était libre.

Une quatrième fois, le serviteur de Dieu se remit en campagne; il allait à Tétuan et à Fez où, comme à Alger, son bâton valut de l'or. Séville le revit en 1536, miraculeusement échappé d'une tempête qui ne le dégoûta ni de la mer, ni de ses courageuses entreprises.

Chaque retour l'avait trouvé fidèle à son hôpital de Sainte-Marthe; mais cette fois, ayant rencontré dans le voisinage une étable à sa convenance, il en fit son logis, sans doute en mémoire de celle de Bethléem, car il établit son grabat dans la crèche même. Vainement le chapitre voulut lui procurer un asile moins humble, à grand'peine put-on obtenir de lui qu'il laissât mettre à l'abri des intempéries de l'air celui qu'il s'était choisi.

Trois ans plus tard il reprenait le chemin de Fez et en revenait avec le même succès; mais le souvenir des enfants qu'il n'avait pas rachetés le poursuivait comme un remords, et pour accroître ses ressources, il alla tendre la main en Castille. Le cardinal Tavera, le même qui a bâti ce magnifique hospice aux portes de Tolède, le mit en mesure de faire une sixième campagne. Le voilà donc de nouveau à Ceuta, et de Ceuta marchant sur Tétuan. Mais là, comme toujours, l'argent lui ayant manqué, et le bâton commençant à perdre de sa vertu, quoiqu'il l'eût toujours loyalement dégagé, il se laissa lui-même en otage. L'infidèle n'y gagna rien, car chaque jour de la généreuse captivité de Contreras fut marqué par quelque conversion de Maures ou de Juifs; et cette captivité se prolongea plusieurs années. Elle cessa cependant, et, en 1546, il reparut dans Séville. Il se fût reproché d'y rentrer seul; aussi ramenait-il autant de captifs que les autres fois. On commençait déjà à perdre l'espérance de le voir revenir et on le mettait au rang des martyrs, quand on le voit arriver aussi calme que s'il était parti la veille, mais avec un je ne sais quoi de divin que donne le sentiment d'une sainte victoire chèrement achetée. La nouvelle de ce retour inespéré émut Charles-Quint lui-même, qui nomma Contreras à l'évêché vacant de Guadix. Le nouvel élu eût volontiers répondu à l'empereur comme il avait répondu, quarante ans auparavant, à l'archevêque de Séville : — « En quoi donc ai-je pu manquer à Votre Majesté, qu'elle me fait évêque? » Il se contenta de se dérober à un si grand honneur et se châtia dans son corps du mouvement d'orgueil qu'un autre eût ressenti à sa place et qu'il crut démêler dans son cœur.

Cependant il ne pensa pas que son grand âge le dispensât encore de son héroïque besogne, et il repartit une dernière fois pour Alger où, de nouveau, son bâton fut retenu pour une somme de trois mille ducats. A peine de retour à Séville, il se hâta de rentrer dans son humble gîte, mais cette fois avec le pressentiment qu'il n'en sortirait plus. Il ne voulut cependant aucun adoucissement à ses maux, et se contenta de la maigre portion que l'hospice de Sainte-Marthe était dans l'usage de distribuer aux ecclésiastiques indigents.

L'évêché de Guadix était encore vacant, et l'empereur chargea le prince Philippe de l'offrir de nouveau à celui qui, une fois déjà, l'avait refusé. Fernando Contreras persista dans son refus. Il sentait que ce ne serait pour lui qu'un vain titre, car, accablé dès lors sous le poids de ce corps misérable qu'il avait mené à tant de combats, il tomba sur la couche où il dormait depuis tant d'années, pour ne plus se relever. La duchesse d'Alcala qui avait pour lui une tendre vénération, lui envoya un lit moins dur, mais il ne crut pas que ce fût la peine de changer, et il fit porter ce présent d'une chère main à l'hôpital de *las Tablas*. Les mets délicats qu'on lui offrit de toutes parts prirent la même route. Sentant sa fin approcher, il commença par disposer avec prudence des biens qui appartenaient à l'œuvre du rachat des captifs, et ne demanda pour lui-même qu'une faveur, c'est que son corps fût enseveli là où on jetait les restes de ceux que la loi punissait de mort. Le 17 février 1548, il rendait doucement son âme à Dieu, entre deux évêques qui voulurent l'assister jusqu'à sa dernière heure. L'un d'eux, par un heureux rapprochement du hasard, était l'évêque du Maroc. Que de souvenirs dans ce seul titre, souvenirs qui durent rassurer le mourant sur le salut de son âme! C'était le titre que portait alors le prélat auxiliaire de l'archevêque de Séville.

Le jour où Fernando Contreras expira, les cloches de la cathédrale sonnèrent d'elles-mêmes, et tout Séville accourut avec des transports de douleur à la porte de cette masure où mourait un saint. Combien dans cette foule lui devaient le retour d'un enfant chéri, enlevé par les Maures, ou même avaient été ramenés par lui au sein d'une famille qu'ils croyaient à jamais perdue pour eux.

Les duchesses d'Alcala et de Béjar tinrent à honneur d'ensevelir de leurs mains le pauvre corps qui avait porté cette âme héroïque. Quand il fallut décider où on le déposerait, l'embarras fut grand. Mais pendant que le chapitre en délibérait, un bel enfant parut au milieu des chanoines, comme autrefois Jésus parmi les docteurs, et s'adressant à eux avec cette modeste assurance qui jadis avait tant ému les sages dans le temple, leur fit signe de le suivre, et s'arrêtant à la porte du chœur, leur montra le sol en disant : — « C'est ici que Dieu veut qu'il soit enterré. » Puis il disparut. Le ciel s'était plu à donner à son messager l'âge et les traits de ces pauvres petits enfants auxquels celui qui venait de mourir avait consacré sa vie entière.

Tout ce qu'il y avait alors de grand ou de saint dans Séville s'empressa d'accourir à ces funérailles. Le peuple, à sa manière, témoigna de sa vénération pour le serviteur de Dieu, en se disputant les lambeaux de ses vêtements.

Ce fut l'évêque du Maroc qui prononça son oraison funèbre.

Un dernier trait à ajouter à cette sainte vie uniquement dévouée à l'enfance : Fernando Contreras avait écrit un catéchisme.

A plusieurs reprises le saint-siége a été supplié de mettre le sceau de la sainteté à cette douce et vénérable mémoire. Un premier décret a été rendu en sa faveur, puis la cause en est restée là. Est-ce que du haut du ciel l'humble solitaire de Sainte-Marthe aurait dit au pape : — « Saint-Père, en quoi donc vous ai-je offensé, que vous voulez faire de moi un saint? »

Peu à peu cependant la foule s'est épaissie autour de cette chaire illustrée par tant de glorieux apôtres. Mais tant que les enfants de l'hospice ne seront pas venus, l'orateur ne paraîtra pas. En attendant, des groupes se forment autour de la fontaine, les amis s'abordent et se donnent la main. Chaque oranger devient le centre d'une petite *tertulia*, pendant que les promeneurs solitaires fument tranquillement leur cigarette. Quelques rares étrangers vont d'un groupe à l'autre et se regardent d'un air étonné. Ce spectacle de la religion en plein air, quand ailleurs elle paraît craindre de sortir du temple, leur donne à penser. C'est ici quelque chose de si naturel, et tout ce monde a des allures si simples, qu'on ne se douterait guère qu'il a quelque but, si du haut de la

Giralda et au bord de ses fenêtres percées en ogives, de distance en distance, et d'étage en étage, on ne voyait se pencher des têtes qui semblent attendre un autre spectacle que celui de cette foule animée sans bruit et recueillie sans affectation.

Mais voici des voix enfantines qui résonnent dans le lointain, et sur le seuil de la porte du Pardon apparaît une croix d'argent, entourée de lanternes dans lesquelles brûlent des cierges. La foule s'ouvre avec un mouvement de sympathie, et dans l'étroite avenue qu'elle laisse libre s'avancent deux à deux, en chantant des psaumes ou le rosaire, des petits garçons surveillés par quelques prêtres, des petites filles conduites par des religieuses. Les vêtements sont propres et convenables, les visages épanouis respirent la joie et la santé : les petits garçons viennent de l'hospice de Saint-Louis, les petites filles du couvent de Sainte-Isabelle. Tous ces pauvres enfants, qui ne se rencontrent que ce jour-là, se regardent avec une affection naïve, ils sentent confusément qu'ils appartiennent à la même famille, celle des déshérités recueillis par la charité.

A mesure qu'ils prennent place derrière les autorités civiles et ecclésiastiques, leur providence en ce monde, la foule fait silence et se rapproche; le tableau de genre que nous avions tout à l'heure devant nous, et qui par l'originalité du costume, la vivacité des couleurs, la variété des attitudes, égayait doucement l'attente, prend en se concentrant un autre caractère et devient une toile sacrée, dont la beauté résulte de l'unité de l'expression morale, qui est celle d'une foi tranquille et sûre d'elle-même. Tous les yeux se tournent vers la chaire, et on ne lit plus qu'une pensée sur tous ces fronts découverts.

Voici enfin l'orateur. On se demande du regard quel il est. J'entends répondre à côté de moi que c'est un père jésuite et que cette chaire appartient à la compagnie chargée de la direction religieuse de l'hospice. — « Mais c'est le père Esclapes, dit un de mes voisins. C'est singulier, je le croyais à Utrera, où il prêche le *septenario de los dolores*. » — « Il y était, il y a une demi-heure, dit un autre. Une voiture l'a pris au chemin de fer pour « l'amener ici, et l'attend à la porte pour le remmener « à la station, aussitôt le sermon fini. » C'étaient des gens du peuple qui échangeaient ces nouvelles, car, en Espagne, le peuple s'intéresse aux moindres détails de ce qui a trait à la religion. — « J'aurais préféré le père Médina, » dit simplement un troisième interlocuteur. — Le père Médina a donné dernièrement une retraite à « l'*Angel*, on le dit très-fatigué. » C'est une femme qui parle ainsi, puis elle ajoute : — « Mais écoutons le père Esclapes, vous en serez content. »

Ces propos, auxquels, malgré moi, je prêtais l'oreille, m'empêchèrent d'entendre le texte du prédicateur. Celui-ci me parut un homme d'âge moyen; sa tenue était sévère sans roideur, et sa voix bien timbrée arrivait sans trop d'effort à la plupart des auditeurs. Son discours fut comme un résumé de tout le christianisme par l'analyse simple et animée des commandements de Dieu. Puis l'orateur, se souvenant qu'il avait affaire à de jeunes imaginations qu'il fallait toucher autant que convaincre, raconta l'histoire d'un célèbre incrédule se dressant sur son lit de mort pour léguer au fils qu'il laissait orphelin, à défaut de l'exemple de sa vie, le grave avertissement de sa fin.

Il y eut alors un beau moment, celui où le prêtre ayant invité ceux qui l'écoutaient à demander à Dieu la persévérance dans la foi ou le retour à la religion, tout l'auditoire, d'un mouvement spontané, s'agenouilla sous les orangers et unit sa prière à la parole du père Esclapes. Quand nous nous relevâmes, la chaire était vide et les enfants reprenaient, dans le même ordre et avec les mêmes chants, le chemin de leur hospice.

Chaque fois que j'assiste, sous ce ciel éclatant, à quelqu'une de ces populaires solennités de la religion, j'admire davantage avec quelle merveilleuse souplesse le catholicisme sait s'emparer de toutes les harmonies de la nature : plus rude dans le nord, revêtant, au midi, une poésie riante et douce, et partout maître des âmes, vraiment universel, prenant pour arriver à elles le chemin qui y conduit le plus sûrement.

VI

ROMÉO ET JULIETTE EN ESPAGNE

A ÉMILE DESCHAMPS

Traits principaux de la légende. — Le sujet. — Ce qu'en dit l'histoire. — Girolamo de la Corte. — La nouvelle de Luigi da Porto. — A quelle source a puisé Shakespeare. — Francisco de Rojas y Zorilla. — Ce qu'on sait de sa vie. — Jugement sur son théâtre. — Son drame intitulé : les *Factions de Vérone*. — Analyse et citations, défauts et qualités. — Lope de Véga. — Son drame intitulé : *Castelvins et Montes*. — Premier acte charmant. — Analyse et citations.

VI

ROMÉO ET JULIETTE

Me proposant de parler de Roméo et Juliette, comment ne me serais-je pas souvenu d'abord de la belle traduction en vers que vous nous avez donnée de ce chef-d'œuvre de Shakespeare? Toutefois, il ne s'agit pas ici de la tragédie de Shakespeare; encore moins de celle de Ducis, de qui cependant vous avez si bien dit :

Brûlant imitateur qui s'éteint en créant.

Je ne veux pas même parler du drame énergique qui, ayant été le début applaudi de Frédéric Soulié, méritait d'aboutir à des œuvres plus élevées que celles qui ont marqué la carrière de cet écrivain. Enfin je ne dirai rien de cette auge de pierre qui, à Vérone, par une belle soi-rée, bien faite pour ouvrir l'imagination aux impressions les plus poétiques, me fut montrée au fond d'un jardin abandonné, et décorée par un cicerone, qui souriait lui-même en s'écoutant, du doux nom de tombeau de Juliette; non, ce que je veux vous raconter, c'est comment, d'écho en écho, l'adorable légende a passé en Espagne, et a pris une couleur tout espagnole sous la plume de Francisco de Rojas et de Lope de Véga. Mais ici même, ai-je donc rien à vous apprendre? N'est-ce pas vous qui, avant de traduire *Macbeth* et *Romeo*, nous rendiez, en vers qui vibrent encore, quelques-unes des pages héroïques du Romancéro?

Je continue malgré tout. Lope de Véga a tant écrit, qu'il n'est guère de sujet, pour peu qu'il en jaillisse une étincelle dramatique, qui ne se retrouve dans quelque recoin de son œuvre indienne. J'avoue cependant que d'abord sa *Juliette* m'avait échappé. Mon excuse, c'est le titre même sous lequel je l'ai trouvée cachée. J'en avais aupararant découvert une autre plus récente et dont je ne parlerai qu'à cause du nom de son auteur, don Francisco de Rojas.

Mais avant d'entrer dans l'analyse de l'une et de l'autre, me permettrez-vous de vous rappeler en quelques lignes la légende même, telle qu'elle est écrite dans l'histoire, dans le roman, dans le poëme? Je pense à celui d'Arthur Brook, qui est la source où Shakespeare paraît surtout avoir puisé. Elle est partout, cette légende, à peu de chose près, la même. Dans son *Histoire de Vérone*, publiée en 1594, juste un an avant la représentation du drame de Shakespeare, mais terminée en 1560, Girolamo de la Corte ne fait souvent que reproduire ce que, dès l'année 1535, Luigi da Porto avait écrit dans sa nouvelle, et ce qu'Arthur Brook avait mis dans son poëme imprimé en 1562.

Vers la fin du treizième siècle, deux puissantes familles, les Montecchi et les Capelletti, dont nous avons fait les Capulets et les Montaigus, troublaient les rues de Vérone du bruit de leurs querelles et souvent même des suites sanglantes de leurs rencontres. En 1303, Antonio Capelletti, le chef de l'une des deux factions, donna un bal dans lequel s'introduisit, sous un masque, le jeune Roméo Montecco, âgé de vingt ans, et l'un des plus charmants cavaliers de Vérone. Au bout de quelques instants, soit distraction ou pour se soulager d'une contrainte, à laquelle ajoutait sans doute la chaleur de la nuit, Roméo détacha son masque. Ceux de la faction ennemie qui le reconnurent, étonnés d'abord, finirent par lui pardonner une témérité qui pouvait passer pour une généreuse confiance. Mais il arriva que ses yeux ayant rencontré ceux de Juliette Capelletto, les regards des deux jeunes gens ne se quittèrent plus, et que le cœur suivit les regards. Vers la fin du bal et dans une danse qui semblait autoriser de telles libertés, une jeune dame vint offrir sa main au bel étranger assis à l'écart, et l'introduisit dans la ronde. Le hasard des figures, peut-être l'entrainement de la passion naissante rapprocha Roméo de Juliette; leurs mains se touchèrent, et quand elles se dénouèrent, il était déjà tombé de leurs lèvres de ces douces paroles qui lient à jamais deux âmes.

Le lendemain et les jours suivants, Roméo rôdait dans une rue étroite sur laquelle donnaient les fenêtres de

Juliette; elle ne put se retenir d'y apparaître, et l'entretien fut repris où l'avaient laissé les flambeaux mourants de la fête. Les amours vont vite, on l'a dit souvent, sous cet ardent soleil d'Italie. Les deux jeunes amants convinrent de se marier, et ils s'adressèrent, pour leur en faciliter les moyens, à un franciscain, le frère Lonardo, dont la cellule gardait les plus doux et les plus terribles secrets de la ville. Théologien subtil, frère Lonardo était en outre un savant chimiste, ce qui, à cette époque où la chimie n'existait pas encore, revenait presque à dire un magicien; le frère se laissa aisément toucher, cédant surtout à l'espérance de réconcilier les deux familles ennemies et d'accroître par là son crédit dans la ville.

A une époque de l'année où la confession était obligatoire, Juliette se rendit avec sa mère à l'église de San Francisco et s'agenouilla à l'un des côtés du confessionnal, pendant que Roméo, accompagné de son père, se plaçait de l'autre côté, et le frère ouvrant les deux petits guichets, donna à ses deux pénitents de rencontre la bénédiction nuptiale. L'historien a soin d'ajouter qu'une vieille, complaisante et avisée, de la maison de Capelletto, facilita aux deux époux le moyen de passer la nuit dans le jardin. Je relève ce détail naïf, parce que ce jardin de Juliette est devenu, grâce à Shakespeare, comme plus tard celui de Marguerite, un des domaines enchantés de la Muse.

Cependant, après les fêtes de Pâques, arrive, aux portes de Vérone, entre Montaigus et Capulets, une de ces rencontres malheureusement très-fréquentes. Roméo, défié par Tébaldo, cousin de Juliette, se contient aussi longtemps que le permet le souci de sa bonne renommée. Forcé enfin de se défendre, il tire l'épée et tue son adversaire. Exilé de Vérone par un ordre du capitaine perpétuel, il se retire à Mantoue.

Peu de temps après, Capelletto presse Juliette de se marier. Celle-ci, éperdue, court au frère Lonardo et lui demande un moyen de rester fidèle à l'époux qu'elle a reçu de lui. Le franciscain lui remet une drogue qui doit la plonger dans un sommeil profond qui sera la mort aux yeux de tous. Mais vivante pour lui, dès qu'elle aura été déposée dans le caveau de ses ancêtres, il ira l'enlever et, sous un déguisement, la fera conduire à Mantoue. Un messager sera chargé d'avertir Roméo de tout ce qui s'est passé. Tout alla bien d'abord ; mais les mauvaises nouvelles cheminent plus vite que les plus zélés messagers. Un bruit vague vient apprendre à Roméo que Juliette n'est plus, et Roméo, dans le premier emportement de sa douleur, se hâte de revenir à Vérone, suivi d'un seul domestique. Armé d'un poison violent, il se fait ouvrir le tombeau de Juliette, baigne de larmes le corps de celle qu'il croit à jamais perdue pour lui, avale le poison et meurt. Un instant après, Juliette s'éveille, trouve à son côté le corps inanimé de son mari, et apprend de Lonardo, accouru trop tard, comment, trompé par les apparences, Roméo s'est donné la mort, et elle meurt elle-même, de sa douleur, sur le sein de celui qu'elle a uniquement aimé.

Voilà la légende dans sa pathétique simplicité. La

principale différence qui existe entre le récit de Girolamo et la nouvelle, c'est que dans cette dernière Juliette s'é-veille pendant que Roméo se débat sous les étreintes de l'agonie, ce qui amène une de ces scènes déchirantes que permet trop rarement la fatalité des choses humaines, mais que l'imagination appelle impérieusement. Shakespeare s'en est tenu au récit de Brook, conforme en ceci à celui de Girolamo. Cette navrante ironie de la destinée allait mieux à l'instinct mélancolique de son génie.

Je ne voulais que résumer les traits principaux de la légende, et la voici tout entière. Pourquoi donc? Assurément je ne l'ai pas racontée pour vous apprendre, à vous qui le savez mieux que personne, ce qu'en a fait Shakespeare, ce puissant enchanteur des imaginations du nord; c'était plutôt pour vous faire voir comment, un demi-siècle environ plus tard, elle était, au midi, trans-formée et souvent gâtée.

Rojas, le second en date, quoique j'en parle d'abord, a tellement défiguré le sujet, que j'ai été un moment tenté de n'en rien dire. Mais Rojas est le dernier des grands poëtes dramatiques de l'Espagne, il est l'auteur de *Garcia del Castañar*, un de ses grands chefs-d'œuvre, et la France lui doit *Venceslas;* voilà bien des titres réunis. On se dit qu'il est impossible que dans un tel sujet un tel homme n'ait pas mis quelque chose de son génie. Ce m'est d'ailleurs une occasion de montrer, chemin fai-sant, par un exemple, ce qu'on entend, en Espagne, par une comédie de cape et d'épée, pièces où, à travers les invraisemblances accumulées, les surprises de tout genre, les travestissements de toute sorte, les caractères deviennent ce qu'ils peuvent, la passion va où le hasard l'emporte, le dénoûment arrive comme il plaît à Dieu.

Don Francisco de Rojas y Zorilla était né à Tolède, en 1607, d'une famille distinguée. Sa noblesse est mise hors de discussion par les preuves qu'il dut en fournir pour être admis dans l'ordre chevaleresque de Santiago, dont il reçut l'habit en 1641. De ses études on ne sait rien, et avant ses succès au théâtre, il ne s'était fait un peu connaître que par un sonnet sur la mort de Lope de Véga, par quelques regrets poétiques donnés à la mémoire de Montalvan qui parle de lui avec éloge, et par quelques autres morceaux d'une valeur médiocre. Il faut cependant mettre à part, dans le nombre, un sonnet contre les femmes, sonnet plein d'une verve originale que je ne rappelle cependant ici que pour relever, en passant, ce trait singulier de ressemblance entre notre poëte et Euripide; on en chercherait vainement un autre.

Rojas réunit lui-même ses œuvres dramatiques en deux parties qu'il publia l'une en 1640, l'autre en 1645. Montalvan, son aîné de quelques années, l'appelle un poëte fleuri, ingénieux et brillant; il est surtout cela dans ses comédies proprement dites, dont la plus populaire, *don Lucas del Cigarral*, a été connue en France par une imitation de Thomas Corneille; mais dans *Garcia del Castañar* que Montalvan n'a pu connaître, le poëte a déployé des qualités d'un ordre plus élevé, la concision, la vigueur, le mouvement dramatique. D'un bout à l'autre, cette pièce est animée d'un souffle héroïque et sa place est marquée au premier rang. Dans nulle autre ne revit avec plus d'éclat le génie de la vieille Espagne, et sa religion monarchique n'a pas plus de grandeur dans l'*Étoile de Séville* de Lope de Véga.

On ne sait pas où ni à quelle époque mourut Rojas. Depuis quelque temps la critique espagnole commence à s'enquérir un peu plus de la personnalité de ses beaux génies; mais c'est chez elle un souci encore si nouveau, que tout récemment la découverte de la date authentique de la naissance de Rojas a été pour don Eugenio Hartzembush, l'auteur des *Amants de Terruel*, presque un nouveau titre de gloire. M. Villemain écrivait quelque part : « Le théâtre espagnol a souvent l'air d'un rêve fantastique dont le désordre détruit l'effet et dont la confusion ne laisse aucune trace. » Sans examiner si ce jugement est aussi complétement vrai qu'il est spirituel, je dirai que ce fantastique semble avoir passé des œuvres aux auteurs eux-mêmes. Sur Rojas, en particulier, ses compatriotes ont trouvé si peu à raconter, qu'ils ont rassemblé sans scrupule dans sa biographie toutes les anecdotes éparses dans la vie de deux ou trois autres Rojas, contemporains de l'auteur de *Garcia del Castañar*.

Ce qui explique un peu cette confusion, c'est qu'il semble en vérité qu'il y ait eu deux poëtes dans notre Rojas, comme l'a remarqué avec finesse le savant don Eugenio de Ochoa; et par là je ne veux pas dire un poëte comique et un poëte tragique, la distinction serait toute naturelle, même en Espagne où l'on confond volontiers les deux genres; je veux dire que là où il est bon, c'est un écrivain simple, nerveux, énergique, accompli, et que là où il est mauvais, ce qui arrive trop souvent, c'est un écrivain maniéré, obscur, emphatique, boursouflé. Ici, je le regrette, c'est au second que nous avons affaire.

Sa pièce est intitulée : *les Factions de Vérone*, ou, dans quelques éditions plus récentes : *Montescos et Capeletes*; elle fut imprimée en 1645, justement cinquante ans après celle de Shakespeare. Un beau jour la délicieuse légende aura été dénoncée à Rojas par le gros livre de Girolamo ou par la nouvelle de Luigi da Porto, et le poëte, il ne mérite guère ici ce nom, aura impitoyablement exercé sur elle le droit d'épave. Lope de Véga avait, avant lui, traité avec plus d'égards la pauvre fille d'Italie jetée sur ces côtes peu hospitalières; mais son poëme à lui ne fut publié qu'en 1647, et il ne me paraît pas que Rojas en ait eu connaissance. Suivons d'abord dans les rudes mains de ce dernier les aventures de l'aimable Juliette.

La comédie est divisée en trois journées. Au commencement, Julia, car en Espagne, ce pays des petits noms, Juliette est cependant un diminutif fort peu usité, Julia s'entretient avec sa cousine Héléna, une Montaigu, sœur de Roméo et mariée au comte Paris. A travers cette conversation obscure et hérissée de pointes, on entrevoit qu'Héléna est fort négligée par son mari. A la Juliette de Rojas ce n'est pas l'amour de Roméo qui manque, c'est Roméo lui-même; mais quand j'écris Roméo, c'est Alexandre Roméro qu'il faut lire; ce nom sans doute aura paru plus harmonieux à Rojas. Julia se plaint de ne le voir qu'à la dérobée, et qu'il lui faille vivre dans une dissimulation de tous les instants. Ce n'est pas dans un bal que les deux amants se sont rencontrés pour la première fois. Roméro était entré furieux dans la maison du vieux Capulet et l'y cherchait pour le tuer. Il arrive, l'épée à la main, dans un appartement où Julia s'est réfugiée. Mais à peine a-t-il écarté le voile qui cache la jeune fille, qu'il s'arrête stupéfait. Julia en donne des raisons un peu longues qui ne sont pas toutes sans grâce : « Soit enfin, que dirai-je? car souvent en ces matières ce qu'on ne sait pas est précisément ce qui charme. » Ce je ne sais quoi a vaincu le furieux jeune homme, et à son tour c'est lui qui implore. « Je l'écoutais me disant de ces tendres mensonges qu'on sait être mensonges et que pourtant nous autres femmes nous écoutons toujours; il me parla une nuit, puis une autre, à la grille de ma fenêtre; il me pria de le laisser entrer. Mais le mal est l'ombre du bien, dit le poëte, et c'est une mauvaise heure pour une femme que celle où elle commence à se défier d'elle-même. » Ce qui, en ce moment, inquiète surtout Julia, c'est que son cousin André a demandé sa main, et que son père consent à ce mariage.

Survient Roméro lui-même, au grand effroi de Julia. Il vient, lui aussi, la demander à son père. Les Capulets ont eu le temps d'oublier leur haine; il y a longtemps que le vieil Antonio a dit : Non. Le moment est venu de dire : Oui. Julia paraît peu convaincue par ce raisonnement. Le valet de Romero, qui est le gracioso de la pièce, interrompt cet entretien par un récit qui serait dégoûtant, s'il n'était insipide; il se tait enfin, et le dialogue se ranime avec des traits de passion qui nous font du moins rentrer dans le sujet.

JULIA.

« Mon père pourrait me refuser son consentement, que mon amour ne t'oublierait pas.

ALEXANDRE ROMÉRO.

« Le sort ne permettra pas que je puisse jamais t'oublier.

JULIA.

« Ah! si tu pouvais changer, j'aimerais mieux encore, mon bien-aimé...

ROMÉRO.

« Quoi?

JULIA.

« Être haïe de toi qu'oubliée. »

Et la scène se termine par une spirituelle boutade du gracioso contre les femmes. Décidément Rojas est bien l'auteur de l'impertinent sonnet dont je parlais tout à l'heure.

Cependant Antonio Capulet arrive avec son neveu André au moment où on l'attendait le moins, et tout le monde s'enfuit ou se cache. Julia détruit d'un mot les espérances d'André qui s'en va mécontent. Mais elle n'aura pas aussi bon marché des prétentions du comte Paris qui aspire également à sa main. Quoi! le mari d'Héléna? lui-même. Capulet s'en étonne comme vous, mais il y a moyen de tout arranger. Le comte Pâris est en mesure de faire annuler son mariage; sa théorie vaut la peine d'être écoutée; elle est du moins poétiquement exprimée. « Celui qui entre dans un agréable jardin choisit d'abord la violette azurée, parce qu'il l'a rencontrée la première, avant la seule qu'il attend et qui répand déjà autour d'elle ses trésors de pourpre et de nacre; mais il n'a pas plutôt aperçu la rose, reine des campagnes, qui, pour protéger sa beauté, s'est fait des archers de ses épines, que mieux il la voit gardée, plus il convoite ses charmes. » Antonio n'a rien à répondre à cela; mais la rose, c'est Julia que je veux dire, se soucie fort peu de prendre la place de la violette, son humble cousine. Tous ceux qui se sont cachés au commencement de la scène reparaissent alors, tous les mystères éclatent à la fois, et il en résulte un imbroglio terrible où chacun trouve à qui s'en prendre : Julia querelle son père; Héléna l'infidèle Pâris; Antonio Alexandre; les épées se mettent de la partie, et le jeune Montaigu succomberait, si un ami, qui l'a suivi de loin, ne lui amenait du renfort. La journée se termine au milieu d'un tumulte inouï, d'où s'échappe pourtant ce cri de la nature poussé par Julia et adressé à Roméro : « Sauve mon père du danger, car si cette vie t'appartient, c'est à lui que j'en suis redevable. »

La seconde journée débute par une scène assez piquante, où l'on apprend qu'Antonio, qui n'a dû la vie qu'à la générosité de Roméro, persiste cependant à lui refuser la main de sa fille. Roméro se voit donc forcé de l'enlever en même temps que sa sœur Héléna, et il l'en prévient par un billet que Guarda-Infante, c'est le nom du gracioso, est chargé de remettre à l'une ou à l'autre. Une chaise de poste tout attelée les attendra à deux pas de l'église. Héléna reçoit le billet et promet d'avertir Julia.

La chose presse, en effet, car le vieux Capulet ne laisse pas de relâche à sa fille. Il faut qu'elle se décide entre le comte Pâris ou le cousin André. Julia ne veut ni de l'un ni de l'autre, et se défend avec plus de malice que de passion sincère. Pour couper court à sa résistance, le père furieux lui ordonne de choisir entre le fer ou le poison. Julia revendique alors le droit de la nature par un discours ingénieux, qui atteste que dans son éducation l'histoire naturelle n'a pas été plus négligée que le reste.

« L'oiseau règne dans le vent qu'il fend avec son aile ou coupe avec son bec. La bête fauve en choisit une autre dans son espèce. La blanche hermine, symbole de la pureté, ou cesse de vivre ou vit sans tache. Le palmier qui se dresse dans la prairie, géant de la végétation, laisse s'échapper, à l'aspect de son époux, le fruit doré de son amour. Le pistachier, arbre de l'Inde (écoutez une étrange merveille!) uni à un autre de la même espèce, donne sa fleur, croît fièrement, et après la sixième aurore vous voyez, triste et fanée, cette fleur se dessécher, et l'autre, qui n'a jamais fleuri, porter le fruit dont son compagnon n'a montré que la fleur; de sorte que l'un produit la fleur, l'autre le fruit. L'un s'est couvert de fleurs précoces, l'autre de fruits savoureux. Mais si une main maladroite les plante en des lieux différents, ils meurent tous deux, glacés l'un et l'autre et flétris. Telle est la force de leur amour que réunis ils sont deux, et séparés ne sont plus rien. Cet arbre est mon image. Arbre moi-même, je l'imite en ceci que l'espérance est la fleur que je porte, et Alexandre, objet chéri de mon amour, arbre aussi de la même espèce, Alexandre donne le fruit et le laisse tomber en soupirant. Soyez le bon jardinier, puisque vous connaissez maintenant la nature des deux arbres. Prenez-y garde, ne souffrez pas que la main les sépare où que le couteau les blesse, en voulant les corriger. Sans moi, celui-ci sèche et meurt, et sans lui, il faut que je meure. »

Cette jolie botanique a moins de succès dans la bouche de Julia que dans celle du comte Pâris. Capulet cette fois y demeure insensible, et Julia se jette sur le poison qu'elle avale d'un trait.

Le pauvre père n'avait pas prévu qu'il serait pris au mot.

ANTONIO.

« Je ne voulais que menacer, rien de plus, chère fille.

JULIA.

« Tes paroles repentantes sont arrivées trop tard à la région de mon oreille, mon père.

ANTONIO.

« Quelle douleur!

JULIA.

« Quelle souffrance!

ANTONIO.

« Parle, ma fille. »

JULIA.

« Ma douleur s'épuise en vains efforts pour parler. »

Et elle tombe inanimée. Le comte arrive ; Antonio lui raconte ce qui vient de se passer et s'en prend à lui de son malheur. Car enfin, s'il a fait mourir sa fille, c'était pour la contraindre à épouser le comte. Celui-ci trouve le moyen assez malheureux. Mais que faire maintenant de ce corps ? Ils le déposeront mystérieusement dans le caveau des Capulets.

Pas si mystérieusement que Guardo-Infante, caché sous la table, n'ait tout vu, tout entendu, et n'aille aussitôt avertir son maître. L'amant désolé n'a d'autre parti à prendre que de se rendre au caveau funéraire, et si son malheur est certain, de mourir sur le corps de sa bien-aimée.

Pendant qu'il cherche une clef de l'église, André arrive du même côté. « Que cherchez-vous ? » lui demanderons-nous avec son ami Octave ; il va nous le dire. Le vieux Capulet qui, à ce qu'il paraît, ne sait que ce moyen de corriger les gens, avait demandé du poison à son neveu, pour châtier la suivante effrontée qui avait osé favoriser les amours de sa fille avec Roméro. Mais André, se défiant des emportements du vieillard, s'était contenté de lui donner un narcotique, et ayant appris que son oncle en a fait usage sur Julia, il vient pour l'enlever du caveau et la rappeler à la vie. Cet André, au fond, n'est pas un méchant cœur. « Quoique la belle Julia ne m'aime pas, dit-il, je mourrai de jalousie, s'il le faut, mais je ne veux pas qu'elle meure... Je me vengerai de la belle Julia qui refuse de m'aimer, en l'enlevant ou l'emmenant en Espagne, et je punirai du même coup son père qui me trompe, Alexandre et le comte, mon ennemi. »

Qui ruinera ce beau dessein? Le grain de sable de Cromwell, qui cette fois vient se placer dans la clef et l'empêche de pénétrer dans la serrure. Pendant qu'André fait d'inutiles efforts, Roméro arrive et se cache pour l'observer.

Cependant le père et le comte, qui voient une voiture à côté de l'église, ne doutent pas qu'elle n'ait été amenée là par Roméro, et ils attendent celui-ci pour le tuer. André, qui les a reconnus, craint d'être surpris, et laissant la clef dans la serrure, il fait un détour pour les aborder. Ceux-ci l'emmènent, et il les suit un moment, de peur d'éveiller des soupçons.

Voilà Roméro maître de la place. Il court à la porte de l'église et s'étonne fort d'y trouver une clef engagée dans la serrure. Il y a une Providence pour les vrais amants. La clef tourne cette fois, et Roméro entre dans l'église. Ici commence une scène qui serait pathétique si les ridicules frayeurs de Guarda-Infante ne la faisaient tropsouvent tourner augrotesque. Toutefois il y a encore une telle force dans la situation, que Guarda-Infante lui-même ne parvient pas à lui ôter toute sa beauté, et que le réveil de Julia dans les bras de Roméro émeut encore, malgré qu'on en ait.

Cependant Héléna est venue au rendez-vous donné.

A son tour, André revient au moment où Julia sort de l'église avec Roméro. Julia et Héléna font un faux pas dans les ténèbres. Julia prend André pour Roméro, celui-ci s'empare du bras d'Héléna, et chaque couple rejoint en toute hâte la chaise de poste préparée. Voilà, ce me semble, assez d'événements pour une journée.

Dès le début de la troisième, Roméro s'aperçoit qu'il n'a enlevé que sa sœur, et court, désolé, après Julia. Mais, de leur côté, les Capulets le cherchent eux-mêmes pour le tuer. Son ami Carlos l'en avertit et lui montre un chemin pour fuir. Julia, à son tour, a reconnu son erreur, et n'échappe à André que pour tomber entre les mains de son père, qui, à moitié satisfait de la retrouver vivante, fait courir le bruit qu'elle est morte et l'enferme dans un fort qui appartient aux Capulets, et dans lequel une combinaison ingénieuse fait entrer successivement presque tous les personnages du drame. Roméro, qui cette fois ne doute plus de la mort de sa maîtresse, vient mettre le siège devant le fort. Au moment où il va commander le feu, le vieil Antonio paraît au sommet de la tour, et offre noblement sa tête pour racheter la vie des siens. Mais Roméro, qui sait aussi la botanique, lui répond par cette vive et énergique image :

« Couper les rameaux de l'arbre et laisser le tronc entier, c'est lui donner plus de vigueur et le mettre en état de refleurir. Tu n'es qu'une branche stérile. Les autres sont le tronc, et pour qu'ils ne s'obstinent pas à pousser d'éternels rejetons, mon bras arrachera la branche, mon épée sciera l'arbre. »

Et il ordonne l'attaque; mais voici le comte Pâris. Celui-ci est l'époux de sa sœur Héléna, et il espère que ce titre pourra désarmer Roméro. Mais sa démarche est aussi inutile que celle d'Antonio.

Héléna elle-même se montre et adjure son frère de pardonner. Réconciliée avec le comte, elle se flatte que Roméro ne sera pas plus impitoyable qu'elle. Mais il demeure insensible. Son ami obtiendra-t-il davantage? Voici Carlos qui n'a cessé de combattre pour le défendre, et qui le prie d'épargner une vie tant de fois prodiguée à ses côtés. Roméro répond durement que s'il perd un ami, il perd du même coup deux mille ennemis. Julia seule, si elle vivait, pourrait obtenir grâce pour eux. Elle vit, nous le savons; c'est la dernière ressource de Capulet, mais son orgueil n'y a recours qu'après qu'il a tout épuisé.

ANTONIO.

« Ne tirez pas, attendez.

JULIA.

« Alexandre?

ANTONIO.

« Arrêtez!

JULIA.

« Vois, c'est Julia, c'est moi.

ROMÉRO.

« Ma Julia! toi vivante?

JULIA.

« Le ciel veut que je t'appartienne.

ROMÉRO.

« Parle, que veux-tu?

JULIA.

« Ce que je veux? que tu pardonnes à tous.

ROMÉRO.

« Tu me le demandes?

JULIA.

« Je t'en prie.

ROMÉRO.

« Alors que vivent les Capulets, et Julia avec eux. A une sœur, à un ami j'ai pu, dans ma colère, refuser cruellement ma pitié, mais à ma dame je ne le puis. Antonio, tu m'accordes Julia pour épouse?

ANTONIO.

« J'y consens.

ROMÉRO, au comte.

« Tu reprends Héléna?

LE COMTE.

« Oui.

ROMÉRO.

« Que désormais nos cœurs soient unis par les liens d'une loyale et éternelle amitié. »

Cette dernière scène ne manque ni d'intérêt ni d'originalité. Si, comme on l'a dit avec bonheur à propos de Shakespeare, *Roméo et Juliette* est, entre tous ses ouvrages, le poëme de l'amour, on sera touché d'un dénoûment où c'est l'amour qui triomphe de toutes les autres passions. Mais ce dénoûment lui-même dérange tellement nos habitudes, car même en poésie l'imagination a les siennes, et il faut les respecter, que Roméo et Juliette, bons pères et bons époux, ne seront jamais la Juliette et le Roméo que nous avons connus et que nous aimons.

Mais à part ce dénoûment qui a son mérite relatif, que me direz-vous de cette multitude d'incidents qui troublent et précipitent l'action, au lieu d'amener et de servir son développement naturel, qui ne laissent pas aux caractères le temps de se marquer, qui ne permettent pas à la passion celui de se reconnaître et de nous ravir à ses douleurs ou à ses joies? Roméo et Juliette, il est vrai, appartiennent tellement à Shakespeare, que tout ce qui s'éloigne du divin modèle nous paraît une profanation, un mensonge, une misérable prétention de l'esprit. Mais serions-nous à ce point sous le charme, je dirais volontiers sous le joug, si Shakespeare lui-même, le plus passionné des poëtes dans cette œuvre, n'avait commencé tout le premier à obéir à la secrète et irrésistible logique de la passion? Francisco de Rojas, en se détournant de la route tracée pour rester fidèle aux instincts de son esprit et à la mode de son temps, s'est donc fermé comme à plaisir une source intarissable d'intérêt et de poésie. Et il faut d'autant plus le regretter qu'il a prouvé dans son chef-d'œuvre qu'il savait, tout en faisant sa place à l'élément comique, laisser sa prédominance et son ampleur au côté sérieux de la vie humaine.

Nous allons trouver, j'espère, dans Lope de Véga, plus de simplicité, plus de respect du sujet, et une plus saine intelligence des conditions de la poésie dramatique. Prenons garde cependant de nous avancer trop. Lope de Véga semble n'avoir écrit son art poétique que pour constater devant la postérité qu'il n'a jamais péché par ignorance, et qu'il n'y a pas à réclamer pour un génie qui avait si bien conscience de ses fautes le bénéfice des circonstances atténuantes.

Castelvins et Montes, tel est le titre de sa comédie. Il aura trouvé un peu dur Montescos et Capeletes, traduction plus exacte de Montecchi et Capelletti. Comme Rojas cependant, il a légèrement travesti le nom des autres personnages : Juliette n'est aussi chez lui que Julia, et Roméo s'appellera Rosélo.

Mais du moins, dès le début du premier acte, car ici nous avons des actes, non plus des journées, nous entrons vivement dans l'action. Rosélo, accompagné de son ami Anselmo, s'arrête dans la rue devant le palais des Castelvins, où se donne une fête, et il ordonne à son valet Marin d'aller s'informer adroitement de ce qui donne lieu à cette fête.

MARIN.

« Tu veux que j'aille voir ce qui se passe dans la maison de tes ennemis?

ROSÉLO.

« Bah! qui pourrait te reconnaître?

MARIN.

« Les témoins ne manquent jamais pour le mal! Ce sont gens cruels et féroces que ceux du parti castelvin.

ROSÉLO.

« Et toi une vraie poule, s'il faut tout dire.

MARIN.

« Plût à Dieu que j'eusse ici en face de moi tout le parti

de cette maison, et me voir seul contre tous avec ma cape et mon épée. Tu verrais alors si un autre est capable de si beaux exploits. Mais d'aller entre deux portes surprendre... c'est vouloir se faire traiter comme un chien.

ANSELMO, à Rosélo.

« Si tu éprouves un tel désir de voir cette fête, où je m'inquiète un peu de savoir tous les Castelvins réunis, prends un masque et entre. On te prendra pour quelque parent.

ROSÉLO.

« Et je pourrais en toute sécurité?...

ANSELMO.

« Tu le pourras, si tu ne rencontres personne qui veuille savoir qui tu es.

ROSÉLO.

« Viens, Anselmo, entrons.

ANSELMO.

« C'est un paradis des femmes les plus belles. Mais il y a grand risque à courir. Ton père est le chef du parti des Montes. Il ne souffre pas même qu'on parle de ces gens-là devant lui, moins encore qu'on les voie chez eux. Autrement sa fureur éclate sans mesure et sans frein. D'un autre côté, Antonio, chez qui se donne cette fête, est le chef des Castelvins. Il se complaît dans ces querelles, et voudrait nous voir tous morts.

ROSÉLO.

« Oui, mais le ciel a réparti entre les deux familles des choses bien connues. A notre parti il a donné les hommes vaillants, et leur grande renommée resplendit aux pages de l'histoire. Aux Castelvins il a donné des femmes d'une telle beauté que la nature en a dérobé le type aux anges. Je crois que si les deux factions se laissaient unir par des alliances et abandonnaient le violent souci de leur vengeance, l'Italie entière porterait envie aux gens de Vérone.

MARIN.

« Ce n'est pas seulement chez les hommes que me fatigue et m'ennuie cette haine, source de tant de malheurs; mais il n'est pas jusqu'aux chiens qui ne se mordent entre eux. Je suis las de voir s'élancer du seuil des Montes et des Castelvins des dogues et des mâtins furieux et la gueule enflammée, de telle sorte que si leurs dents aiguës étaient des épées, elles feraient en une heure la fortune des alguazils. Il n'est homme qui n'amène son dogue avec son collier armé de pointes, qui se détache bellement sur sa peau blanche ou noire. Que dis-je? Les chats eux-mêmes!... on les voit rôder par bandes menaçantes, et par moments tenir la campagne dans les cuisines et sur les toits. S'ils miaulent, c'est pour afficher leur couleur : car les uns disent Montes, les autres Castelvin. Il n'est pas jusqu'aux coqs en qui n'éclate cette fureur des partis. Pour peu que l'un chante, l'autre s'en tient pour offensé, et la passion est si ardente que si un Castelvin commence dans son poulailler, trente Montes lui répondent du leur. »

Que vous semble de tout ce début? N'est-il pas vif et bien venu? Et ce Lope de Véga ne vous paraît-il pas quelque peu parent de son contemporain Shakespeare?

Seulement le souffle de la guerre civile, qui chez l'Anglais est sombre, violent, inexorable, va s'apaisant ici peu à peu, et on ne s'attend plus à voir sortir de la discorde des deux familles d'aussi implacables fureurs. Rosélo lui-même n'est plus cet ardent rêveur, marqué d'avance du sceau fatal, qui, enchaîné au char de la froide Rosalinde, se laisse, de guerre lasse, entraîner à une fête où sa maîtresse ne sera pas; c'est un jeune téméraire qui dédaigne tout ce qui semble facile, et qu'attire et séduit l'impossible.

Ils entrent masqués dans la maison.

ANSELMO.

« Laquelle te semble la plus belle?

ROSÉLO.

« Celle à qui parle cet heureux mortel qui a mérité l'honneur d'être assis près d'elle.

ANSELMO.

« Tu peux aussi lui parler.

ROSÉLO.

« Quel visage assommant !

ANSELMO.

« Tu as ôté ton masque?

ROSÉLO.

« Je l'ai fait sans y prendre garde.

ANSELMO.

« Remets-le au plus vite.

ROSÉLO.

« Ce serait éveiller l'attention et faire soupçonner à ces gens quelque trahison. Il vaut mieux que je reste ainsi.

ANSELMO.

« Ils t'ont déjà vu.

ROSÉLO.

« Je ne suis qu'un sot.

ANSELMO.

« Quelle sottise, en effet !

ANTONIO CASTELVIN.

« Comprend-on une telle audace ? Rosélo dans ma maison !

TÉOBALDO.

« Écoute. »

Ce Téobaldo n'a de commun que le nom avec celui de la légende et avec le Thybald de Shakespeare. C'est un Capulet moins violent que les autres, frère d'Antonio et père du jeune Otavio qui poursuit Julia de son amour, et qui lui servira tout à l'heure à cacher l'objet véritable de sa passion.

ANTONIO.

« Que j'écoute quoi ?

TÉOBALDO.

« Écoute seulement ce que je pense de ce jeune homme. Il n'y a ici de sa part qu'une noble franchise. Son extrême jeunesse ne croit pas à l'inimitié, et n'écoute que son instinct, et la preuve qu'il n'eut jamais de haine pour cette maison, c'est que, sachant ce qui se passe, il soit venu où tu le vois.

ANTONIO.

« Ne peut-il être venu armé et dans un but de trahison ?

TÉOBALDO.

« C'est parler en homme passionné. Il est entré comme un noble jeune homme, sans prendre garde s'il se trompait ou non, ayant affaire à gentilshommes.

ANTONIO.

« N'est-ce pas un affront pour ma maison?

TÉOBALDO.

« C'est plutôt un honneur pour elle.

ANTONIO.

« Moi, j'en juge autrement, et j'ai envie de le tuer.

TÉOBALDO.

« Quant à moi, je ne vous aiderai pas à commettre un meurtre si lâche. Celui-ci, comme un autour étourdi, est entré dans le colombier, pour voir s'il ne pourrait y chasser quelque oiseau d'amour. N'allez pas troubler Vérone et réveiller des querelles assoupies.

ANTONIO.

« Vous avez une rare prudence.

TÉOBALDO.

« C'est l'effet de l'âge, Antonio, et si vous avez une fille ici, moi aussi j'y ai la mienne.

ANTONIO.

« C'est bien pour vous que je l'épargne.

TEOBALDO.

« Je vous donne le conseil qui convient.

ANSELMO, à Roselo.

« Que regardes-tu?

ROSÉLO.

« Ma mort, je crois.

ANSELMO.

« Bien dit; car en regardant de cette façon, tu fournis à tes ennemis un prétexte légitime pour te donner la mort.

ROSÉLO.

« Ils n'y songent guère.

ANSELMO.

« Ton bonheur veut qu'ils jugent autrement ta folie.

ROSÉLO.

« Laisse, Anselmo, laisse, que je contemple cet ange du ciel, et que tombe sur moi tout le mal que me veulent ces gens-là. »

On se doute bien qu'il s'agit ici de Julia; pendant que Rosélo s'arrête en extase devant elle, Julia, qui l'a remarqué à son tour, ne prête plus qu'une oreille distraite aux fadeurs de son cousin.

ROSÉLO, à part.

« Ah Dieu! pourquoi suis-je Montes? que ne suis-je Castelvin? qu'est-ce qu'il en coûtait au ciel?

JULIA, à part.

« Parmi les fleurs de ce vert jardin, il faut qu'avril ait ressuscité Narcisse.

ROSÉLO, à part.

« Si c'est ici le paradis, que sera mon parti? Il est évident qu'étant le contraire, il ne peut être que l'enfer. Amour, aiguillonne ma peur! c'est folie, c'est témérité... mais je crois que je vais me risquer.

JULIA, à part.

« Oh! s'il s'approchait de moi, mieux que pas une ici je lui en saurais gré. »

L'expression est maniérée, mais les sentiments sont naturels, et sous leur forme affectée, ils intéressent le cœur. Le jeu va se compliquer. Julia n'est point seule; elle a près d'elle cette fille dont parlait tout à l'heure l'honnête Téobaldo, Dorotéa, la sœur d'Otavio.

DOROTÉA, à part.

« Mon frère est auprès de Julia; c'est pour moi sans doute que ce masque s'approche.

ROSÉLO, à part.

« Amour m'aveugle, mais c'est lui aussi qui me trace la route.

JULIA, à part.

« Ah! jeune homme, si j'avais ce bonheur!

DOROTÉA, à part.

« Oh! s'il s'asseyait près de moi!

JULIA, à part.

« Ah Dieu! s'il s'approchait de moi!

DOROTÉA, à part.

« Ah! Dieu! s'il m'allait aimer! »

Rosélo s'assied auprès de Julia, et Anselmo à côté de Dorotéa, qui lui a paru charmante; Otavio est assis de l'autre côté de Julia.

ROSÉLO.

« C'est bien de l'audace à moi, madame, d'avoir osé prendre à côté de vous une place que je mérite si peu; mais vous devez me le pardonner, car la faute en est à vous, et vous ne pouvez, pour vous justifier, la rejeter sur moi. C'est votre rare beauté qui a fait naître mon audace; je suis venu appelé par sa pure et divine lumière; j'ai tourné comme le papillon autour de la flamme; car je n'ai pas eu d'abord le courage d'acheter la gloire au prix de ma vie; j'ai voltigé autour du beau rayon, jusqu'au moment où, heureux de mourir, j'ai osé devenir un autre Phaéton. Que le feu de votre astre m'embrase; j'aime mieux mourir près de vous, madame, et embrasé, que de vivre solitaire et glacé. Et ce n'est point de ma part, chère âme, témérité ou folie, car si la beauté est un trait de flamme, c'est aussi par un trait de flamme qu'elle se fait sentir. Je me hâte de vous dire combien je vous aime, car aussi bien je me sens mourir. Le mal n'est plus un mal, s'il ne tue; je puis parler ainsi, car aujourd'hui je meurs.

JULIA.

« Le masque a le cœur tendre, ses discours ne sont que mensonges.

OTAVIO.

« Il ne saurait parler raison, puisqu'il l'a perdue.

ROSÉLO.

« C'est ce masque qui me donne la hardiesse de parler ainsi; le feu qui m'embrase a pu seul m'y pousser. Si je vous ennuie, je me lèverai.

OTAVIO.

« A votre aise, s'il vous plait ainsi.

JULIA.

« Pourquoi? il est bien dans votre voisinage, s'il craint la chaleur, car du froid que vous jetez sur moi je puis lui en repasser assez pour le glacer.

OTAVIO.

« Prenez garde, cousine, à ce que vous dites.

JULIA.

« C'est pure courtoisie envers un étranger; avec vous, je n'ai pas à me gêner.

OTAVIO.

« Sans doute, mais parce que je suis tout à vous, ce n'est pas une raison; car si je perds le bien qui m'est cher, croyez que je ne le veux point sans vous. Je me ferai étranger, s'il le faut, pour avoir part à vos bonnes grâces.

ROSÉLO.

« Madame, si je suis le coupable, je m'en irai d'ici...

JULIA.

« Et où irez-vous?

ROSÉLO.

« M'entretenir ailleurs.

JULIA.

« Vous trouvez-vous donc si mal entretenu?

ROSÉLO.

« On ne saurait mieux; mais si je suis impoli...

JULIA.

« Celui-là n'est jamais impoli qui mérite la faveur qu'on lui dispense. (A part.) Ne bougez pas, et Dieu veuille que le sot s'ennuie assez pour nous laisser seuls! Otavio, viens ici.

OTAVIO.

« A quoi bon? si c'est pour te tourner de l'autre côté.

JULIA.

« Tu prends vite la mouche; je veux causer avec toi.

OTAVIO.

« Me voilà assez payé. Je te pardonne l'ennui que tu m'as donné. »

Et Julia reprend l'entretien avec Otavio, en abandon-nant sa main à Rosélo. Le jeu continue assez longtemps; Julia fait passer par Otavio ce qu'elle veut faire entendre à Rosélo, et elle va même jusqu'à lui donner un rendez-vous pour le lendemain dans le jardin de son père. Tout cela est mené assez spirituellement. Mais cette douce Juliette qui se livre si naïvement au premier entraîne-ment de son cœur, qu'elle ne s'aperçoit pas qu'elle passe les bornes de la pudeur, et qui garde cependant encore tant de chasteté dans son abandon même, l'avez-vous reconnue? a-t-elle jamais ressemblé à cette fine coquette, si rompue à tous les manéges de la galanterie? peut-être la retrouverons-nous dans ce jardin où Shakespeare nous l'a montrée si tendre et pourtant si retenue.

L'ivresse d'une fête, l'éclat des flambeaux, l'énervant poison des parfums étaient sans doute ici pour beau-coup dans cet oubli de soi-même qui nous étonne sans nous charmer. Revenant peu à peu à elle-même, Julia dit à sa suivante :

« As-tu rencontré quelque part plus de grâce que dans ce gentilhomme qui m'a parlé?

CÉLIA.

« Sais-tu son nom?

JULIA.

« Non; mais je voudrais le savoir; car à la première vue il a produit sur moi une telle impression, que c'est moi qui ai joué son rôle, tant j'ai été hardie et prodigue de flatteries. Quelques jeunes gens, m'a-t-on dit, portent des amulettes qui éveillent chez les plus altières des idées imprévues; celui-ci sans doute en avait une, car je sens que si je ne le revois, il n'est plus de repos pour mon âme.

CÉLIA.

« Nous avons fait là un beau coup! mais il n'y a pas le moindre enchantement dans ce qui t'est arrivé avec ce jeune homme. Il passe auprès des belles de Vérone pour un garçon d'esprit et de bonne mine; mais prends-y garde, l'aimer, c'est courir tout droit à ta perte. Ce jeune homme est Rosélo, fils d'Arnaldo, le chef des Montes.

JULIA.

« Quel malheur! Pas un mot de plus, ô ciel!

CÉLIA.

« D'où vient ce chagrin? ne vaut-il pas mieux que je t'avertisse, pour que tu te tiennes sur tes gardes, quand il en est temps encore?

JULIA.

« Et comment le pourrais-je? je lui ai donné étourdiment la main.

CÉLIA.

« Mais comment ce drôle a-t-il osé pénétrer ici?... Savez-vous que j'ai entendu les vieux se consulter pour savoir s'ils ne feraient pas bien de le tuer? et Dieu veuille qu'ils ne l'attendent pas dans la rue!

JULIA.

« Écoute... Dieu me soit en aide!... Regarde à la fenêtre... non, ce n'est rien. Je suis toute saisie... Il est venu seul?

CÉLIA.

« Avec deux autres; mais j'ai vu que ton oncle Téobaldo contenait ton père.

JULIA.

« Mais pourquoi ce jeune homme venait-il dans cette maison? conçoit-on une pareille folie, une telle extravagance? Il aurait dû prendre un masque pour entrer; mon père alors ne se serait pas offensé, et moi je n'en serais pas devenue amoureuse.

CÉLIA.

« Tais-toi, avouer cet amour, c'est être plus folle que lui. »

Il y a dans la scène qu'on vient de lire plus de véritable passion que dans celle du bal. Julia, vivement combattue, tantôt cède et tantôt résiste, et ici Shakespeare ne désavouerait pas Lope de Véga.

« Comment honnêtement lui parler, à présent que je sais son nom? Ah! que j'ai eu tort de m'avancer! N'en doute pas, il a sur lui quelque charme. Si je le vois une seconde fois, je ne sais ce qui adviendra de moi. Demain, Célia, demain va le trouver, et dis-lui que je sais qui il est; dis-lui que je le prie, ayant été si imprudente, de ne pas franchir le seuil de cette rue.

CÉLIA.

« Je le ferai, et crois que j'ai éprouvé un vrai chagrin, quand je l'ai vu lui parler avec cette assurance.

JULIA.

« Que ne me le disais-tu?

CÉLIA.

« Son valet était tombé à mon côté.

JULIA.

« Son valet?

CÉLIA.

« Mon Dieu, oui!

JULIA.

« Vraiment?

CÉLIA.

« Et je te jure que si le maître a bonne grâce, le valet
n'en est pas dépourvu.

JULIA.

« Je voudrais bien savoir de ce garçon si Rosélo aime
quelque part; tâche de t'en informer, Célia, car il y va
de mon honneur.

CÉLIA.

« A quoi bon, si tu dois l'oublier?

JULIA.

« Ah! c'est vrai; je ne m'en souvenais déjà plus; dis-lui
que j'étais sans malice... et qu'il évite cette rue. Mais
quel mal y aurait-il à savoir s'il aime bien?

CÉLIA.

« C'est encore de la folie; laisse le, maîtresse, aimer
où bon lui semble, puisqu'il ne s'agit plus de toi.

JULIA.

« Oh! l'ennuyeuse fille! elle ne sait jamais que me contrarier. Que t'importe que j'aime ou n'aime pas?

CÉLIA.

« Ah! c'est juste.

JULIA.

« Encore, ennuyeuse!

CÉLIA.

« Allons, viens, ton lit t'attend.

JULIA.

« Je ne veux plus me coucher.

CÉLIA.

« Appellerai-je Rosélo, pour qu'il t'en prie?

JULIA.

« J'éprouve du charme à l'entendre nommer. »

Retournons aux Montes. Le père de Rosélo, le vieil Arnaldo, revient de la campagne; il s'informe de ce qui s'est passé chez lui durant son absence; il veut savoir surtout ce que Rosélo a fait. Un valet, qui n'est plus notre ami Marin, rend bon compte de son jeune maître, tout en ne laissant pas échapper l'occasion de draper son camarade qu'il accuse de ne pas savoir diriger le jeune homme. La scène est d'un bon comique; celle qui suit, où l'on voit Lidio, ce valet qui a des idées sur l'éducation des fils de famille, tomber dans les bras de Marin qui survient, complète heureusement la première. Mais notre intérêt est ailleurs, et partout où manque Rosélo ou Julia, il semble que l'action ne puisse que languir. Rosélo aussi apprend avec douleur que Julia est d'un parti ennemi du sien, mais Anselmo perd ses discours auprès de lui, comme Célia les siens auprès de Julia.

ANSELMO.

« Allons, Rosélo, il ne faut plus parler d'aimer cette femme; ce serait vouloir te perdre et agiter la ville entière. Prends garde, si tu passes une seule fois dans sa rue, que Castelvin ne te lâche un coup de pistolet; sa maison s'écroulera d'elle-même pour tomber sur toi.

ROSÉLO.

« Elle n'en fera rien.

ANSELMO.

« Elle le fera.

ROSÉLO.

« Que tu sais mal ce qui se passe!

ANSELMO.

« Moi! tu es son ennemi; ai-je besoin d'en savoir davantage?

ROSÉLO.

« Et ce qui se passe entre cette charmante fille et moi?

ANSELMO.

« Qu'a-t-elle pu te dire, ne t'ayant vu de sa vie? »

Rosélo lui raconte alors la scène du bal. Mais l'amitié d'Anselmo reste défiante; elle voit des piéges partout, et si Rosélo s'obstine à aller au rendez-vous, Anselmo le suivra jusque dans le jardin des Castelvins.

Nous y voici enfin dans ce jardin, encore tout parfumé pour nous des paroles enchantées de Roméo et de

Juliette. Voyons si Lope de Véga ne lui a rien appris qui mérite aussi d'être redit par le doux murmure du vent dans les arbres.

Otavio, on s'en souvient, a pris également pour son compte le rendez-vous donné à Rosélo. Il arrive le premier, mais Julia s'en débarrasse adroitement en l'envoyant tenir compagnie à son père qui veille encore.

JULIA.

« Célia?

CÉLIA.

« Madame.

JULIA.

« Que dois-je faire?

CÉLIA.

« Pendant que ton père s'entretient avec Otavio, désabuser Rosélo, si par hasard il osait venir.

JULIA.

« Que je le désabuse?

CÉLIA.

« Sans doute.

JULIA.

« Cruel arrêt! J'en appelle à l'amour.

CÉLIA.

« Oh! tout ce qu'il y a de ruse dans une femme! elle se sert même d'un rival pour l'aider à favoriser celui qu'elle aime. Tu as chargé ton cousin d'aller entretenir ton père?

JULIA.

« Et j'entretiens celui qu'il me faut déserter et tromper. Cet Otavio allait m'empêcher de parler à mon Rosélo; il est bien où il est.

CÉLIA.

« J'entends du bruit.

JULIA.

« Mon cœur aussi m'avertissait.

CÉLIA.

« On a franchi le mur avec une échelle.

JULIA.

« Où l'aura-t-il appuyée? Ah! Dieu veuille qu'il ne tombe pas en montant!

CÉLIA.

« Il n'a eu garde.

JULIA.

« Si l'échelle atteint la crête du mur, c'est une longue échelle.

ROSÉLO, parlant vers la rue.

« Attendez ici.

JULIA.

« Ah! s'il eût dépendu de moi, il n'eût pas eu besoin d'échelle!

ROSÉLO, en cavalier élégant.

« Puis-je, chère señora, arriver jusqu'à vous?

JULIA.

« Tu le peux avec cette modestie qui sied à qui tu es, autant pour le moins qu'elle convient à qui je suis. Et avant, Rosélo, que tu m'adresses de ces tendres paroles qui charment et séduisent si aisément nos oreilles, à nous autres femmes (car les plus discrètes et les plus fortes sont femmes après tout, et pour peu qu'elles écoutent c'est en femmes qu'elles répondent), sache que je n'ignore point qui tu es, et je souffre tant de le savoir qui tu es ou d'être qui je suis, que j'en perds le jugement et maudis ma destinée, étant Castelvin, lorsque toi, tu es Montes. Quand je jetai les yeux sur toi, te voir et t'aimer fut une même chose; car les dames de Vérone disent que tu mérites d'être aimé. Je te permis alors de me voir et de me parler, avec l'intention de faire de toi mon époux, si je trouvais en toi mon égal. Mais en apprenant ton nom, l'amour se rejette en arrière, de peur, comme il est naturel, de causer ta mort et ma perte. Tu es gentilhomme, accorde-moi une faveur. Je ne te demande pas de me rendre l'anneau que je te donnai, de me dire que j'ai eu tort de t'aimer, mais de ne pas ajouter un mot et de repasser de l'autre côté de ce mur; car je suis toute tremblante, et te prie de me quitter, quand je n'ai encore rien perdu.

ROSÉLO.

« Je le ferais, le ciel m'en est témoin, si je pouvais t'obéir, ô ma chère ennemie, lumière de l'âme que tu hais. Mais comment le pourrais-je? Te rendre l'anneau et les paroles échangés et repasser par-dessus ce mur, je le puis aisément; mais non cesser de te parler et te dire que je m'inquiète du danger, et ne pas te dire que l'amour puise dans le péril des forces nouvelles. Remarque, ma Julia, que rien qu'à te voir et à t'entendre, je t'aimais sans savoir qui tu étais, et tu sais si tu le mérites! Plus tard, quand j'appris ton nom et vis le danger

14.

qui menaçait ma tête, si mon amour était découvert, je voulus cesser de t'aimer; mais l'amour, qui toujours trouve des ressources contre l'impossible et des remèdes à tous les maux, l'amour me dit, ô ma Julia, de ne pas cesser de t'aimer; et secrètement tous deux, si l'amour nous favorise, nous pourrons, ô ma Julia, oui, nous pourrons, ma Julia...

JULIA.

« Arrête, je t'en conjure, arrête, et ne dis pas si souvent ma Julia; je crains que tu ne produises sur moi l'impression que tu désires. Prononcé par des lèvres étrangères, notre nom réjouit, attendrit, émeut; mais dis, puisque tu as tant fait que de parler, comment espérais-tu me voir et me parler? Quel est ton intention, ton but? que cherches-tu? que prétends-tu?

ROSÉLO.

« M'unir à toi, ô ma lumière, nous unir secrètement, un jour, à l'église de la paroisse. J'ai pour ami intime quelqu'un qui pourra nous y aider, et s'il craint quelque danger, eh bien! nous le tromperons.

JULIA.

« Je tremble de t'entendre.

ROSÉLO.

« Que crains-tu?

JULIA.

« Tous les malheurs ensemble.

ROSÉLO.

« Et quel malheur peux-tu craindre encore, quand, au contraire, il peut arriver que ce mariage mette fin à toutes nos divisions? Ne dirait-on pas que le ciel nous provoque en secret lui-même à cet amour honnête et saint d'où peut naître la concorde universelle?

JULIA.

« Ah! sirène, que j'avais raison de te défendre de parler!... Mais va-t'en, mon cousin peut venir, qui est à causer avec mon père. Je ne sais comment celui-ci m'a mise au monde pour t'aimer.

ROSÉLO.

« Que décides-tu?

JULIA.

« Que j'irai à cette église, si tu trouves quelqu'un pour nous marier; puisque je t'ai écouté, et n'ai pas eu la prudence du serpent pour me boucher les oreilles, il faut bien, à présent, que je ferme les yeux. Mais va-t'en... j'entends marcher.

ROSÉLO.

« Je pars, mais pars aussi, et ne t'arrête pas à l'entretenir avec ce cousin. »

Mais nous, arrêtons-nous ici un moment, pour déplorer qu'avec cette facilité d'improvisation qui est souvent le charme, mais trop souvent aussi le défaut du théâtre espagnol, un génie tel que Lope de Véga ait pu passer, sans s'en apercevoir, à côté d'une idée qui, fécondée par l'imagination créatrice de Shakespeare, fait la haute moralité d'un sujet qui semblait ne devoir fournir qu'une touchante élégie d'amour. Cette idée était déjà dans la légende, et les mœurs de l'Espagne, comme celles de l'Italie, rendaient parfaitement vraisemblable ce que

Shakespeare en a tiré. Comment Lope de Véga a-t-il si peu compris que le nœud du drame était dans ce personnage de Lonardo, qui conçoit le hardi dessein de se substituer à la Providence et de réconcilier par un mariage, fait en dépit d'une haine séculaire, ces deux familles qui troublent Vérone de leurs querelles? Avec le sens profond et mystique d'un Caldéron, il se fût aperçu que ce n'était pas le hasard qui avait égaré le messager de Lonardo, mais cette même Providence qui ne permet pas qu'on usurpe légèrement son rôle, qui ne permet pas qu'on fasse le mal pour arriver au bien, et que l'on poursuive même une œuvre aussi sainte que la paix des familles, au mépris de l'autorité sacrée d'un père. Frappé d'impuissance dans son œuvre, le frère Laurent s'humilie, dans Shakespeare, sous la main de Dieu, et tire encore d'un dernier malheur une leçon dernière. Aurélio, dans Lope de Véga, est un prêtre vulgaire qui s'est prêté à une intrigue d'amour et rien de plus.

J'ai traduit en grande partie le premier acte de Lope de Véga, parce qu'il est de beaucoup le meilleur, et pour ne laisser échapper aucune des perles qu'il a recueillies dans cette charmante légende, tant qu'il en a respecté les heureuses données. Il s'en éloignera en avançant, et la tradition peu à peu ira se perdre dans le roman.

Le second acte nous montre les deux partis aux prises, sur le seuil même de cette église où les deux amants ont été unis. Un valet des Montes s'est permis de déranger le coussin de la sœur d'Otavio; et ce même Téo-

baldo, leur père à tous deux, que nous avons vu si sage
et si prudent au bal, est le premier à pousser les jeunes
gens et son fils lui-même à venger l'honneur du parti.
Un moment j'ai cru entendre le vieux don Diègue parlant au jeune Rodrigue.

« Si j'avais ton âge, si j'avais la vigueur de ton bras,
aujourd'hui, mon fils, le pays verrait d'étranges choses;
et quand ma tendresse pour toi ne suffit pas à te retenir,
tu peux juger par là que c'est l'honneur qui a reçu le
coup.

OTAVIO.

« Que dis-tu?

TÉOBALDO.

« Avant de t'emporter, écoute-moi bien.

OTAVIO.

« Voilà qui est bon, que tu ailles aussi m'accuser de
lâcheté! Qui t'a offensé? parle vite.

TÉOBALDO.

« Le coussin placé, ce matin, pour ta sœur, ils l'ont
arraché.

OTAVIO.

« Qui?

TÉOBALDO.

« Entre, et tu le sauras.

OTAVIO.

« Attends-moi ici, mon père.

TÉOBALDO.

« Et tu crois que je t'anime de la sorte pour ensuite
me tenir ici tranquille? Je serai mieux à ton côté.

OTAVIO.

« Tu ne dois pas entrer.

TÉOBALDO.

« Je le dois. »

Cependant Rosélo arrive. Tout récemment uni à Julia, il ne songe guère à chercher querelle aux Castelvins. Ignorant d'ailleurs ce qui se passe, et tout occupé de son bonheur de la veille, il le raconte à Anselmo. Il achève à peine, que le tumulte qui a éclaté dans l'église déborde dans la rue. Tout ce commencement a de l'effet, et fait énergiquement revivre cette vie remuante et publique des villes italiennes au moyen âge. Comme dans Shakespeare, et ici encore on pourrait croire que Lope de Véga a lu Shakespeare, si la situation ne sortait des entrailles mêmes du sujet, Rosélo répond par des paroles d'une affectueuse et conciliante modération aux premières provocations que lui adressent ses ennemis; mais accusé de lâcheté, son sang s'échauffe à la fin, et comme les autres il tire l'épée.

OTAVIO.

« Lâche! trêve de paroles. Je te tuerai comme une femme.

ROSÉLO.

« Écoute, et remarque...

OTAVIO.

« Je n'ai que faire de remarquer, en garde!

ROSÉLO.

« Seigneurs, vous êtes témoins qu'il m'a provoqué, que j'ai voulu nous réconcilier et qu'il me force à dégainer.

OTAVIO.

« En garde, infâme!

ROSÉLO, à part.

« O ma Julia! pardonne. Arrière, manant! ce n'était pas la lâcheté qui me retenait le bras, mais la seule main qui eût qualité pour le faire. (Ils se battent, et Otavio tombe.)

OTAVIO.

« Je suis mort.

TÉOBALDO.

« L'a-t-il tué?

ANSELMO.

« Oui.

OTAVIO.

« Fuis, mon père, de ce côté. »

Au bruit de la querelle, le duc de Vérone, averti, paraît au milieu des combattants, suivi d'un capitaine qui, ayant vu le combat, rend témoignage à Rosélo. Tous les assistants ne sont pas moins favorables à ce dernier; la scène a de la vérité.

LE DUC DE VÉRONE.

« Pas un des coupables n'aura la vie sauve.

LE CAPITAINE.

« Téobaldo Castelvin a été cause de l'événement.

LE SEIGNEUR.

« Qui sont les blessés?

LE CAPITAINE.

« Un grand nombre des deux côtés.

LE SEIGNEUR.

« Qui a été tué?

LE CAPITAINE.

« Otavio, fils de Téobaldo.

LE SEIGNEUR.

« Où est le corps?

LE CAPITAINE.

« Dans l'église même, où le mourant s'est confessé et a reçu l'absolution entre les bras de son père et de ses sœurs.

LE SEIGNEUR.

« Et qui l'a tué?

LE CAPITAINE.

« Rosélo Montes, fils de Fabrizio Montes; mais on s'accorde à dire que ce jeune homme a été provoqué par Otavio, pas une fois, mais cent, à telles enseignes qu'en tuant l'autre, il attaquait moins qu'il ne se défendait.

LE SEIGNEUR.

« Vous sentez quelque peu le Montes.

LE CAPITAINE.

« Il n'y a pas en moi un atome de Castelvin ou de Montes, et je ne prends fait et cause pour aucun des deux partis...

FESENIO.

« Noble seigneur, demande à tous les assistants.

LE SEIGNEUR.

« Où est Rosélo?

LE CAPITAINE.

« Dans sa tour, où il s'est jeté, suivi d'un valet qui a défendu son maître à coups de pierres.

LE SEIGNEUR.

« Hola! Rosélo, deux mots.

ROSÉLO, à une fenêtre.

« Qui m'appelle?

LE CAPITAINE.

« Ne reconnais-tu plus ton seigneur?

ROSÉLO.

« Que désire Votre Excellence?

LE SEIGNEUR.

« Que tu descendes de cette tour; tu le peux sans nulle crainte, sous la garantie de ma parole.»

Rosélo descend et se présente; mais un nouveau défenseur lui arrive, c'est Julia, qui sort de l'église et témoigne hautement en sa faveur; son intervention ici produirait sans doute un grand effet, si Julia elle-même ne prenait soin, par ses dernières paroles, d'ôter toute noblesse à son propre témoignage.

LE SEIGNEUR, à Rosélo.

« Prends garde, il y a ici une cousine du défunt et qui l'aimait tendrement.

ROSÉLO.

« Eh bien! qu'elle dise elle-même si je l'ai tué en légitime défense.

JULIA.

« Quoique dans Otavio je perde, seigneur, un cousin et un mari, je dis mille fois oui; car ma naissance m'oblige à dire ainsi la vérité contre moi-même.

LE SEIGNEUR.

« Tu l'as vu?

JULIA.

« De la porte de l'église, et tout Vérone est d'accord sur ce point. Cet homme ne voulait que la paix, et Otavio l'a contraint à se couper la gorge avec lui. Orgueilleux dès le berceau... (A part.) Ah! Célia, que Dieu me pardonne, si j'ai rien vu de tout cela! »

Et pourquoi Julia n'aurait-elle pas vu ce qui devait l'intéresser plus qu'aucun des assistants? Ce cri déguisé de l'amour conjugal, cet élan irréfléchi du cœur perdent tout leur pathétique, en s'aidant d'un mensonge! Mais ce mensonge, après tout, aurait encore ici quelque chose d'héroïque et trouverait son excuse dans l'amour; ce qui n'en a pas, c'est la complicité de la suivante, qui vient effrontément appuyer le récit de sa maîtresse et qui dira grossièrement ensuite : « Que Dieu m'étouffe, madame, si je sais seulement ce qu'on me demande! » Ah! que Lope de Véga aura été honteux de ce qu'il faisait là! Mais il fallait faire rire la partie vulgaire du public, au risque de sécher dans tous les yeux une larme généreuse et de gâter une scène dramatique et hardie.

Cependant, moins pour punir Rosélo, dont l'innocence est reconnue et proclamée, que pour éviter de nouveaux malheurs, le seigneur de Vérone l'exile à Rome, à Venise ou à Milan, à son choix. Il lui offre même une escorte pour le conduire jusqu'à la frontière voisine : « Je n'en ai pas besoin, répond fièrement le jeune homme : je saurai bien me défendre moi-même. » Mais il ne quittera pas Vérone sans faire dans le jardin de ses jeunes amours une dernière visite à Julia.

Ici se place, dans le drame anglais, cette adorable scène sur le balcon qui est dans toutes les mémoires. On croirait vraiment que Lope de Véga l'a lue comme nous, et que désespérant de l'égaler, en suivant la même route, il ait épuisé les ressources de son génie à faire autrement, et à mettre l'esprit à la place de la passion. Au lieu de ce chant amoureux, où le cœur emprunte à peine les paroles du langage humain, nous avons une conversation en partie double entre l'amant et la maîtresse, entre la suivante et le valet. Les choses s'y entrelacent avec tant d'art que Julia attend, pour répondre à Roselo, que Marin ait fini de contrefaire son maître en s'adressant à Célia. Molière a de ces jeux de scène, mais autrement placés et présentés avec plus de mesure. Ici on pourrait relever quelques traits heureux, mais qui aurait le courage de les aller chercher au milieu de ce double cliquetis de voix, de paroles et de pensées alambiquées?

Cela vous impatiente à tel point que s'il arrive au vieil Antonio d'entendre un bruit suspect et de s'élancer dans le jardin, on est d'avance consolé de voir surprendre des amoureux qui savent si mal user de l'occasion. Julia parvient à éloigner son père avec cette spirituelle rouerie, il faut bien enfin lui donner son nom, qui, dès les premières scènes, nous a un peu désenchantés d'elle. On aime peu avec tant d'esprit.

Antonio Castelvin, resté seul et abusé par la feinte douleur de Julia, n'y voit d'autre remède que de la marier. Il se ressouvient alors du comte Pâris, qui l'a recherchée jadis et qui ne demandera pas mieux, sans doute, que de revenir à sa première pensée. Il est absent, et Antonio lui envoie un messager.

Sur ces entrefaites, Rosélo est parti pour Ferrare. Mais le seigneur de Vérone n'avait pas si grand tort de lui offrir une escorte, car une troupe de Castelvins l'attend sur la route, et il serait tombé sous leurs coups, si le comte Pâris ne se fût trouvé là pour le tirer de leurs mains. L'entretien qui suit le service rendu n'est pas sans grâce, et ce que nous savons des desseins d'Antonio rend la rencontre dramatique. Les deux jeunes gens sont amis avant de savoir qu'ils étaient déjà rivaux. Au moment où ils vont se quitter, le messager d'Antonio arrive et remet au comte la lettre de son maître. Rosélo, qui sans doute a reconnu le messager, s'inquiète un peu de cette lettre. Le comte, sans le savoir, ajoute à ses inquiétudes en la lui donnant a lire. La lettre est conçue assez habilement pour faire craindre à Rosélo que Julia ne soit de moitié dans ce nouveau projet. La situation pouvait prêter à l'expression de sentiments naturels et simples; mais la mauvaise veine continue, et le discours de Rosélo est rempli d'emphase et de pointes. Le second acte nous laisse, en finissant, sur cette impression peu favorable.

Le caractère de Julia ne s'affranchit pas, au troisième acte, des taches que nous y avons relevées dans les deux premiers. La dissimulation, chez elle, emprunte parfois un étrange langage. Savez-vous la raison qu'elle donne à son père pour ne pas épouser le comte? C'est que,

ayant rencontré Rosélo, il l'a secouru au lieu de le
tuer. Même pour une Castelvin, c'est être plus Castelvin
qu'il n'est permis à une femme. Elle a trop vite oublié
d'ailleurs qu'elle s'est portée la première au secours de
Rosélo. Elle finit cependant par céder, en apparence,
aux instances de son père, espérant bien que sa douleur
ne livrera au comte qu'un cadavre. Et pendant qu'Antonio va porter à son futur gendre cette heureuse nouvelle,
elle s'adresse à toutes les héroïnes de la mythologie et
de l'histoire pour invoquer leur exemple et s'exciter à
l'imiter. Puis elle écrit à Aurélio, ce moine qui l'a unie
à Rosélo, qu'elle est décidée à mourir, et qu'au moment
où il recevra sa lettre elle aura sans doute cessé de
vivre.

Aurélio, pour empêcher un suicide, s'avise du même
stratagème que Lonardo avait imaginé pour faire sortir
du salut des deux amants la réconciliation des deux familles. Mais il ne met pas Julia dans sa confidence et
lui envoie le narcotique comme un cordial qui lui fera
du bien. En vérité, Julia a bien raison de s'écrier : « Il
connaît mon amour, il sait qu'avant qu'il ait achevé
de lire ma lettre, ma vie aura pris fin, et il m'envoie des
remèdes ! » Il est évident qu'elle ne devait attendre de
lui que de bonnes raisons pour vivre ou du poison.

Mais une pensée lui vient :

JULIA.

« Lui seul a eu notre secret dès le commencement.
Je sais que c'est un grave philosophe, expert en toute
sorte de breuvages et d'herbes ; et je crains qu'il ne me

donne quelque eau assez puissante pour me faire oublier Rosélo et aimer le comte, à cause du bien qu'il me veut.

CÉLIA.

« Voilà une idée extravagante ! Sachant votre mariage, il est plus naturel qu'il veuille empêcher le second... et si, pour lever la difficulté, ce remède lui a paru bon, ferme les yeux et ne pense qu'au péril qui te menace.

JULIA.

« Tu as raison, la mort elle-même ne saurait aggraver le mal, et puisque rien ne peut y ajouter, prenons cette eau. Adieu, Célia.

CÉLIA.

« Comment, adieu? et nous ne nous reverrions plus? Laisse donc! Cette eau n'est faite que pour te redonner du cœur au milieu de tes tristesses.

JULIA.

« Ah! Célia! je sens mon âme arrachée de mes entrailles. Jésus! que m'as-tu donné là?

CÉLIA.

« Señora, ce que m'a remis Aurélio. »

Et Julia se débat dans une affreuse agonie, se croyant bien empoisonnée, ce qui est odieux de tout point, même pour le spectateur, que le poëte n'a pas pris la peine d'avertir; Lonardo, du moins, avait prévenu Juliette, et, meilleur chimiste qu'Aurélio, il lui avait épargné d'inutiles douleurs.

A Ferrare, nous retrouvons Rosélo en train, non de se consoler, mais de se distraire sous un balcon qui n'est pas celui de Julia. C'est là que le rejoint le messager d'Aurélio plus adroit, nous savons au prix de quelles beautés sublimes, que celui de Lonardo. Rosélo apprend comment Julia est morte pour tous, excepté pour lui, de quelle manière il pourra l'enlever, et comment d'heureux jours l'attendent encore auprès d'elle en France ou en Espagne. Cet Aurélio est vraiment un bon homme, et qui s'intéresse sincèrement aux amours de Rosélo et de Julia.

Rosélo charmé reprend la route de Vérone, sans prendre le temps de jeter un dernier regard sur le balcon de Rosalinde.

C'est ici surtout, on le voit, que Lope de Véga s'est franchement séparé de la tradition et de l'histoire. Il lui en aurait trop coûté de perdre une si charmante fille, un si aimable cavalier, et puisqu'il n'y avait pour les sauver qu'à montrer le bon chemin au messager d'Aurélio, il n'a pas eu le courage de lui permettre de s'égarer. Cette fatalité d'ailleurs qui, dans Shakespeare, joue un si grand rôle, n'est pas dans les habitudes du génie espagnol. En Espagne, comme en Italie, les cœurs se prennent vite; mais si les amours sont vives, elles sont patientes aussi, et ne se laissent guère détourner de leur but. Quant à Lope de Véga, il perd ici l'occasion d'un admirable dénoûment. Mais il n'en est pas à un dénoûment près. Dans l'océan infini de ses œuvres, celui-ci sans doute se retrouvera quelque jour.

De savoir maintenant comment les deux époux se rejoignent, c'est pure affaire de curiosité. Achevons cependant.

Pendant que Rosélo se hâte de revenir à Vérone, le vieux Téobaldo, le père d'Otavio, au milieu de son désespoir, est surtout sensible au regret de voir s'éteindre sa race. Cette préoccupation de la race, des titres, du majorat, est un sentiment plus espagnol qu'italien. Téobaldo se sent trop vieux pour se marier; mais il s'avise d'une idée qui a bien son côté grotesque. Il ne laisse aucun repos à son frère Antonio qu'il ne l'ait amené à épouser sa fille, cette même Dorotéa auprès de laquelle Anselmo s'est montré quelque peu empressé dans la scène du bal. Antonio vient faire part de cette résolution au seigneur de Vérone, occupé, en ce moment, à consoler le comte Pâris de la mort de Julia. Oublions, si nous le pouvons, que c'est un père désolé qui parle; le passage est fort joli.

« Je ne viens pas déplorer mon sort, ni vous attendrir de ma juste plainte, ni prendre à partie cet entêtement de la mort à épargner quelqu'un qui a tant vécu. On raconte que l'Amour et la Mort cheminaient de compagnie, au temps rude de l'hiver. Je m'étonne peu que l'Amour prit pour compagne de route celle qui pouvait si bien tempérer son ardeur; car la Mort glace tout. On dit que dans une auberge où ils s'arrêtèrent, ils dormirent côte à côte, et qu'au moment de se séparer, ils troquèrent leurs arcs et leurs flèches. Le jour à peine commençait à naître. La Mort et l'Amour se mirent aussitôt à lancer leurs traits; et jeunes de mourir, et vieux de tomber amoureux; l'échange était désormais irrévocable. C'est ce qui se voit dans ma maison; Julia, ma fille, est morte, éprise d'Otavio, et moi, n'ayant près de moi personne à qui léguer mon majorat, ou pour complaire à mon frère, sans héritier comme moi, il me faut, à mon âge, épouser sa fille et ma nièce. »

Le seigneur de Vérone trouve la résolution sage et l'approuve.

Mais voilà deux jours déjà que Julia est ensevelie dans le caveau de ses aïeux. Le moment où elle doit s'éveiller arrive avant le retour de Rosélo, et comme elle n'a rien su de la pensée d'Aurélio, elle est saisie d'épouvante en s'éveillant :

« Quelle est cette maison, et qui donc y demeure? Si ténébreuse et si bien scellée? Ce ne peut être que l'habitation de la mort. Il me semble qu'à droite et à gauche ce sont des corps que je touche. Cieux! qu'est-ce ceci? J'invoque votre pitié. Si je ne suis pas morte, qui donc m'a déposée où les morts habitent et me reçoivent dans leurs caveaux glacés? et si, comme le souvenir m'en revient, Aurélio m'a donné la mort avec ce flacon, comment, ô ciel! n'ai-je pas perdu ce corps périssable que j'ai encore? et comment se fait-il que je parle, que je sens, que je m'étonne, chaque fois que je nomme la mort?…Mais j'aperçois une lumière. »

Cette lumière est celle de la lanterne qui guide les pas de Rosélo. La scène qui suit est une scène de comédie dont les détails vulgaires ne laissent pas même subsister l'intérêt que devait naturellement exciter la reconnaissance des deux amants. Cette rencontre du moins aurait dû couper court aux niaiseries. Il n'en est rien pourtant. Julia, toujours avisée, ne veut reconnaître Rosélo qu'à bon escient, et lui adresse, pour s'assurer qu'on ne la trompe pas, les questions les plus puériles. Ah! je comprends à merveille que la prudente Pénélope se défie encore des dieux ennemis, même en retrouvant Ulysse, et le soumette à l'épreuve qui amène cette merveilleuse exclamation du héros : « Qui donc a déplacé ma couche? » Il y a vingt ans que les deux époux ont été séparés, et ils savent les dieux et les hommes conjurés contre leur réunion. Mais Julia hésitant à reconnaître son époux de la veille, à peine échappé de ses bras, voilà qui semble inexplicable. On se met enfin d'accord, et en attendant qu'on prenne un parti, les deux époux déguisés resteront cachés dans une métairie d'Antonio.

C'est là justement que ce dernier, un peu honteux de son tardif mariage, et déjà en garde contre la jeunesse de Vérone, a résolu de déposer celle qui doit être sa femme, en attendant les dispenses de Rome.

Tout se prépare à la ferme pour y recevoir le maître et ses hôtes. La scène est vive, naïve, naturelle. Les paysans y parlent, sans se gêner, des affaires de leur seigneur. « Tout le monde se marie, dit Tamar, la fille du fermier, et le monde est à l'envers; les jeunes gens à la terre et les vieillards au lit nuptial. Le sort de la belle Dorotéa n'excite pas mon envie. Je suis plus riche de l'espérance que je garde que de la triste possession dont elle va jouir. »

Sur ce arrivent nos héros déguisés en moissonneurs;

ils offrent leurs services, qui sont agréés, et ne tardent pas d'être mis au courant de ce qui se passe. Le mariage projeté ne plait ni à Julia qui va se trouver déshéritée (la remarque n'est pas d'elle, je me hâte de le dire), ni à Anselmo qui n'a pas oublié Dorotéa.

JULIA, à part, à Anselmo.

« Puisse Dieu arranger tout cela ! (A Tamar.) Allons, ma belle, puisque nous venons si à propos, je veux vous aider, pendant que ces garçons iront à la moisson montrer ce qu'ils savent faire.

TAMAR.

« C'est dit; vous, montez là-haut, et que ceux-ci aillent à la moisson. »

Il était temps; car Antonio arrive, précédant le comte et Téobaldo. Le pauvre Antonio n'a pas encore pris son parti de ce mariage, et en y pensant, son cœur s'attriste et s'ouvre de lui-même à de rêveuses impressions. Julia, qui le sent près d'elle, croit le moment venu d'essayer une première tentative; mais il faut appeler les choses par leurs noms. La coquette des premiers actes est devenue une espiègle, et nous allons avoir une véritable scène de revenant.

JULIA, dans le lointain.

« Mon père?...

ANTONIO.

« Je connais cette voix... Je suis mort !

JULIA.

« Mon père?

ANTONIO.

« C'est Julia, ou c'est la peur qui me la fait voir où elle n'est pas.

JULIA.

« Écoute, ô père ingrat! »

Et elle raconte son mariage secret avec Rosélo et sa mort. Il peut se marier, elle n'y met aucun obstacle; ce qu'elle lui demande, c'est qu'il cesse de persécuter celui qui a été son époux. Heureux d'en être quitte à si bon compte, Antonio promet tout :

« Je te donne ma parole de le respecter, et puisq' il a été ton mari, il sera mon fils pendant le reste de sa vie.»

Le serment est venu fort à propos; car les gens de Téobaldo ont, en passant, reconnu Rosélo parmi les moissonneurs, et ils le ramènent enchaîné avec Marin et Anselmo. Aux yeux de Téobaldo, aucun supplice n'est assez doux pour le meurtrier d'Otavio. Mais Antonio, qui est encore sous l'empire de la peur, intervient aussitôt :

ANTONIO.

« Pàris, Téobaldo, et vous tous qui êtes ici présents, écoutez-moi.

TÉOBALDO.

« Quelle mort?...

ANTONIO.

« Aucune. Il faut que Rosélo vive; ma fille, mes amis, ma fille m'est apparue là où vous êtes, et m'a appris que Rosélo a été son époux.

TÉOBALDO.

« Arrête!

ANTONIO.

« Je ne m'arrêterai pas, Téobaldo. Pour ne pas se voir forcée d'épouser le comte, elle s'est donné la mort en s'empoisonnant, et elle me menace, si je continue à traiter Rosélo en ennemi, de me tourmenter avec le feu qui la brûle.

TÉOBALDO.

« Tu regrettes la parole donnée et tu inventes ces chimères, voilà ce que je crois.

ANTONIO.

« Frère, si tu refuses de me croire, cette nuit, tout à l'heure même, il se peut qu'elle te visite toi-même.

TÉOBALDO.

«Non, non, Antonio, qu'elle reste où elle est; je te crois.

ANTONIO.

« Écoute-moi donc; Rosélo a été mon fils, et il faut qu'il devienne le tien. Tu vas aujourd'hui même le donner à ta fille. Je n'en veux plus; j'ai assez de malheurs comme cela.

TÉOBALDO.

« Ma fille?

ANTONIO.

« Elle sera aujourd'hui entre nous le gage de la paix.

LE COMTE.

« Puisque le ciel permet que la paix s'établisse ainsi entre les deux partis, il n'y a rien à répliquer. Téobaldo, il faut donner ta fille à Rosélo.

TÉOBALDO.

« Si le ciel met à ce prix notre réconciliation, je lui donne ma fille.

JULIA, paraissant tout à coup.

« Pour cela, non. Ah! traître! deux femmes à la fois!

DOROTÉA.

« Mais c'est Julia!

TÉOBALDO.

« Elle-même!

JULIA.

« Que personne ne se sauve!

LE COMTE.

« N'avance pas, Julia.

JULIA.

« Père, je suis vivante; reviens, cher oncle; reviens, mon père.

TÉOBALDO.

« Que veux-tu de nous, Julia? parle.

LE COMTE.

« Parle, chère épouse, que veux-tu de nous?

JULIA.

« Je ne suis pas ta femme, comte Páris, j'appartiens à Rosélo.

LE COMTE.

« Ne crois pas que je veuille seulement te voir.

JULIA.

« Je suis vivante.

ANTONIO.

« Si ton âme seule est vivante, que prétends-tu? Veux-tu que l'on t'enterre une seconde fois?

JULIA.

« Je suis vivante. Cette mort apparente était l'effet d'un violent narcotique... C'est Rosélo qui m'a amenée ici; parle, cher époux, tu le peux désormais.

ROSÉLO.

« Je l'ai retirée du tombeau, ce qui fait qu'elle est deux fois ma femme.

ANTONIO.

« Donne-lui la main et ouvre-moi les bras.

JULIA.

« Un moment, mon père, il faut d'abord marier ma cousine avec quelqu'un qui la mérite bien.

TÉOBALDO.

« Quel est-il?

JULIA.

« Anselmo.

ANSELMO.

« C'est moi; deux mots vous diront qui je suis.

ANTONIO.

« Ce n'est pas le moment; donnez-vous la main.

MARIN.

« Et moi, personne pour me consoler? personne pour me payer de la peine que j'ai eue à tirer cette morte du tombeau?

JULIA.

« Il a raison; je lui donne Célia avec mille ducats

ROSÉLO.

« Messieurs, le reste se comprend de soi-même, et ici finissent Castelvins et Montes. »

Voilà, j'espère, un vrai dénoûment de comédie. Il est amené avec esprit, il se délie avec grâce. Le dialogue est vif et rapide, et tout le monde s'en va content... excepté ceux peut-être qui, ayant un coin de l'imagination hanté par ces douces et charmantes ombres de Roméo et de Juliette, ne s'accoutumeront jamais à les voir descendre des pures régions de la poésie pour se mêler à un imbroglio de cette nature.

VII

LE DERNIER AUTO-DA-FÉ DE SÉVILLE

— AOUT 1781 —

A DON ANTONIO CAVANILLES

Établissement de l'inquisition à Séville. — Sources de ce récit. — Les préparatifs d'un auto-da-fé. — Érudition populaire. — La *beata* Dolorés. — Sa vie. — Sa cécité. — Singulière précocité de ses désordres. — Elle pervertit ses confesseurs. — Ménagements de l'Inquisition. — La Béata est arrêtée. — Le procès dure deux ans. — Inutiles efforts tentés pour ramener l'accusée. — Fray Diego de Cadix. — Arrêt. — La condamnée est conduite à l'église San Pablo. — Cortége. — Attitude du peuple. — On est obligé de bâillonner la Béata. — Lecture publique des actes de la procédure. — L'intérieur de San Pablo. — La condamnée est conduite à la place San Francisco. — Comment les choses se passaient habituellement; détails sur un autre auto-da-fé célèbre. — La Béata est condamnée à être brûlée vive. — Le père Véga. — Elle se convertit. Son repentir. — Sa confession. — Elle est conduite au *Quemadero*. — Ce que c'était que le Quémadéro. — Affluence de la foule. — Attitude nouvelle de la condamnée. — Sa fin courageuse. — Conclusion.

VII

LE DERNIER AUTO-DA-FÉ DE SÉVILLE

— AOÛT 1781 —

Je ne viens pas ajouter un anathème de plus à tous ceux qui ont accompagné l'Inquisition dans sa chute. Je suis trop convaincu que pour se maintenir ainsi pendant des siècles, il faut qu'une institution de cette nature ait eu en elle sa grande raison d'être. Il faut qu'il y ait eu entre elle et le génie de la nation qui l'a acceptée et gardée ou subie si longtemps une certaine conformité qui, en même temps qu'elle explique sa longue durée, fait qu'on la juge sans trop de passion, quand l'heure est venue où l'histoire est mise en demeure de la juger. Ce qui aussi m'a toujours frappé, c'est que le pays sur lequel l'Inquisition a pesé davantage est celui qui aujourd'hui parle d'elle avec le plus d'impartialité, et le seul peut-être où, avec des croyances catholiques et des convictions libérales, si on a la généreuse fantaisie d'en dire quelque bien, on peut se la passer sans s'exposer à être lapidé.

Ce que je me propose seulement ici, c'est de raconter, avec tous les détails que j'ai pu réunir sur ce tragique événement, le dernier auto-da-fé que l'Inquisition a célébré à Séville, le 24 août 1781. On y verra comment fonctionnait encore cette formidable machine, vingt ans avant l'époque où, déjà intérieurement minée par l'esprit moderne, elle devait tomber en poussière sous le bras armé de la France, ou, pour mieux dire par la volonté d'un roi d'origine française.

Établie à Séville en 1481, l'Inquisition y fut tout d'abord installée dans ce château du faubourg de Triana, où nous la retrouvons encore au bout de trois siècles, mais pour très-peu d'années.

J'ai pour garant de ma narration un récit publié en 1820, mais rédigé d'après des manuscrits contemporains et sur des documents authentiques, et une lettre très-détailllée qu'un religieux de Séville adressait, le 25 août 1781, c'est-à-dire le lendemain de l'auto-da-fé, au grand écrivain, à l'intègre ministre qui avait été longtemps magistrat à Séville, à don Gaspar Melchor de Jovellanos. Je me tiendrai aussi près que possible de ces deux témoignages, presque partout d'accord l'un avec l'autre, sans négliger cependant quelques traits vifs et singuliers que pourra me fournir la tradition locale.

Donc, le 24 août 1781, il y avait grande foule et grand

bruit à Triana, aux abords du pont de bateaux qui, il y a dix ans tout au plus, et avant que le Guadalquivir coulât sous le beau pont de fer sorti de la fonderie de don Narciso Bonaplata, joignait encore à Séville ce faubourg des bohémiens. Dès le point du jour, la petite place où venait aboutir le pont et d'où partaient les principales rues de Triana, avait commencé à se remplir de monde, et à huit heures, la foule était si considérable sur la place et sur le pont lui-même, que plusieurs de ses bateaux commençaient à enfoncer, et que celui qui reliait le pont à la rive gauche avait déjà un mètre et demi d'eau.

D'où provenait cette affluence extraordinaire? C'est que la veille le bruit avait couru qu'un auto-da-fé serait célébré le lendemain, et que la condamnée, car c'était une femme, devait, dès le matin, sortir du château de l'Inquisition, pour être conduite processionnellement au couvent des Dominicains, et de là au bûcher. La *béata* Dolorès était d'ailleurs un de ces êtres disgraciés auxquels l'imagination du peuple prête quelque chose de fantastique, et on s'étonnait déjà que l'Inquisition eût tant tardé à se souvenir d'elle. Cette patience du terrible tribunal ne peut guère s'expliquer que par le progrès des mœurs publiques.

Profitons de l'attente de la multitude pour essayer de faire connaître l'infortunée dont le sort affreux excitait au sein de cette foule plus de curiosité que de pitié.

Maria de los Dolorès Lopez était née à Séville, de parents excellents chrétiens qui n'avaient rien épargné pour donner à leurs enfants une éducation pieuse. Un frère de Dolorès était prêtre et chapelain du collège ecclésiastique de Maese Rodrigo, et elle avait une sœur carmélite. Mais ces bons exemples furent perdus pour elle, car dès l'âge de six ans, elle avait été, par son caractère hautain et par sa précoce perversité, le scandale de la maison paternelle, et à douze ans, elle la quittait pour aller vivre dans celle de son confesseur, où elle demeura quatre années entières. Comment elle y vécut, je ne saurais le dire qu'en renvoyant le lecteur au chapitre premier du troisième livre des Rois, et en rappelant le rôle de la jeune Abisag auprès de David vieillissant; c'était l'exemple qu'elle citait elle-même. Il suffira de rapporter que ce malheureux prêtre suppliait ceux qui entouraient son lit de mort d'en écarter *la petite aveugle*, car, disait-il, elle troublait sa conscience.

Elle avait été frappée, comme on voit, de très-bonne heure de cette infirmité qui faisait, pour ainsi dire, partie de son prestige populaire, et c'est ce qui fait comprendre comment peu à peu elle en était venue à pouvoir se passer du secours de ses yeux, comment elle avait acquis, par l'habitude, une seconde vue qui lui permettait de broder et de déployer en mille choses moins innocentes une si singulière dextérité, que l'on n'hésitait pas à l'en croire redevable au démon.

Ce premier confesseur étant mort, elle retourna dans la maison paternelle. Mais peu de temps après, elle en sortait de nouveau pour entrer dans un couvent de carmélites, placé sous l'invocation de Notre-Dame de Belhléem, et dont il ne reste aujourd'hui qu'une chapelle. Son ambition était d'y devenir organiste. Aurait-elle donc eu ce sentiment musical que Dieu accorde souvent aux aveugles comme un dédommagement du sens qu'il leur a refusé ou retiré? Je ne trouve à cet égard aucune indication précise; mais toujours est-il que cette pensée témoigne, chez cette malheureuse, d'une culture particulière; elle en donnera bien d'autres témoignages. Elle resta peu dans ce couvent, assez pourtant pour faire à l'une des religieuses d'étranges confidences, qui plus tard sans doute mirent l'Inquisition sur la voie de ses désordres. En quittant Notre-Dame de Bethléem, Dolorès se rendit à Marchena, ville assez considérable à dix lieues de Séville, et y prit cet habit de *béata* d'où lui vint le surnom qu'elle garda toute sa vie. Ce titre de *Béata*, qui est souvent aujourd'hui, et dans le langage ordinaire, une simple qualification par laquelle on désigne les personnes d'une piété plus vive et un peu particulière, emportait alors et aujourd'hui encore la vie commune, un habit spécial et certains vœux qui n'étaient, je crois, ni perpétuels ni irrévocables.

Sous cet habit nouveau, l'ambition s'accroît. La Béata choisit un autre confesseur auquel elle se donne pour une créature favorisée des dons secrets de Dieu. Elle commence par attirer l'attention sur ses jeûnes et ses prières. Elle a des entretiens avec son ange gardien, qu'elle appelle son *petit frère*; s'adressant à l'enfant Jésus, elle le nomme amoureusement son petit *teigneux* (*tiñosito*), étrange terme d'amitié mêlé à d'autres familiarités non moins choquantes. Peu à peu elle parvient à convaincre son confesseur du haut degré de sainteté auquel elle se dit parvenue, et, d'illusion en illusion, cet homme en arrive à la voir sans trop d'étonnement se précipiter à terre, prendre les postures les plus indécentes, que dis-je? à tenir lui-même son pied sur sa gorge nue pendant qu'elle récite matines, et une autre béata, jusque-là innocente et pieuse, ayant eu le malheur de se trouver sur son chemin, se laissa par elle induire à mal sous cet odieux prétexte de la pureté de l'intention.

De si monstrueux excès ne pouvaient demeurer secrets; le confesseur partit pour Lucena, autre ville de l'Andalousie, dans la province de Cordoue. La Béata l'y suivit, mais après avoir inutilement essayé d'y entraîner sa victime. Là, par de nouveaux et plus grands artifices, elle reconquit la confiance du confesseur fugitif, le contraignit à des complaisances pires que les premières, et, mêlant les actes grossièrement impies aux saintes apparences, ajouta un chapitre de plus à cette singulière histoire des flagellants. Une fois lancée dans cette voie, cette imagination pervertie se laissa entraîner à des inventions qui ne sauraient se raconter.

L'Inquisition, déjà avertie, avait l'œil ouvert sur tous ces désordres. Ce ne fut cependant qu'au bout de quatre ans de cette vie scandaleuse qu'on voit le confesseur éloigné de Lucena, comme il l'avait été de Marchena; mais cette fois ses supérieurs, moins indulgents, le reléguèrent en un couvent situé dans un lieu désert.

La Béata eut-elle donc une fois encore l'art de donner le change et d'intervertir les rôles? On serait porté à le croire, quand on voit la tentatrice, pendant que son complice pleure dans la solitude ses criminelles complaisances, revenir tranquillement à Séville et y faire de nouvelles dupes. Ce ne fut qu'au bout de douze ans, qu'un de ses confesseurs se lassa enfin de couvrir ces turpitudes de sa robe sacrée, et la dénonça en se trahissant lui-même, car il la confessait sans permission. Il allait chez elle tous les jours, et comme elle habitait une maison où il y avait d'autres locataires, les voisins, attirés par le bruit de ces étranges exercices, se groupaient devant la porte. Son ange gardien empêchait cependant, disait-elle, que l'on entendit les claquements du fouet. Mais il ne parait pas qu'il empêchât de voir par les fentes de la porte ce qui se passait dans la chambre; tout aveugle qu'elle était, elle y collait très-adroitement des bandes de papier; et comme les curieux les écartaient encore, elle y clouait des planches.

Cette petite anecdote prouve assez bien que si, pendant longtemps, la Béata abusa de la crédulité publique, ses mensonges et ses infamies finirent cependant par trouver des témoins clairvoyants qui, venant confirmer les dires du confesseur détrompé ou repentant, décidèrent enfin l'Inquisition à mettre un terme à ce long scandale.

Ce fut au mois de juillet 1779 que la Béata fut arrêtée, et le procès ne dura pas moins de deux ans.

Dans ses premières déclarations, elle assure que l'âge

de raison a commencé pour elle à quatre ans; qu'elle a appris à lire et à écrire sans que personne le lui ait enseigné; qu'elle n'a perdu la vue, dès l'âge de douze ans, que parce qu'il a plu à Dieu d'illuminer son âme d'une plus vive lumière; qu'elle est en commerce familier avec le Christ et avec sa sainte Mère; que, ravie au ciel, elle a épousé Jésus, ayant eu pour témoins saint Joseph et saint Augustin; enfin, que des millions d'âmes, délivrées par elle du purgatoire, viennent chaque jour lui rendre grâces.

Ces faveurs inouïes étaient le prix des souffrances qu'elle infligeait à son corps. Elle entrait, à cet égard, dans les détails les plus particuliers, et sa tête s'échauffant par la contradiction, elle allait jusqu'à dire qu'elle avait enduré plus de tourments que Jésus-Christ lui-même; qu'elle n'avait pas à lui savoir tant de gré de ses faveurs, les ayant achetées assez cher, et que bien des saints étaient honorés sur les autels, dont les âmes, elle le savait pertinemment par son *petit frère*, brûlaient au fond de l'enfer.

Si la Béata était sincère en parlant ainsi, l'Inquisition, qui poursuivait d'un zèle si ardent la secte des Illuminés, pouvait-elle rester insensible à de telles extravagances? Et si tout était imposture dans ces assertions, devait-elle fermer les yeux sur cet abus des choses saintes?

Le *fiscal* (on appelait ainsi celui qui poursuivait et accusait au nom de l'Inquisition) ayant recueilli tous les témoignages qui s'élevaient contre la Béata, demanda qu'elle fût déclarée coupable de mensonge, d'hérésie, d'adhésion à la doctrine de Molina et à celle des Flagellants, et en conséquence condamnée par le tribunal aux peines ecclésiastiques, pour être ensuite livrée à l'autorité civile, chargée d'ordonner et d'infliger le châtiment corporel.

Telle fut la première phase du procès, ce que nous appellerions l'instruction. Maintenant le débat va commencer.

A trois reprises différentes l'accusée est amenée devant ses juges, et, suivant l'usage, on lui demande pourquoi elle est là. A quoi elle répond que sa conscience ne lui reproche aucun manquement envers la religion. Alors un des juges prend la parole et lui énumère tous les griefs de l'acte d'accusation. Soit surprise ou effronterie, elle convient d'abord qu'en effet elle a menti dáns le but de se faire passer pour sainte, qu'elle a imaginé toutes les révélations dont elle se vante; et de l'un à l'autre, ses aveux vont si loin, qu'on espère les voir suivis d'un repentir sincère. Mais bientôt elle se ravise, et, demandant à être entendue de nouveau, elle revient sur tout ce dont elle est convenue, et déclare que Jésus-Christ lui est apparu, et lui a reproché en termes sévères ses lâches acquiescences. Elle maintient la réalité et la sainteté de toutes ses visions, l'innocence de toutes ses actions dirigées par le Saint-Esprit; et, arrogante et subtile tout ensemble, elle cherche à donner aux choses les plus déshonnêtes les motifs et les dehors de la piété la plus pure. Mais le fiscal n'était pas indigne d'un tel adversaire ; et prenant la Béata sur le fait des plus flagrantes contradictions, il persista dans toutes ses conclusions. Elle, cependant, quoique convaincue au fond, ne se rendait pas, et attribuait ses prétendues contradictions à ce qu'elle ne savait pas s'expliquer, ajoutant que Dieu sans doute le voulait ainsi pour rendre sa gloire plus grande, et que les tortures, la mort et l'honneur même de sa famille ne lui feraient rien désavouer de ce qu'elle avait dit, ne lui arracheraient rien contre sa conscience.

On lui donna un avocat qui, la trouvant inflexible, abandonna bientôt la cause. On l'entoura de savants théologiens et de pieux personnages qui essayèrent en vain de la ramener. Le grand missionnaire de l'époque, fray Diégo de Cadix, la prêcha deux mois durant, mais elle ne se laissa toucher ni par la force de ses raisonnements, ni par l'abondance de ses larmes.

Arrêtons-nous un moment devant cette sainte figure de Diégo de Cadix. Sur la promenade plantée d'arbres qui couvre la rive gauche du Guadalquivir, et en remontant le cours du fleuve, un peu avant le pont, on voit un de ces petits monuments peu rares en Espagne, où on les appelle des *triunfos* : c'est une colonne, un autel, une croix, un trophée, une pyramide, quelque chose enfin qui a pour but de consacrer le souvenir d'un fait ou la gloire d'un nom. Le triunfo dont je parle ici, et qui est couronné d'un groupe de la sainte Trinité, fut élevé à Séville pour perpétuer la mémoire des prédications populaires de fray Diégo de Cadix. Ceux qui ont connu ce moine éloquent me le dépeignent comme un grand et beau vieillard à barbe blanche, qui aimait beaucoup les enfants, et chez qui la charité débordait de toutes parts. A quatorze ans, c'était déjà un saint, et dès cet âge il avait pris l'habit de capucin. Son éloquence, qui n'avait rien d'apprêté, n'en était que plus puissante sur les âmes.

J'ai appelé fray Diégo un missionnaire; c'est qu'il était surtout cela. Allait-il prêcher dans quelque ville, le clergé sortait au-devant de lui et le recevait sous un dais. Dans l'église qu'il avait à traverser pour se rendre à la chaire, il fallait l'entourer de soldats, qui avaient grand'peine à défendre ses vêtements contre le peuple qui les déchirait par lambeaux pour en faire des reliques. Ce n'était pas assez des enseignements de sa parole, on voulait rapporter chez soi quelque chose qui l'eût touché! Ce pieux empressement, ces populaires hommages le désignaient naturellement à l'attention défiante de l'Inquisition. Tout le monde pouvait être appelé à paraître sans honte devant un tribunal où, en d'autres temps, avaient comparu fray Luis de Léon, à Salamanque, et sainte Thérèse, à Séville même.

Obligé de quitter Séville, fray Diégo de Cadix se retira à Ronda, où, en 1805, un peu avant que la mort l'y surprit, si jamais la mort surprend de telles âmes, il était devenu aveugle. Fray Diégo de Cadix est un de ceux dont l'Espagne poursuit la canonisation en cour de Rome, et on m'assure que son tour arrivera bientôt.

Quoi qu'il en soit, il était à l'apogée de sa gloire et de

son prestige, quand sa charité, armée de toute son éloquence, se sentit et se confessa impuissante contre le démon moliniste caché dans l'âme et dans le corps de la Béata Dolorès. Il se retira en disant que son cœur ne tenait pas devant une telle dureté dans une femme chrétienne, et qu'il était si loin de l'avoir convertie, qu'il craignait plutôt qu'elle ne l'eût perverti lui-même.

Là où fray Diégo avait échoué, que pouvaient les autres? Ce fut donc en pure perte que, pendant neuf mois, les plus doctes et les plus saints personnages de Séville se dévouèrent à cette tâche ingrate. Il leur fallut convenir l'un après l'autre que jamais ils n'avaient rencontré une femme qui joignit à un cœur plus endurci les ressources d'une imagination plus féconde et d'un esprit plus délié.

Ramenée devant le tribunal, elle eut à essuyer les plus fortes réprimandes. On lui dit enfin qu'on se verrait forcé de la condamner à être brûlée vive. Elle se contenta de répondre : « Patience, et advienne que pourra! » On lui mit devant les yeux les terribles châtiments préparés dans l'enfer à ses erreurs et à son obstination. Elle répliqua que depuis longtemps les chœurs des anges l'attendaient; que Jésus-Christ, au surplus, lui avait révélé qu'elle serait arrêtée par l'Inquisition, et qu'elle aurait à lutter contre les hommes les plus savants; mais que la véritable sagesse était promise aux petits enfants; qu'elle mourrait martyre, mais qu'au bout de trois jours Dieu manifesterait son innocence à toute la ville par un terrible châtiment.

Les menaces de ce genre n'étaient pas rares, et les inquisiteurs ne s'en laissèrent point effrayer. Un moment, toutefois, ils parurent croire que tant de perversité ne pouvait être naturelle, et se demandèrent si cette pauvre créature ne serait pas possédée du démon. La Béata elle-même, ayant remarqué un peu d'hésitation dans l'esprit de ses juges, entra habilement dans la voie qui lui était ouverte, préférant sans doute l'exorcisme au bûcher, et se livra à mille extravagances calculées. Mais elle avait affaire à forte partie. L'Inquisition avait eu trop souvent à juger des énergumènes de bonne foi, pour ne pas savoir démêler la vérité du mensonge. Une circonstance surtout l'avait frappée, c'est que depuis deux ans qu'elle retenait cette femme dans ses prisons, jamais ceux qui la surveillaient de plus près ne l'avaient vue se livrer à aucune pratique de dévotion.

Dans cet état de choses, l'arrêt ne pouvait se faire attendre plus longtemps. Il fut prononcé le 22 août. L'accusée était condamnée à l'excommunication et à la confiscation de ses biens au profit du roi et de l'État.

Ce même soir, 22 août, les quatre inquisiteurs, don José de Quévédo y Quintano, le licencié don Julian de Amertoy, le licencié don Francisco Marco de Lario et le docteur don Antonio de Lara y Zuniga, accompagnés des secrétaires du Secret, se rendirent de la salle du tribunal à l'appartement du gouverneur ou alcaïde du château, où se trouvait la Béata, et le doyen des inquisiteurs lui annonça que sa cause était entendue et qu'il pourrait arriver qu'elle eût à mourir dans trois jours.

Elle écouta sa sentence sans laisser paraître sur son visage aucune altération; elle remercia même le tribunal, et adressa tout haut une prière à Notre-Dame du Carmel, la conjurant de ne pas permettre qu'elle révélât jamais ce que sa conscience lui ordonnait de taire.

Suivant l'usage immémorial, elle fut mise en chapelle; pendant les trois jours qu'elle y resta, elle mangea et dormit avec une parfaite sérénité, sérénité étrange et un peu faite pour inquiéter la conscience de ses juges, si Dieu eût permis qu'elle se soutînt jusqu'au bout. A tout ce que les religieux ou d'autres lui disaient pour exciter en elle des sentiments de repentir, elle répondait qu'ils prenaient une peine inutile. L'évêque, gouverneur du diocèse (le siége alors était vacant), vint en personne la visiter, mais il ne put obtenir d'elle qu'elle se confessât. Pendant ces trois jours d'une suprême épreuve, sa fermeté ne l'abandonna pas un moment.

Voilà ce que savaient les mieux informés dans cette foule qui attendait le cortége, à la porte du château de l'Inquisition. Mais le peuple, qui commençait à se familiariser avec ces crimes d'hérésie, avec ce libertinage mêlé de dévotion, et qui trouvait plus simple de croire aux sortiléges qu'aux mauvaises doctrines, aimait mieux voir dans la Béata une sorcière qu'une moliniste. Il y avait donc là certains groupes où l'histoire de la Béata était racontée d'une tout autre manière. « On l'a déférée à l'Inquisition, disaient les uns, pour ne pas la traduire devant un tribunal ordinaire comme voleuse. » Et ceux-là racontaient que, tout aveugle qu'elle était, elle avait le don de mettre la main sur les objets rares et de les faire disparaître; que la justice avertie avait visité sa maison, et l'avait trouvée remplie de choses précieuses où bien des gens avaient reconnu et réclamé leur bien. Mais c'était la sœur d'un prêtre et d'une religieuse, et il y avait moins de honte pour la famille à ce qu'elle fût accusée d'hérésie que de vol.

D'autres racontaient ce que les voisins avaient entrevu par les fentes de la porte, et c'était à faire frémir les plus hardis. Que ne peut-on pas voir par les fentes d'une porte? Les imaginations pouvaient se donner carrière, et de là maint conte effrayant où le diable jouait son rôle.

Tout n'était pas également terrible dans ces récits. Il y avait surtout certain épisode qui égayait beaucoup les imaginations assombries. Dolorès avait un autre surnom parmi le peuple, on l'appelait aussi la *Béata aux œufs*. Pourquoi cela? C'est ce que demandaient quelques étrangers attirés sans doute à Séville par la curiosité d'assister au spectacle heureusement chaque jour plus rare d'un auto-da-fé. On leur répondait alors que la Béata faisait le commerce des œufs, qu'elle en avait toujours, et que cependant on ne lui connaissait point de poules. Il fallait qu'elle tînt cachée dans un coin inaccessible de sa maison cette fameuse poule noire qui occupe une si grande place dans les contes de la sorcellerie. Mais personne ne l'avait vue, et au lieu d'y aller voir, on imagina que c'était la Béata elle-même qui pondait ses œufs. Or comment ce secret avait été surpris, je vais le dire, et si je m'arrête à ce conte de bonne femme, c'est que j'y remarque je ne sais quelle lointaine analogie avec une ballade de Gœthe qui a, je crois, pour titre *l'Élève du sorcier*. Un domestique étant venu chercher des œufs chez la Béata, la vit ouvrir une armoire, avaler avec un plaisir marqué quelques gouttes d'un liquide contenu dans une bouteille, et passer dans une autre pièce. L'armoire étant restée entr'ouverte, le drôle fut tenté, s'empara de la bouteille et en but rapidement deux ou trois gorgées. La Béata rentra et lui remit ses œufs tout frais pondus. Mais voilà qu'en retournant chez son maître, le domestique éprouva tout à coup une certaine colique, et pensant à la mauvaise réputation de la béata, il se crut empoisonné. Mais dès qu'il put se soulager, il fut, à bien meilleur droit que l'homme de la Fontaine, étonné et ravi de voir qu'il avait pondu un œuf. Sa joie pourtant ne fut pas sans inquiétude et son étonnement redoubla lorsque, après le premier œuf, il en vint un second, puis un troisième, et bien d'autres. Comment arrêter cette étrange fécondité, proportionnée sans doute à ce que le pondeur avait bu? Je n'ai jamais pu bien savoir comment l'histoire avait fini, par une pénitence et un exorcisme sans doute; Mais toujours est-il qu'elle courait la ville. Parmi ceux qui avaient mangé des œufs de la Béata, quelques-uns durent craindre que sous cette forme le diable ne se fût emparé de leurs âmes ou du moins de leurs corps.

Mais un grand silence se fait tout à coup dans la

foule : les portes du château s'ouvrent et le cortége se met en marche.

Huit heures avaient sonné à l'horloge voisine de Santa Ana. En tête de la procession marchait le clergé de cette paroisse, la plus considérable encore de Triana, avec sa croix en deuil; puis venait la hermandad de san Pedro martyr, composée de tous les familiers du saint-office, avec leur bannière dont la croix était voilée. Elle était suivie d'un groupe au milieu duquel était la condamnée et qui se composait de l'alguazil-mayor du tribunal, don Ruy Diaz de Rojas, de l'alcaïde du château, de quelques religieux appartenant à différents ordres, et de deux chevaliers de Santiago qui portaient un coffret : dans ce coffret était la sentence.

Mais ce que tous les regards cherchaient avec avidité, c'était une chétive créature qui, au lieu du sambenito ordinaire, portait une sorte de scapulaire blanc, et qui était coiffée d'un bonnet de papier, où l'on voyait des flammes peintes au milieu desquelles s'agitaient de petites figures de démons. Des yeux entièrement flétris, un visage marqué de petite vérole, une bouche grande et arquée, un menton de galoche, un teint cuivré, des cheveux gris en désordre, formaient un ensemble qui ne démentait rien de l'étrange histoire que nous avons essayé de raconter.

Dès que la condamnée fut en vue, un des moines qui l'assistaient, le père Téodomiro Ignacio Diaz Véga dont le nom est resté en grande vénération à l'Oratoire de Séville, où il a fondé la maison des Exercices spirituels, s'adressant à la multitude, lui demanda si elle croyait que Dieu eût eu raison de condamner tout ce que défend le sixième commandement. Le peuple répondit d'une seule voix qu'il en était ainsi. Alors le Père se retourna vers la pécheresse et lui demanda si elle croyait que tout ce peuple pût se tromper, et qu'elle seule eût raison contre tous. A quoi elle répondit qu'elle prenait tous les assistants à témoin de ce que le tribunal s'était montré injuste et cruel envers elle, n'ayant voulu ni l'entendre, ni lui donner le temps de se confesser.

Cela était dit avec une si grande effronterie qu'un minime qui se trouvait là, le père Francisco Javier Gonzalez, craignant que par ses clameurs elle ne scandalisât ceux qui ne connaissaient pas bien encore tous les détails du procès, ordonna qu'on lui mit un bâillon, ce qui fut fait aussitôt. Les exhortations continuèrent, mais avec moins de succès encore qu'auparavant, car à tout ce qu'on lui disait de la mort dont elle était menacée et des supplices éternels qui devaient la suivre, la Béata ne répondait qu'en secouant la tête avec violence.

Lorsque cette partie du cortége eut franchi le pont, les inquisiteurs qui suivaient dans leurs carrosses furent obligés d'en descendre pour passer le fleuve à leur tour, parce qu'une des poutres s'était rompue sous le poids des curieux, et, étant remontés en voiture à l'autre bord, ils prirent un chemin différent pour se rendre à San Pablo, où ils devaient précéder la condamnée.

Quant à celle-ci, ayant remonté un instant ces allées de l'Arénal où Lope de Véga a placé la scène et d'où il a tiré le titre d'une piquante comédie, elle gagna la porte de Triana, une des portes de Séville, et, suivant la longue rue de San Pablo, elle arriva à l'une des entrées de l'église appelée *la porte des Juifs*, sans doute parce que c'était le chemin que prenaient les accusés de l'Inquisition, dont le crime le plus ordinaire, à Séville, était un penchant ou le retour au judaïsme.

Dès cinq heures du matin, une des portes du couvent avait été ouverte aux personnes de distinction, et à six heures, il ne restait plus une place vide dans le transept de l'église dont le peuple avait occupé tout le reste, n'y ayant pas une tribune, pas une grille, pas un autel que n'eussent envahi les curieux.

Le choix que l'Inquisition avait fait de San Pablo pour y rendre publiquement compte de ses sentences s'explique de lui-même : ce couvent appartenait à l'ordre de Saint-Dominique. A moitié détruit, il est occupé aujourd'hui par les bureaux du gouverneur de la province, et l'église, qui est vaste et encore fort belle malgré les profanations des mauvais jours, est devenue l'une des paroisses les plus brillantes de Séville.

Dès que le cortége fut en vue, les religieux se présentèrent à la porte des Juifs, et s'écrièrent tout d'une voix : *Ave Maria! vive la foi de Jésus-Christ!* les assistants répondirent par le même cri, mille fois répété dans l'église et dans les rues voisines. Sur le passage de la procession on n'entendait que ces mots : *Vive la sainte foi et mort à qui la renie!*

Quand la Béata parut sur l'estrade préparée pour

elle, le P. Gonzalez réclama le silence et dit à haute voix, et en fondant en larmes : « Le mal est sans remède, elle s'obstine dans son péché et demeure insensible à tout; priez Dieu pour sa conversion et demandez à la sainte Vierge de toucher son cœur. »

A ces mots, il s'éleva de toutes les parties de l'église, il s'échappa de toutes les poitrines un long gémissement, auquel les femmes mêlèrent un torrent de larmes. Une seule ne pleurait pas, c'était celle qui faisait couler toutes ces larmes. Sa dureté de cœur était comme un rempart qui la défendait de l'émotion générale. Mais sa cécité devait aussi être pour beaucoup dans cette indomptable constance. Si, dans ce moment, en effet, il eût plu à Dieu de rouvrir ces yeux depuis tant d'années fermés à la lumière, il est permis de douter qu'une âme que ne soutenait pas le sentiment de sa pureté et de son innocence eût pu voir sans trouble la redoutable mise en scène que nous allons essayer de décrire.

Les autels étaient dépouillés, les saintes images voilées, les croix avaient été emportées, les lampes étaient éteintes, les hosties consacrées avaient disparu des tabernacles.

Dans le chœur et du côté de l'évangile, était placée la bannière de l'Inquisition, à laquelle la croix de la paroisse avait cédé la place d'honneur; du même côté, sous un dais, on voyait assis les quatre inquisiteurs que nous avons déjà nommés. Devant eux était une table couverte d'une étoffe rouge. Plus près de la chaire avait son siége le premier lieutenant de l'*assistente,* titre que portait à cette époque le gouverneur de Séville. En dehors du chœur, et sur des bancs attenant à l'autre côté de la chaire, était rangé tout le clergé.

Du côté de l'épître, se tenaient, dans le chœur et assis devant une table, les secrétaires du tribunal, et sur la même ligne les autres ministres et familiers du Saint-Office, ayant à leur tête don Ambrosio Pérez de Téjada, père supérieur de la Hermandad. Sur la table des secrétaires on ne pouvait voir sans émotion le coffre où était renfermée la sentence.

De ce même côté, mais en dehors du chœur et en face des bancs du clergé, s'élevait l'estrade dont nous avons parlé. « Sur cette estrade, d'environ six pieds de hauteur sur un carré de dix-huit, dit le correspondant de Jovellanos, il y avait une espèce de cage où les accusés doivent se tenir debout, et qui ne leur vient qu'à la ceinture, de sorte qu'ils sont à moitié découverts et exposés à la vue de tout le monde. » A droite de cette cage était assis l'alguazil mayor, et à gauche l'alcaïde du château; autour de l'estrade, peut-être sur l'estrade même, il y avait deux bancs pour les théologiens du Saint-Office, quatre de ses familiers et les religieux qui s'étaient dévoués à l'œuvre difficile d'assister la condamnée. « C'était, dit le moine que nous venons de citer, le P. Gonzalez Barca, le commandeur de la Merci, c'est-à-dire le fameux prédicateur Berri, et un capucin, grave et docte personnage, le P. Véga. »

Le reste du transept était, je l'ai dit, rempli de tout ce qu'il y avait de plus distingué dans Séville.

J'ai dit aussi quelle foule haletante se pressait autour de cet espace privilégié, et quel cadre vivant et passionné elle formait à cette scène imposante. C'était bien de quoi épouvanter une pauvre vieille femme, surtout si, détachant ses regards de l'assemblée et de ses juges, elle avait pu les reporter sur les murailles de l'église elle-même. Là, un pinceau énergique a peint sur les piliers les portraits, plus grands que nature, de ces illustres dominicains qui furent, la plupart, de redoutables inquisiteurs, et qui semblent d'anciens juges revenus de l'autre monde pour ranimer le zèle défaillant de leurs successeurs.

Sur les deux faces du transept, Lucas Valdès, le propre fils de cet autre Valdès, Valdès Léal, dont on admire encore, à l'hospice de la Charité, les terribles chefs-d'œuvre, avait jeté deux fresques magnifiques. Sous leurs vestiges à demi effacés on ressaisit encore quelque chose de leur premier éclat. C'était, à droite, une procession de la Vierge sous l'invocation de Notre-Dame des Rois; c'était, à gauche, un auto-da-fé, où l'on voyait le condamné s'avancer sur un âne vers le bûcher; saint Ferdinand de sa main y portait une torche. Le peuple, en un jour de révolution, a depuis effacé du mur la victime et l'échafaud. En 1781, cette page n'avait rien perdu encore de ses éloquentes menaces.

Mais le trouble qui, en la regardant, s'emparait des plus irréprochables, n'arrivait ni aux yeux ni au cœur de la béata Dolorès. Elle entra dans la cage avec un calme superbe, et demanda de l'eau et une prise de tabac. Un des deux chevaliers de Santiago, le marquis de San Bartolomé del Monte allait lui procurer ce qu'elle désirait, quand le P. Gonzalez l'arrêta en lui disant que c'était se prêter à la froide effronterie de cette femme. Se sentant lasse, elle fit réclamer par les religieux qui l'assistaient la permission de s'asseoir, et, l'ayant obtenue, elle promena lentement sa main sur le contour de la cage et s'assit.

Alors la messe commença ; le prêtre chargé de la dire s'interrompit au moment du *Confiteor*, et alla prendre place du côté de l'épitre, à la gauche du grand autel sur lequel brûlaient six cierges jaunes. On n'en avait allumé aucun près de la bannière de l'Inquisition.

A ce moment, un des secrétaires monta en chaire, et se couvrant la tête, réclama le silence de l'auditoire et dit : « Levez tous les mains ; jurez-vous de prêter aide à ce saint tribunal et de dénoncer ceux qui penseraient mal de notre sainte foi? » Il n'avait pas achevé qu'une foule de mains se levèrent, et il continua : « Si vous faites ainsi, Dieu vous viendra en aide à vous-mêmes. Sinon, qu'il vous l'impute! » Toute l'assistance répondit : « Amen! »

Alors commença la lecture de ce long réquisitoire dont j'ai tiré en grande partie le récit qu'on a lu. Il ne contenait pas moins de soixante chefs d'accusation et remplissait cent cinquante-sept feuilles. Cette lecture dura plusieurs heures; il fallut qu'un père de Saint-Dominique remplaçât le secrétaire fatigué et passât lui-même le manuscrit aux mains d'un autre secrétaire.

Cette laborieuse lecture enfin terminée, fray Téodo-miro Diaz de la Véga adressa au peuple une courte exhortation, dans laquelle il fit remarquer la douceur du tribunal et pria tous les assistants de recommander à la clémence divine cette malheureuse obstinée dans son impénitence.

Elle aussi voulut réclamer pour elle-même les prières de l'auditoire; mais comme elle refusa de commencer par implorer le pardon de ses fautes et du scandale que donnaient ses révoltes publiques, la parole lui fut interdite, et le bâillon lui ayant été remis, elle fut acheminée vers la place de San Francisco, accompagnée de l'alguazil mayor et des religieux dont le zèle ne se lassait pas. Dès qu'elle fut sortie et que l'église eut été comme purifiée de sa présence, la messe fut reprise et achevée, en présence des inquisiteurs qui attendirent à San Pablo le retour de l'alguazil chargé de leur rapporter la décharge de l'autorité civile, puis ils retournèrent à Triana dans le même ordre et par le même chemin qu'ils étaient venus; depuis longtemps la foule était sur le passage de la condamnée.

Ce drame final d'un procès devant l'Inquisition se composait de plusieurs actes. Il y avait d'abord cette dernière instruction qui se pratiquait entre les sombres et mystérieuses murailles du palais où siégeait le tribunal. La sentence rendue était ensuite solennellement promulguée à San Pablo ou sur la place de San Francisco. Quand elle emportait la peine capitale, l'exécution avait lieu par la corde ou par le feu, dans les prés de

Saint-Sébastien. Lorsqu'il s'agissait de peines moindres, le lieu et la forme de l'exécution variaient suivant les circonstances.

De toutes manières le procès venait aboutir à la place San Francisco. L'Inquisition, en général, affectait de ne prononcer que sur le fait. Elle déclarait l'accusé qui lui était dénoncé, ou qu'elle appelait devant elle, coupable, s'il y avait lieu, de tel crime ou de telle erreur. Elle prononçait contre lui les peines ecclésiastiques, puis elle le livrait au bras séculier, c'est-à-dire à l'autorité civile qui, en vue de la délibération du tribunal, appliquait la peine et exécutait la sentence. A partir de ce moment, le prêtre ne remplissait plus qu'une mission de miséricorde. L'Inquisition elle-même, en retirant sa main de l'accusé, n'oubliait jamais de le recommander à la clémence du nouveau juge.

Ce juge, à Séville, c'était l'assistente qui se faisait, en beaucoup de cas, représenter par l'un de ses lieutenants.

J'ai sous les yeux, en écrivant, un tableau que l'on a faussement attribué à Vélasquez, mais qui, contemporain de l'événement qu'il retrace, est un clair et vivant commentaire des auto-da-fé qui se célébraient à San Francisco. Toutes les maisons qui entourent la place sont chargées de monde, tous les balcons sont pavoisés, un immense échafaudage couvre la place presque entière, et laissant la circulation libre, sur trois de ses côtés, vient se rattacher par le quatrième, dans toute sa largeur, aux *casas capitulares*, et monte en amphithéâtre jusqu'à la galerie ouverte du premier étage. Sur cet amphithéâtre on voit toutes les corporations civiles, religieuses, militaires. En face se dresse une haute pyramide dont tous les degrés sont occupés par les condamnés; il y en eut quatre-vingt-quinze ce jour-là. Ceux qui doivent être brûlés, ils étaient au nombre de sept, couronnent la cime, puis viennent ceux qui ont encouru des peines inférieures. Sur les côtés se remarquent les effigies, ordinairement fort ressemblantes, des contumaces. Il y en eut trente-quatre en cette occasion.

Entre la pyramide et l'amphithéâtre, et à la gauche de ce dernier, s'élèvent l'autel et la chaire du haut de laquelle le secrétaire du tribunal lit les actes de la procédure. A droite de la chaire se dresse une grande croix voilée; c'est ce qu'on appelait la croix verte de San Pablo. Cette croix, verte en effet, ne sortait du couvent des dominicains que dans les grandes occasions. Elle était alors menée en grande pompe au château de Triana, d'où elle ramenait tout le Saint-Office à San Francisco. Toutes les cérémonies terminées, elle reconduisait l'Inquisition chez elle et rentrait elle-même processionnellement à San Pablo. Plusieurs se souviennent encore d'avoir vu cette croix dans leur enfance ou dans leur première jeunesse, et il leur en est resté comme une impression de terreur. Ce monument d'un autre âge a disparu, sans qu'on ait pu savoir ce qu'il est devenu.

Je ne vois nulle part qu'il ait figuré dans la cause de la béata Dolorès. On vient de dire que la partie judiciaire de son procès fut célébrée à San Pablo, et dans le cortége il n'est parlé que de la croix de Santa Ana.

L'infortunée n'en allait pas moins à sa destinée, mais sans rien perdre de son arrogance. En écartant la foule qui se pressait, innombrable, devant elle, elle se livrait encore à tous les emportements que le bâillon n'empêchait pas. Ce fut alors, dit la tradition, que le saint homme fray Téodomiro Diaz Véga, saisi d'un de ces mouvement de sublime colère que la Bible nous fait voir quelquefois chez les prophètes, leva sur elle son crucifix et menaça de l'en frapper au visage, si elle ne se taisait sur-le-champ. La Béata ne vit pas le geste, mais elle le comprit, et en fut comme terrassée. Puis, comme si du crucifix levé sur son front fût descendu sur elle un regard de miséricorde, elle fondit en larmes, et laissa voir tous les signes d'un véritable repentir. A partir de ce moment, son attitude calme et presque recueillie étonna ceux même qu'elle avait d'abord scandalisés; voilà, sans doute, pourquoi le P. Véga voulut conserver le bâillon, que l'on montre encore à Saint-Philippe de Néri comme une relique de la grâce, comme un instrument des miséricordes divines. Son humilité seule ne lui permit pas d'y joindre le crucifix, qu'on aimerait cependant à retrouver à côté du bâillon.

Il pouvait être deux heures un quart lorsque le cortége déboucha sur la place San Francisco. Là, suivant l'usage, une estrade avait été dressée sur la façade de l'Ayuntamiento, mais n'ayant rien des proportions colossales de celle dont il est question plus haut. Sur l'édifice même se détachait un dais au fond duquel on remarquait le portrait du roi, c'était alors Charles III, et au-dessous du portrait attendait, assis, le premier lieutenant de l'assistente. C'était entre ses mains que l'alguazil-mayor et le secrétaire du tribunal devaient laisser la prisonnière. Le magistrat la reçut, en donna décharge, et les gens du Saint-Office se retirèrent.

Le lieutenant ne parut pas s'inquiéter beaucoup de la formule d'usage par laquelle l'Inquisition recommandait à sa clémence la malheureuse aveugle; car il commença par la condamner à être brûlée vive, jusqu'à être complétement réduite en cendres, disait la clémente sentence. Mais avant de l'envoyer au supplice, le lieutenant lui adressa une courte exhortation, dans laquelle il lui rappelait les sentiments chrétiens de ses parents et de cette ville où elle était née et avait reçu le sacrement du baptême. Il lui fit honte de son aveugle obstination et de sa dureté de cœur, qui ne s'expliquerait que si elle avait vu le jour en Hollande et de parents hérétiques. Il terminait en disant que ses fautes étaient sans excuse, ayant résisté, comme elle l'avait fait, à tout ce qu'avaient inutilement tenté, pour l'éclairer et la persuader, les plus savants et les plus pieux personnages, et qu'ayant méconnu l'appel de Dieu tant de fois exprimé par la bouche de ses ministres, elle allait bientôt voir se consumer sa vie dans un feu, prélude et image d'un autre qui la dévorerait sans s'éteindre.

Il n'en fallait pas tant pour achever d'attendrir et de soumettre l'infortunée qui, tout à fait vaincue, demanda à se confesser. Le juge alors, se radoucissant, s'empressa de lui dire qu'il n'était pas en son pouvoir d'enfreindre la loi, mais qu'il pouvait du moins en atténuer la rigueur dans l'exécution; que si sa conversion était sincère elle ne serait brûlée que morte, et qu'elle avait trois heures pour se préparer à la mort.

Elle fut donc conduite dans les prisons de l'État, et ce fut sans doute pendant le trajet que, se tournant vers le P. Vega, elle lui dit : « Mon père, croyez-vous que Dieu me pardonne? — Si j'étais que de Dieu, répondit le bon religieux à qui les saillies ne faisaient jamais faute, certainement non. Mais Dieu est si bon qu'il est bien capable de vous faire grâce. »

Alors commença une confession entière, sans réserve, dans laquelle elle convint de tous les crimes dont l'Inquisition l'avait accusée, et d'autres qu'elle avait ignorés, racontés avec cette précision de clairvoyance intérieure qui est le privilége de certains aveugles. A partir de ce moment, elle eut constamment près d'elle quelques membres de cette admirable confrérie de la Charité qui existe encore à Séville, et qu'on retrouve aussi dévouée qu'aux jours de Mañara, au pied de tous les échafauds.

La Béata s'accusa d'avoir trompé tout le monde, et, comme pour racheter autant qu'il était en son pouvoir la chute de tant de pauvres âmes qu'elle avait séduites, elle supplia que l'on voulût bien rendre publiques ses dernières déclarations pour la justification du sacré tribunal et le châtiment de sa vie criminelle.

Cette confession suprême permettait d'écarter le crime d'hérésie. Le juge, réformant donc son arrêt en ce point, prononça la mort simple; le bûcher ne devait recevoir qu'un cadavre.

L'exécution était indiquée pour cinq heures.

Le *Quemadero* (le nom dit la chose), où la condamnée devait être étranglée d'abord, puis brûlée, existait encore, en 1809, tel qu'il avait été construit à l'époque où l'Inquisition s'établit à Séville. Lorsqu'il fut détruit, on en jeta les matériaux dans les fortifications élevées contre les Français; étrange coïncidence qui fit qu'on s'arma contre ceux qui, l'année suivante, allaient abolir l'Inquisition, des débris mêmes de ses échafauds.

Celui dont je parle, appelé le Quémadéro parce que, morts ou vivants, on y brûlait les condamnés, s'élevait dans les prés de Saint-Sébastien, à deux pas même du lieu d'où j'écris ce dernier chapitre d'une histoire heureusement close, et dans l'endroit où se tient, chaque année, au mois d'avril, la joyeuse foire de Séville. La place qu'occupait l'affreuse machine n'est reconnaissable aujourd'hui, et pour ceux-là seulement qui l'ont vue debout, qu'à une légère ondulation du terrain, près d'une fontaine où viennent s'abreuver les troupeaux, et où la pure source d'Alcala n'amènera jamais assez d'eau pour laver ce sol néfaste.

Le Quémadéro était formé de quatre forts piliers engagés dans une construction de briques et ressortant aux angles. Chacun d'eux était couronné d'une statue de terre cuite fixée par un épi de fer. Sur le pilier tourné vers le faubourg de San Bernardo, une des limites du pré fatal, se lisait une inscription arabe. On serait curieux de savoir ce qu'avait pu dire de l'Inquisition, mais parlait-il d'elle? un fils de Mahomet.

Tel était le but suprême vers lequel s'avançait, à cinq heures du soir, et montée sur un âne, la Béata repentante. Des religieux de tous les ordres marchaient devant elle en récitant le rosaire à haute voix. Ceux qui avaient préparé sa conversion ne l'abandonnèrent pas dans cette dernière épreuve. « Ils travaillaient comme de vrais apôtres, dit le correspondant de Jovellanos, dans le fond comme dans la forme. »

De mémoire d'homme on n'avait vu, en pareille occasion, une telle multitude de curieux. Il en était venu à pied, à cheval, en voiture, de toutes les manières. Ils inondaient les rues, les places, tous les environs de la prairie et la prairie même où venait aboutir ce triste pèlerinage. Mais ceux qui peut-être s'étaient promis le dramatique spectacle d'une chétive créature, tenant tête jusqu'au bout à l'Inquisition et au bûcher, durent être bien étonnés de voir cet être impur et maudit relevé par le repentir, et comme transfiguré sous les larmes. Elle comprit sans doute, au silence respectueux qui l'accueillait, qu'une sympathie imprévue prenait dans tous les cœurs la place de l'anathème contenu; car, animée elle-même de ce sentiment nouveau de la charité qu'elle avait ignoré jusque-là, arrivée au terme de sa course, elle se réconcilia une dernière fois, et demanda pardon à tout ce peuple des mauvais exemples qu'elle avait donnés durant tant d'années, ajoutant qu'elle souffrait la mort avec joie pour expier, en partie du moins, les erreurs et les crimes de toute sa vie. Dans ce corps misérable il se trouva une âme rachetée par le sang de Jésus-Christ.

Attachée au poteau fatal, elle récita le *Credo* et se livra au bourreau. Aucun récit ne parle de la manière dont elle reçut la mort, mais je jurerais que ce fut avec courage et noblesse. D'ailleurs, dans cette Espagne où la résignation a toujours gardé quelque nuance de la fatalité musulmane, tout le monde d'instinct sait bien mourir : on ne cite guère en Espagne de vilaines morts.

Dès que le sacrifice eut été accompli, le corps, détaché du poteau, fut déposé sur le bûcher, qui brûla jusqu'à neuf heures du soir, puis les cendres furent jetées aux vents. L'exécuteur se nommait Manuel Cabézas. Le matin de ce même jour, il s'était présenté au lieutenant de l'assistente pour réclamer ce qui était nécessaire à sa funèbre besogne. On en peut lire les odieux détails dans une pièce authentique du temps. Dans le bûcher seulement il entra quarante quintaux de sapin.

Le correspondant de Jovellanos termine sa lettre par ces étranges paroles : « Je n'ai rien à ajouter pour le moment; je suis de frérie cette après-midi et vais dîner à Alcaraz. »

Toutes les protestations possibles en faveur de l'humanité n'ôtent rien à ces paroles de leur significative indifférence. On voit à quel point l'habitude émoussait encore la pitié, même dans les âmes ouvertes aux généreuses inspirations de la religion mieux comprise. Pauvre madame de Sévigné, à qui on avait tant reproché, un siècle auparavant, de prendre trop aisément son parti des pendaisons de la Bretagne!

Le tragique événement que nous venons de raconter eut du moins deux circonstances consolantes. La première, c'est que la pauvre condamnée rendit à Dieu une âme purifiée par le repentir; la seconde, c'est que ce fut la dernière fois que le spectacle d'un auto-da-fé sanglant fut offert à Séville.

VIII

UNE TERTULIA LITTÉRAIRE A SÉVILLE

A XAVIER MARMIER

Souvenirs d'une réunion littéraire à Paris, vers 1858.—Ce que c'est qu'une *Tertulia*. — Tertulias de Madrid. — Celle de don Juan José Bueno, á Séville. — Par quel chemin je m'y rends. — Ce qu'est M. Bueno. —Aspect de son cabinet.—Discours d'ouverture en vers; citation.—Lecture d'un vieux manuscrit. — Le génie espagnol toujours identique à lui-même. — Sonnet de don Miguel de los Santos Alvarez. — L'acteur Julian Roméa. — Son ode sur la mort du Christ; citation. — Celle de Lista sur le même sujet. — Trait de mœurs locales. — Don Francisco Tubino. — Don Leon Carbonéro y Sol, le Veuillot de l'Espagne. — Le sculpteur Astorga. — Le capitaine de hussards don Juan Justiniano et son ode au poëte. — Don José Fernandez Espino et son ode à Murillo; citation. —Ce que c'est qu'une *couronne poétique*. — Poëtes lyriques et prédicateurs. — Le marquis de Auñon et sa ballade *à un arbre*; traduction. — Don Juan Vélazquez y Sanchez et ses études archaïques; citation. — Les vieux genres de la poésie espagnole toujours en honneur. — Pages inédites des anciens génies de l'Espagne. — Don Fernando de Gabriel y Ruiz de Apodaca et son ode sur les soldats poëtes. — Une lecture de *Don Quichotte*. — Conclusion.

VIII

UNE TERTULIA LITTÉRAIRE A SÉVILLE

Vous souvenez-vous, mon ami, de nos anciennes réunions littéraires dans votre petit appartement de la rue de l'Odéon, en l'an de grâce 1838? C'est une des meilleures dates de notre jeunesse. C'est alors que Brizeux, qui était déjà le grand poëte que la France saluait dernièrement en lui, au lendemain d'une mort prématurée, nous récitait avec cet accent pénétré, un peu guttural, et de cette voix dans laquelle on croyait entendre le bruit éloigné de la vague brisant sur ses côtes de Bretagne, quelque page nouvelle de son idylle de *Marie* ou des fragments de sa rustique épopée, inédite encore, des *Bretons.* Sainte-Beuve, qui n'était pas de l'Académie, mais qui déjà eût mérité d'en être, tirait de sa poche ou de sa mémoire ce morceau d'un souffle si large, *A une Chasseresse,* et d'autres pièces qu'il retenaît encore. Vous, quand les autres se taisaient, vous retrouviez, dans quelque tiroir de votre table à écrire, une élégie heureusement traduite de l'évêque Tegner, ou une chanson naïve rapportée d'Islande ou de Norvége, deux contrées qu'il a été, qu'il est encore de mode de découvrir après vous.

Entre minuit et une heure, on s'en allait un par un, deux par deux, et je restais encore un moment à savourer avec vous les beaux vers que nous venions d'entendre. On se quittait avec regret, quoiqu'on emportât l'espoir de se retrouver le jeudi suivant. Mais un jour arriva où le groupe dispersé ne se rejoignit plus. Vous étiez parti pour l'un de ces lointains voyages, d'où vous nous reveniez le cœur plein d'autres rêves, les yeux éblouis de nouvelles images, les mains chargées de gracieux récits.

Ces souvenirs, que je cultive fidèlement, me revenaient l'autre jour, à l'occasion d'une lettre par laquelle un de mes amis d'Espagne me conviait à des réunions du même genre qui allaient s'établir ou se renouveler à Séville.

Il me semble que c'est à vous que je dois raconter ce que j'ai vu, ce que j'ai entendu, ce que j'ai ressenti dans ces *tertulias* qui, plus d'une fois, m'ont rendu quelque chose des bonnes heures de notre jeunesse. Malgré vos préférences pour le Nord et pour le génie de ses poëtes, vous n'avez, je le sais, aucun parti pris contre le Midi, et vous aimez l'Espagne, bien que vous n'ayez fait que l'entrevoir, en effleurant ses côtes. Laissez-moi donc vous entretenir de l'Espagne comme vous me parliez jadis (loin de moi toute comparaison malséante) du Groenland et de la Laponie.

Les tertulias littéraires étaient autrefois fort communes en Espagne; pas de ville, quelque peu amie des lettres, qui n'eût la sienne. Elles sont devenues plus rares, mais il en existe encore. A Madrid, cela va sans dire; du moment que l'Espagne, contrairement à ses habitudes et à son génie, persiste à vouloir se donner une capitale unique, il va de soi que la vie intellectuelle afflue vers ce centre un peu artificiel du pays. Vous trouverez donc à Madrid, à côté des académies officielles, des salons où l'on se réunit pour entendre des vers et pour en lire, celui entre autres de M. le duc de Rivas, un grand poëte; celui de M. le marquis de Molins, un littérateur distingué; l'atelier de M. Piquer, un sculpteur de mérite; le cabinet de don Auréliano Fernandez y Guerra, un érudit, maître en l'art d'écrire; celui enfin d'un critique supérieur, don Manuel Cañete. Je n'ai pas eu occasion d'assister à ces réunions.

Mais, en Espagne, la cause de la centralisation n'est pas tellement gagnée, que Madrid soit déjà toute l'Espagne. Il n'est pas encore tout à fait vrai de dire que l'art aussi n'a qu'une capitale, et de même que les acteurs les plus consommés dans leur art se rencontrent tantôt à Barcelone et tantôt à Séville, aujourd'hui à Valence, demain à Malaga ou à Cadix, le premier poëte, le premier prosateur de l'Espagne peut fort bien se rencontrer dans telle ou telle de ces villes. Seulement, si l'on n'y prend garde, il n'en sera plus longtemps ainsi. Ceux donc qui, sur un point ou sur l'autre, travaillent à créer ou à conserver en Espagne un foyer littéraire, font acte de véritable patriotisme, peut-être de prévoyance, et tout bon Espagnol doit savoir gré à don Juan José Bueno d'ouvrir sa maison à ses amis, et l'encourager, le soutenir dans le généreux dessein de sauver de la loi commune l'originalité de cette grande école andalouse qui, au seizième siècle, donnait de si beaux noms à la poésie espagnole, Herrera, Rioja, Arguijo, Jaurégui, pour ne parler que de ceux-là, et qui parait peu disposée, ce n'est pas moi, c'est elle qui le dit, à voir s'égarer les eaux profondes de son Guadalquivir sur les sables arides du Manzanarès.

C'est le mercredi que M. Bueno a choisi, et j'avais reçu pour ce jour-là une cordiale invitation. Qui est M. Bueno? me demanderez-vous. J'allais vous le dire. M. Bueno est un avocat, mais un avocat dans lequel il y avait, il y a encore un poète. Qui donc lui a persuadé qu'il devait y avoir aussi en lui un démocrate? La démocratie pourtant ne va guère à la mesure de son esprit, à la grâce de ses manières, à l'élégance de ses habitudes. Toute la personne de M. Bueno est jeune, sa physionomie est expressive, sa parole caressante. Autre contraste non moins vif que le premier, M. Bueno est un curieux, un chercheur de raretés, un bibliophile. Dans sa première jeunesse, il n'en est encore qu'à la seconde, M. Bueno publia avec don J. Amador de los Rios, aujourd'hui membre distingué de l'Académie de l'histoire à Madrid et historien d'un sérieux mérite, un petit recueil de poésies qui ont gardé bien de la fraîcheur. M. Bueno semble vouloir revenir aujourd'hui aux douces et pures inspirations de ses jeunes années, et cette tertulia à laquelle j'étais invité est aussi peut-être un signe de cet heureux retour.

Me voilà donc en route par un beau clair de lune pour me rendre à la rue Marmolès, où demeure notre ami. Je passai devant l'ancien collége de Maese Rodrigo, à la porte duquel se dressent encore ces colonnettes de marbre dont Cervantès parle dans ses *Nouvelles exemplaires*. Ces souvenirs de la vieille Espagne me préparaient à prêter une oreille curieuse aux beaux esprits de la nouvelle. Par l'étroite rue San Grégorio, la place de la Contratacion et la rue de Mañara (que de souvenirs encore!) j'arrivai sous cet arceau où le Cid d'Andalousie provoqua et tua son ami Bustos, tradition qui reste acquise à la poésie et presque à l'histoire, depuis que Lope de Véga l'a consacrée dans un drame[1]. L'arc séculaire

---

[1] Depuis que ceci a été écrit, l'arc a été démoli, sans respect pour les souvenirs qui semblaient devoir le protéger. Mais quoi! il gênait un peu la circulation. Un poëte, témoin de cette profanation, n'a pu se retenir d'écrire, à cette occasion, les strophes suivantes, qui ont eu quelque retentissement en Espagne:

A CEUX QUI DÉMOLISSENT L'ARC DE SANCHO ORTIZ DE LAS ROELAS.

Quand le noble Bustos expira sous le glaive,
De sa main défaillante il montra cet arceau,
Et dit: « Que la nuit tombe ou que le jour se lève,
Tant qu'il sera debout, tu gémiras sans trêve,
Te souvenant, Ortiz, que tu fus mon bourreau. »

Et le voilà tombé, l'arc aux souvenirs sombres!
Vieux témoin de Bustos, le voilà condamné!

s'ouvre sur une place plantée d'acacias et d'orangers, et
qui est formée à droite par l'Alcazar, à gauche par la
Lonja et la cathédrale, en face par le palais de l'archevêque. Comme je tournais l'angle de l'Alcazar, j'aperçus
au-dessus d'une petite maison enclavée dans la vieille
muraille une étroite fenêtre doucement éclairée. Je fus
un peu tenté, je l'avoue, de laisser là mon premier dessein, et d'aller passer quelques heures de cette belle
soirée à côté de celle ou de celui qui, à la lueur d'une
lampe, veillait, lisant ou écrivant derrière la mystérieuse
fenêtre. J'étais sûr, sans aller plus loin, de rencontrer
là la poésie : cette fenêtre était celle de Fernan Caba-
llero. Pourtant je passai outre.

Laissant donc à ma gauche la Giralda se dresser, dans
l'ombre, de toute sa hauteur, je m'enfonçai dans une
longue rue tortueuse qui fuit comme un serpent dans le
quartier qui fut jadis celui des Maures, et j'arrivai enfin
à la porte de M. Bueno.

Un certain nombre de personnes étaient arrivées

> Et ce soir, au milieu de tes tristes décombres,
> Pendant que j'évoquais les deux tragiques ombres,
> Une voix murmurait: « Ortiz est pardonné! »
>
> C'est bien. Son crime fut le crime de cet âge
> Où, quand le roi parlait, il fallait obéir.
> Il eut, aimant la sœur, le sublime courage
> De défier le frère; et, d'un ferme visage,
> Dans la maison du mort il rentra pour mourir.
>
> Dors, brave Ortiz; mais toi qui, dans ta frénésie,
> Et d'un bras désormais que rien n'arrêtera,
> Vas arrachant du sol de notre Andalousie
> Les monuments de l'art et de la poésie,
> Niveleur sans pitié, qui te pardonnera?

avant moi, et je reconnus, en entrant, quelques figures amies à travers l'atmosphère légèrement voilée par la discrète fumée d'une demi-douzaine de cigarettes.

Un cabinet de moyenne grandeur, dont les murs sont couverts d'anciennes estampes, de plâtres choisis avec goût, de portraits entre lesquels je distinguai celui d'Espronceda, une lampe sur le bureau, et sur la cheminée deux candélabres de bougies, un bon feu, un canapé confortable et d'excellents fauteuils, tous ces agréments du chez soi eussent paru, à Séville, il y a douze ans, quelque chose d'assez nouveau dans les habitudes de qui que ce soit et surtout d'un homme de lettres. Aujourd'hui on ne s'étonne plus de rien à Séville; deux mots expliqueront le miracle : Séville est habité par un prince français, et aux deux extrémités de la ville deux chemins de fer échangent, jour et nuit, les coups de sifflet de leurs locomotives.

M. Bueno eut la bonté de me nommer les personnes qui m'avaient précédé : c'étaient des littérateurs, des peintres, des sculpteurs, des professeurs, des académiciens, des journalistes, de jeunes officiers dont la main sait tenir la plume comme l'épée.

M. Bueno ouvrit lui-même la séance par la lecture d'une épître familière adressée à ses hôtes. Après quelques vers de bienvenue, le poëte nous conviait à l'étude des lettres antiques, et ce lui fut une occasion toute naturelle de passer en revue tous les classiques de l'Espagne. Vous me permettrez bien de vous traduire un fragment de ce vif et rapide dénombrement :

« Applaudissons à la force comique de Moréto, aux magnifiques élans de Rojas, à la simplicité de Ruiz de Alarcon, au sel dont le picaresque Tirso sait assaisonner de mordantes vérités. Souvenons-nous de Mescua, de Vélez, de Cañizares. Admirons la facilité d'Ercilla qui, témoin de sauvages rencontres et souvent même arrosé du sang des guerriers d'Arauco, excelle à raconter les luttes intrépides des Indiens, et maniant tantôt la plume, tantôt la tranchante épée, se couronne du double laurier du poëte et du soldat.

« Lisons aussi les pages de nos meilleurs prosateurs; laissons-nous enchanter à la candeur du royal Alonso, aux tours familiers de l'auteur de la *Célestine*, à la gravité de Mariana, à l'énergie de Mendoza, aux grâces piquantes de Quévédo, à la science de Solis, à la pure élégance de Cascales, de Mélo, de Luis de Granada, du P. Malon de Chaide, de fray José de Sigüenza, d'Argensola et de Marquez.

« Mais, ô toi, le prince des beaux esprits, l'honneur d'Alcala de Hénarès, montre-nous le sentier caché qui t'a conduit à la renommée, et par où, à travers les tourments d'une horrible captivité, les persécutions et la faim, tu as mérité que ta plume conquît le respect des siècles! Gloire au vaillant soldat qui, si, dans les batailles navales, il eut la douleur de perdre un bras, sut avec l'autre, en écrivant, s'élever à des hauteurs que nul n'atteignit avant ou après lui, pour graver son nom sur un marbre éternel, inaccessible désormais aux coups du temps et de l'envie. Inclinons-nous et rendons un pur hommage au maître de la langue, au grand Miguel de Cervantès ! »

C'est un peu redondant, n'est-ce pas? Mais n'oublions pas qu'il s'agit de Cervantès. Nous-mêmes y regardons-nous de si près et savons-nous être concis, quand nous parlons de notre Molière?

Et pour donner lui-même l'exemple de ce culte qu'il veut faire revivre envers les demi-dieux du Parnasse espagnol, M. Bueno prend, au milieu de ses livres, un manuscrit dont j'ai parlé ailleurs, et y lit, d'un contemporain et d'un ami du *divin* Herrera, une notice sur ce grand poëte, le Pindare espagnol, le chantre immortel de Lépante et de la mort de don Sébastien. Ce manuscrit est la copie d'un autre, bien autrement précieux, dans lequel un peintre du seizième siècle, don Francisco Pachéco, avait dessiné le portrait de tous les illustres de son temps, ses amis pour la plupart, joignant à l'image une biographie, second portrait non moins ressemblant que le premier, et dessiné d'une main aussi ferme.

Cette lecture était pour moi une véritable révélation, non du manuscrit, que je connaissais déjà, mais de l'indestructible unité du génie espagnol.

Je ne pouvais m'étonner assez de voir, à l'air épanoui des visages, à la souriante attention de tous, comment, aujourd'hui encore, un Espagnol, quelle qu'ait été la spécialité de son éducation, et quel que soit le tour particulier de son esprit, entre de plain-pied, pour ainsi dire, dans l'intelligence de la vieille Espagne. L'Espagne littéraire, comme l'Espagne politique, a eu ses guerres civiles; je pense à Gongora et à son école, à Huerta et à ses réformes, et à tant d'autres épisodes qui ont laissé leur trace; mais, dans toutes ces luttes, le génie castillan est resté lui-même, et de toutes ces luttes est sorti plus lui-même que jamais; en littérature surtout, il a gardé intacte la religion de son passé. En est-il de même chez nous? Lequel de nos grands écrivains n'a perdu quelqu'un de ses fidèles?

Mais M. Bueno n'avait pas rassemblé ses amis uniquement pour chanter avec eux les gloires antiques de l'Espagne. Après cette double introduction, un appel direct fut adressé aux poëtes qui se trouvaient là, et là comme partout, comme toujours, ce fut à qui ne tirerait pas de sa poche le manuscrit qu'il avait apporté.

Pendant cette lutte entre la bonne volonté et la modestie, en voyageur curieux et attentif à tout ce qu'il voit, à tout qu'il entend, je prêtais l'oreille à une voix grave, pénétrante et douce, qui, à côté de moi, récitait un sonnet au milieu d'un groupe. J'ai pu me procurer ce sonnet, et le voici; il y a dans l'original une expression de douleur et de désabusement que je désespère de rendre:

« Qu'elle est belle la naissante aurore sortant du sein frais des mers éclatantes! Qu'il est beau le soleil s'inclinant sur l'autel de l'heureuse nuit qui l'appelle aux amours!

« Qu'elle est belle l'heure du soir, quand, au son des chansons rustiques, le pâtre retourne à ses lares agrestes, et que la lune pleure des larmes d'amour!

« Qu'il est beau le ciel d'azur baignant notre vie dans son repos, à la lueur des astres de la nuit! Mais que peut-il encore trouver beau

« Celui qui, en son âme endolorie, abrite la pensée qu'il n'y a que vide, laideur et mensonge dans le cœur d'une femme adorée? »

L'auteur de ces vers est don Miguel de los Santos Alvarez, un des derniers envoyés de l'Espagne au Mexique; un diplomate? sans doute; Martinez de la Rosa et le duc de Rivas étaient hier encore des ambassadeurs, et je n'ai pas oublié le temps (c'était cependant avant 1830) où Lamartine s'évertuait à me soutenir qu'il y avait en lui surtout l'étoffe d'un diplomate!

Mais quel était celui qui récitait à demi-voix ce mélancolique sonnet? Plus je le regardais, et plus il me semblait avoir déjà vu quelque part cette figure expressive, avoir entendu ailleurs cette voix passionnée; je le crois bien! c'était Roméa, un des premiers, le premier peut-être des comédiens de l'Espagne. Le murmure des beaux vers ayant peu à peu attiré l'attention de ce côté : « C'est vous-même que nous voulons entendre, dit M. Bueno au grand acteur. Cherchez encore dans votre mémoire, vous y trouverez bien quelque chose de vous. » Et Julian Roméa accueillit cette prière, appuyée à la ronde, avec une bonne grâce pleine de simplicité et avec cette aisance de l'artiste qui, habitué à un public plus redoutable, sait bien qu'il peut compter sur une attention toute reconnaissante de la part d'un auditoire qui, cette fois, n'a pas payé le droit de l'entendre et de l'applaudir.

Roméa, je le savais, est un vrai poëte. Il y a long-temps déjà qu'il a publié avec succès un recueil de ses vers qu'on réimprime en ce moment. Toutefois, je ne fus pas médiocrement étonné, lorsque, après avoir rassemblé quelques feuillets raturés (était-ce coquetterie de la part d'un homme qui, par état, récite si bien?), il en lui le titre : SUR LA MORT DE JÉSUS-CHRIST. L'étonnement me parut gagner tous les assistants; mais chez eux il avait un autre motif que chez moi. Un poëte distingué, un grand professeur de l'université de Séville, don Alberto Lista, mort il y a quatorze ans, a composé sur la mort de Jésus-Christ une ode à laquelle il doit en grande partie sa réputation de poëte, et voilà pourquoi ceux qui m'entouraient étaient embarrassés, inquiets, peut-être un peu scandalisés d'entendre lire une ode sur le même sujet, à Séville, dans la patrie de Lista et devant quelques-uns de ses disciples, encore sous le charme de son enseignement et de ses vers. On dut voir quelque chose de cette surprise sur le visage du premier qui lut l'affiche du Théâtre-Français le jour où Voltaire, après Corneille, y fit annoncer un *OEdipe*, ou une *Sémiramis* après Crébillon. Cependant la curiosité prit bientôt le dessus, et on n'éprouva plus que de l'admiration pour l'audacieux, lorsque, après avoir montré la grossière soldatesque dépouillant le Christ, Roméa reprit :

« Toi, dépouillé, ô mon Dieu, et par les mains de ta propre créature, toi qui as donné au lion son courage, à la mer son élan irrésistible, au fleuve son cours impétueux !

« Toi qui as vêtu le jour de ses blanches clartés et le ciel limpide de sa suprême richesse, et le soleil de ses splendeurs, les animaux de leur fourrure, les oiseaux de leur plumage, la montagne de chênes et la prairie de fleurs !

« Et ils t'ont craché au visage, et ils ont flagellé ton corps sacré, et leurs barbares mains t'ont blessé, et ils ont couronné ton front d'épines, et ils t'ont couvert du manteau de leurs crimes !

« Ah ! pleurez, pleurez sans fin, filles charmantes de Jérusalem, pleurez ! Celui qui marche dans l'angoisse en arrosant la terre de son sang, c'est le Dieu du ciel !

« Celui qui marche, chargé d'outrages, au milieu de ces hommes, hardis pour leur malheur, c'est le même qui, à son peuple armé, parmi les vagues de la mer rugissante, ouvrit un chemin facile, fermé à Pharaon.

« Et vous l'avez vu, ô race d'Israël, et vous l'avez nié ! Vous avez entendu sa parole et vous avez fermé les yeux à la lumière ! il a prêché la vérité, et vous avez refusé d'y croire ! »

J'avais récemment relu l'ode de Lista, et, tout en rendant justice au vigoureux talent de Roméa, il ne me paraissait pas qu'il se fût tout à fait élevé à la même hauteur que son devancier. « Ce qui m'étonne ici, dis-je à M. Bueno, ce ne sont pas les beaux vers; que Romea, avec l'inspiration qui lui est propre et vivant dans la familiarité de vos grands poëtes, ait appris d'eux l'art d'écrire comme eux, rien de plus naturel. Ce qui m'étonne, c'est, chez un démocrate, d'entendre un acteur réciter des vers de sa composition sur la mort de Notre-Seigneur. — Et devant le directeur de *la Cruz*, » me jeta dans l'oreille, en passant derrière moi, quelqu'un dont j'avais serré la main en entrant, et qui, par la vive expression de sa physionomie, m'avait beaucoup rappelé Sainte-Beuve.

M. Bueno sourit de mon observation, complétée d'une manière si piquante par don Leon Carbonéro y Sol, et un jeune journaliste ajouta :

— Nous sommes ici sur un terrain neutre.

— Dites plutôt, répliquai-je, que nous sommes en Espagne, le pays des contrastes, où tout se rencontre sans se confondre, où tout se heurte sans se mêler.

— C'est cela même, reprit Roméa. Venez à Madrid, et vous y verrez les choses se passer de la même manière, et, dans le salon du duc de Rivas ou chez le marquis de Molins, Alcala Galiano, un modéré s'il en fut, tendre la main à Hartzembush, le plus progressiste de nos poëtes. »

Cependant le journaliste dont j'ai parlé s'était rapproché du bureau et commençait la lecture d'un mémoire. Don Francisco Tubino est un jeune homme instruit et qui se souvient d'avoir suivi, à la Sorbonne, les cours de notre ami Saint-Marc Girardin. Il accompagnait l'année dernière, au Maroc, l'infortuné général Rios, et ayant rapporté de Tétouan une douzaine de manuscrits arabes, il nous racontait comment il les avait acquis dans la ville sainte et ce qu'ils contenaient : c'étaient pour la plupart des traités de médecine, d'histoire naturelle, de philosophie. Personne n'écoutait ce récit et cette analyse avec une attention plus intelligente, avec une bienveillance plus compétente que don Leon Carbonéro y Sol. C'est que ce dernier n'est pas seulement l'éloquent rédacteur et l'habile propagateur d'une revue religieuse, *la Cruz*, c'est aussi un savant professeur d'arabe à l'université de Séville. Mais, arabe à part, me direz-vous, votre Carbonéro y Sol ne ressemble-t-il pas quelque peu à Louis Veuillot? Il en a, en effet, la foi impétueuse et l'inquiète ardeur, mais sans la puissante énergie, sans le fiel qui trop souvent, chez le tribun catholique, gâte les dons singuliers de cette nature forte et pleine de sève.

Le mémoire de Tubino avait détourné l'attention de la poésie. On y revint, mais par un détour. Pendant que les poëtes s'encourageaient à reprendre la parole, le maître de la maison faisait circuler des dessins, des esquisses en plâtre ou en bois, des modèles de statues ou de bas-reliefs. Les peintres et les sculpteurs ramenaient doucement le tour des poëtes.

Don Juan Justiniano avait pris son parti. C'est un capitaine de hussards, auteur d'une épopée qui a pour titre *Roger de Flor*.

Roger de Flor est ce capitaine d'aventure qui, au commencement du quatorzième siècle, emmena une armée de Catalans et d'Aragonais au secours de l'empereur de Constantinople, épousa la nièce d'Andronic, et qui, si la trahison ne l'eût arrêté en chemin, s'emparait de l'empire d'Orient. Soldat et poëte comme Alonso de Ercilla, Juan Justiniano a quelque chose de la merveilleuse fluidité de son devancier, je me garderai bien de dire de son modèle; car si j'en croyais ses amis, les illusions sont permises à l'amitié, notre moderne aurait, avec plus d'élégance que l'ancien, une imagination plus féconde. Mais la comparaison clochera toujours en un point. Ercilla a combattu lui-même les combats qu'il a chantés. Ce que Justiniano récitait l'autre soir, c'est une ode au poëte. Il dit ses vers en inspiré. La voix, l'accent, le geste, le regard, tout est en harmonie avec les vers, et on croirait que l'auteur improvise, tant il retrouve pour réciter son œuvre ce qu'il éprouva en la composant. Je ne détache rien de ce beau morceau, il faudrait le traduire tout entier, et j'aurais vraiment l'air de me parer de la dédicace qui m'est adressée. Un fragment d'ailleurs n'en donnerait qu'une pauvre idée. C'est un fleuve qui passe; essayez d'y plonger une coupe, le flot que vous puiserez vous rendra-t-il l'impétuosité de son cours?

Chaque réunion amenait de nouveaux visages, de nouveaux lecteurs, quelque circonstance qui réveillait l'attention et donnait des ailes à la pensée. Un jour, par exemple, don Francisco Astorga, un sculpteur habile, apporta un enfant Jésus sculpté en bois et peint. C'est un genre de sculpture particulier à l'Espagne et à l'Italie, qui en tenaient école. Mais, ici du moins, cet art se perd et tombe dans le métier. Il a pourtant donné à l'Espagne des œuvres durables, et, avec maints autres, deux artistes célèbres, l'énergique Montañez et le noble Roldan, qu'il ne faut pas séparer de sa fille, la Roldana, comme on l'appelle avec une gracieuse familiarité, laquelle se confessait et communiait chaque fois qu'elle prenait le ciseau pour travailler à une image du Christ ou de sa sainte Mère. Ah! le bon temps où les artistes avaient cette foi dans leur art, et, si on osait le dire, cette foi dans leur foi même!

L'Espagne, hâtons-nous de le dire, en a gardé quelque chose. Dans la soirée où Astorga exposa son *Niño Dios*, M. Bueno nous lut des stances qu'il venait d'improviser et desquelles on ne saurait dire si elles s'adressaient au Dieu ou à l'image, tant il y eut de religieuse émotion dans sa voix, et tant, à mesure que le lecteur s'attendrissait en avançant dans sa lecture, il semblait que, par un mouvement involontaire, son genou allait de lui-même chercher la terre pour s'y poser.

Le poëte dont je vais parler ne nous éloignera pas trop des artistes, car il a chanté Murillo. Don José Fernandez Espino est un des savants maîtres de Séville. Critique excellent et poëte d'un talent très-varié, don José Fernandez Espino cache sous les dehors d'une gravité naturelle un esprit charmant, un savoir étendu, une aménité rare. C'est une belle et large composition que son ode à Murillo, destinée à une couronne poétique que l'on prépare en l'honneur de ce grand peintre. Mais vous voulez savoir ce que c'est qu'une *couronne poétique?* N'allez pas croire que ce soit rien de semblable à ce que, en Italie, on appelle parfois une Médaille, une Inscription. En Italie, on fond beaucoup des unes, on grave beaucoup des autres; mais le plus grand nombre est un simple hommage, une pensée, une date condamnés à attendre éternellement leur statue, leur colonne, leur monument, et qui, s'ils n'étaient avertis, pourraient faire le désespoir des numismates et des collecteurs d'épigraphes. La couronne poétique, en Espagne, est quelque chose de plus réel, car enfin ce sont des vers, et, si les vers sont beaux, ils survivent à la circonstance. Combien de pièces ont pris rang dans des recueils consacrés, qui d'abord furent composées pour une couronne poétique! Le temps a emporté les autres; celles-ci ont gardé leur écho dans la mémoire des hommes. Il n'est guère d'événement un peu bruyant, littéraire, politique ou même privé, qui ne provoque une couronne. La fin d'un écrivain éminent est une occasion qu'on ne laisse guère échapper. Quand Lista mourut à Séville, une couronne fut dédiée à sa mémoire, et de tous les coins de l'Espagne ses anciens élèves et ses rivaux voulurent s'associer à ce dernier hommage. Le malheur lui-même n'en met pas toujours à l'abri. Un jour, la mer qui baigne la côte de Biscaye, où s'élève le naissant village de Saraüz, engloutit une enfant du célèbre député aux Cortès, don Pascual Madoz.

Il n'entra pas un moment dans la pensée des amis de la famille désolée qu'on pût leur reprocher d'avoir fait un jeu d'esprit d'une telle catastrophe, et une couronne fut offerte par eux à l'inconsolable douleur des infortunés parents : *Manibus date lilia plenis.*

Mais une couronne est surtout à sa place, lorsqu'il s'agit de perpétuer un souvenir qui touche à la gloire du pays. Il y a quelques années, lorsqu'une main royale sauva de la dernière ruine ce couvent de la Rabida dans lequel Christophe Colomb, encore méconnu, rencontra enfin son bon génie, le prieur Juan de Marchena, une couronne poétique solennisa cette patriotique restauration qui aurait dû être l'œuvre de l'Espagne entière.

Voilà Séville, autre exemple, qui, au bout de deux siècles, s'aperçoit qu'elle a oublié d'élever un monument à la gloire de Murillo; et pendant que les listes de souscription courent l'Espagne, que le sculpteur pétrit son moule, que le fondeur amasse le bronze, que l'architecte creuse les fondations du piédestal, les poëtes aussi sont à l'œuvre, et Murillo aura sa couronne poétique en même temps que sa statue. J'emprunte à l'ode de J. Fernandez Espino la description d'un des chefs-d'œuvre du peintre. Ceux qui n'ont pu que deviner dans l'obscure chapelle de la cathédrale, où les ténèbres la gardent, l'admirable *Vision de saint Antoine de Padoue*, la retrouveront mieux éclairée dans les vers que j'essaye de traduire :

« Dans l'atmosphère lumineuse et pure, enfant par la

forme, svelte et gracieux, Dieu descend d'un mouvement sûr, d'une allure légère, aisée et tranquille.

« Et si sur sa face d'une angélique beauté se laisse voir l'ardent amour, en elle éclate aussi l'éternelle majesté de celui qui d'un souffle de sa toute-puissance créa la lumière, la mer et le sublime firmament.

« Une phalange de chérubins l'environne amoureusement, heureuse du seul bonheur de le contempler. Leur brillant visage, dégagé à peine du voile céleste, respire la flamme ardente du divin amour, source intarissable de l'éternelle béatitude.

« De même que le soleil répand sur ce monde, avec ses rayons d'or, les parfums, l'allégresse et les fleurs, ainsi la lumière qui anime le chœur sacré le revêt d'éblouissantes clartés, et l'humble demeure où prie à genoux le saint de Padoue se voit baignée d'une splendeur inaccoutumée : la gloire de l'Éternel est venue jusqu'à lui. Sous la vision divine, la face du juste abîmée s'éclaire d'une séraphique lueur, et, dans une extase profonde, il tend les mains, il s'élance, déjà prêt à quitter ce monde misérable. »

Je n'ai bien compris le caractère que revêt, dans la littérature espagnole, la poésie lyrique, qu'après avoir entendu les poëtes réciter eux-mêmes leurs vers. La musique de la parole ajoute alors à l'expression de la pensée, et parfois tient un peu lieu de la pensée elle-même. Ces rapsodes de leur propre muse ont dans l'accent une ardeur et dans le regard une flamme qui vivifient le vers, et, sous ce rapport, il existe, dans le même pays, une singulière analogie entre le poëte lyrique et le prédicateur. Ce dernier n'est pas toujours, comme chez nous, par exemple, un infatigable scrutateur de la conscience humaine, un patient investigateur du cœur de l'homme. Il ne porte pas le flambeau dans ces mille replis de notre âme où l'impitoyable main d'un Bourdaloue va saisir l'ennemi caché pour l'amener au grand jour et le marquer au front de son véritable nom. Le prédicateur espagnol s'adresse plus volontiers à l'imagination, à la sensibilité, comment dirai-je? aux nerfs de son auditoire. Il lui parle des châtiments ou des récompenses de la vie future, il lui peint les souffrances de Jésus-Christ et sa triomphante résurrection; il l'enivre, en un mot, de sentiments et d'images. De tels sermons ne veulent pas être lus, mais écoutés, et écoutés dans l'ombre des cathédrales ou sous le reflet des mille cierges qui prêtent un éclat plus vif à l'or prodigué sur les autels et les tabernacles. Si nous entrons dans une de nos églises à l'heure du sermon, qu'y voyons-nous? Un auditoire recueilli, tranquillement assis et suivant sans effort d'esprit, parce que le corps n'en a point à faire, la pensée du prédicateur. Le spectacle qu'offre, en pareil cas, une église espagnole est, je l'avoue, plus pittoresque. Quelques hommes debout, et par cela même tentés, à tout instant, ou forcés de changer de place ou d'attitude; puis des groupes de femmes vêtues de noir et assises sur leurs talons, telles que nous les avons vues dans les mosquées du Caire ou de Constantinople. Pour immobiliser les uns, pour tenir les autres éveillées et attentives, suffirait-il d'une ferme démonstration des dogmes de la foi, d'un lumineux exposé de la morale chrétienne? Non, il faut surtout secouer, agiter les âmes, les promener dans la légende, les ravir au ciel ou leur faire peur de l'enfer. Aussi que de fois j'ai entendu de profonds soupirs répondre à la voix qui descend de la chaire, et, pour peu que cette voix fût vibrante et sonore, des sanglots éclater soudain! Avec un auditoire plus naïf et qui serait moins en garde, la poésie lyrique aurait un peu de ce succès-là.

« Oui, me disait un soir, chez M. Bueno, quelqu'un à côté de qui j'étais assis, ce qui manque à notre poésie lyrique (il aurait pu dire à la poésie lyrique de tous les peuples), ce n'est ni la passion ni le mouvement, c'est quelquefois la pensée, cette pensée qui fait que, même traduit dans une autre langue, le vers reste poésie, et, en perdant le rhythme, ne s'évapore pas. »

Celui qui me tenait ce langage était un grand jeune homme d'une physionomie très-distinguée. A la manière seule dont il écoutait les vers, on eût deviné un poëte, et la pâleur expressive répandue sur son visage donnait un certain charme à cette conjecture. C'était le marquis d'Auñon, fils aîné du duc de Rivas. Depuis quelques années, le talent de cet héritier du nom et de la lyre d'un poëte s'est révélé à l'Espagne par des compositions peu nombreuses encore, mais écrites avec un art achevé, beaucoup d'élégance et de délicatesse. S'il ne fallait pour bien traduire qu'une admiration sincère, je serais sûr de faire passer dans la traduction de l'élégie que j'ai entendu lire au marquis d'Auñon les rares qualités qui la distinguent :

A UN ARBRE

« Arbre, dis-moi pourquoi, dans la vaste plaine, mes pas toujours vont te chercher? Pourquoi, quand je contemple ton riche et brillant feuillage, éprouvé-je dans l'âme une indéfinissable anxiété?

« Pourquoi, si le vent, dans son incessant tourbillon, secoue avec fureur tes rameaux, soupiré-je involontairement en moi-même pour chaque feuille perdue, pour chaque fleur enlevée?

« Qui sait? peut-être ta vie brillante offre-t-elle à mon cœur quelque mystère à déchiffrer? Peut-être ma destinée sera-t-elle unie à ton existence par quelque lien invisible?

« Qui sait si tu ne prêteras pas à mes amours le frais ombrage de ton pavillon vert, si, caché sous tes fleurs, je ne dois pas sentir contre mon cœur battre le cœur d'un ange?

« Peut-être tes vigoureux rejetons me donneront-ils une lance robuste et pesante. Peut-être, si j'atteins le but où tend mon espoir, tes verts rameaux viendront-ils couronner mon front.

« Qui sait si, quand je franchirai le large sein des mers, tu ne seras pas le timon du navire, ou, dans la détresse d'un triste naufrage, la pauvre planche qui me sauvera des flots?

« Mais si tu ne dois être ni la tente enchanteresse de l'amour, ni la lance, ni le timon, ni l'heureuse et flottante planche qui doit me sauver de la mer et de l'aquilon,

« Quand la mort allégera ma destinée, ô arbre, qui sait si tu ne tomberas pas avec moi, si tu ne seras pas le cercueil où doit reposer ma poitrine glacée, ma tête flétrie? »

Je trouvais à ces vers, avec plus d'élévation toutefois, comme dans la personne même de l'auteur, je ne sais quelle analogie touchante avec le talent et la physionomie de Millevoie. *Di prohibite!...*

Il faut pourtant bien chercher un contraste à ce dernier morceau. La poésie, en Espagne, est loin d'avoir, en toute occasion, cet air sérieux, cette corde grave, ce ton passionné. La patrie de Quévédo et de Baltazar del Alcazar est aussi un pays de bonne humeur et de piquante fantaisie. Les saillies y abondent comme les traits sublimes, et l'enjouement y a aussi sa muse. La poésie castillane n'a renoncé, de nos jours, à aucune des formes sous lesquelles elle enchantait déjà le quinzième et le seizième siècle. Don Juan Vélasquez y Sanchez nous en fournira une preuve. C'est un jeune poëte qui, récemment chargé de mettre l'ordre dans les archives de Séville, s'en est tiré à son honneur et à l'honneur de la capitale de l'Andalousie, laquelle, sous ses mains patientes et heureuses, voit reparaitre chaque jour bien des titres enfouis de son antique gloire. Ce travail rempli d'émotions imprévues n'était pas pour faire oublier au savant archiviste que ce nom de Vélasquez, qui fut celui d'un grand peintre, peut être aussi celui d'un poëte. A force de fouiller ces vieux parchemins, à travers lesquels il lui était aisé de suivre toutes les transformations successives des mœurs et de la langue du pays, l'idée est venue à don Juan Vélasquez de montrer dans une suite de petites pièces comment, en Espagne, s'est exprimé l'amour dans ces cinq derniers siècles, et la diversité des temps se retrouve à la fois dans le sentiment et dans le langage. Il y a là une curieuse et habile étude que la traduction ne ferait pas assez sentir, du moins en ce qui concerne les temps anciens. Permettez-moi seulement, en arrivant au nôtre, de détacher le passage où il est peint. En Espagne, comme en France, tout le monde, hélas! mettrait ici des noms propres:

« Bon Samuel Lévy, retiens cette lettre de change que tu allais lancer contre moi, car tout ce que j'avais au monde, je l'ai laissé entre tes griffes.

« Je suis à la veille d'épouser la petite-fille d'un banquier en crédit dont la richesse est colossale, et qui associera volontiers dans une marche triomphale mes armoiries et son argent.

« Mon antique blason va prêter à ses trésors le relief qui manque à son ambition, et, en échange, il m'offre un marchepied pour monter au Capitole.

« Reparaître au jour restauré, quelle source d'honneurs et de profits! En payement de ce que tu as fait pour moi, je ferai briller sur ta poitrine le cordon d'une grand'croix.

« Aie confiance dans ma tactique, emboîte le pas derrière moi ; où je vais, viens avec moi ; mais retiens d'abord la lettre de change que tu allais lancer contre moi ! »

C'est une chose digne de remarque que de retrouver ici, populaires comme au premier jour, tous ces genres de poésie, sonnet, ode, élégie, *cancion, romance, letrilla*, épître morale ou badine, poëme épique, que cultivaient, il y a des siècles, Lope de Véga, Rioja, Quévédo, Arguijo, Ercilla, et qui sont traités aujourd'hui, sinon avec la même supériorité, du moins avec la certitude de n'étonner personne et de répondre au goût de tout le monde. J'aime à signaler partout où je la rencontre cette étroite parenté de l'Espagne ancienne et de l'Espagne moderne, parce qu'elle n'ôte rien d'ailleurs au progrès naturel des temps et des idées.

Je retrouvais encore cette unité de race, de génie et de langue dans la personne et dans les vers de deux jeunes Chiliens que le vent des révolutions avait poussés jusqu'en Europe, et qui, après avoir parcouru et étudié le Nord, étaient venus chercher en Andalousie quelque chose du ciel de leur patrie. Fils de ce pays conquis par les héros au milieu desquels Ercilla a combattu et chanté, l'inspiration de Lira et de Mata n'a pas le souffle épique. Leurs compositions délicates, rêveuses, mais courtes, me rappelaient plutôt ces fragments mélancoliques que quelques voyageurs ont recueillis en Amérique et qu'on trouve déjà cités dans Montaigne, comme leurs traits et leur teint, chez l'un surtout, me frappaient par un vague et lointain rapport avec le type des tribus indiennes.

A ce petit groupe américain, j'aimais à opposer comme un vif contraste, et comme un de ces caprices que rend chaque jour moins rares et moins singuliers la facilité nouvelle des communications, une physionomie toute germanique, celle du docteur Hosaüs, homme de grand savoir et voyageur sympathique au bien sous toutes ses formes; le docteur reste de son pays tout en aimant l'Espagne et croit pouvoir se souvenir avec amour du *Rhin allemand*, sans jeter au Guadalquivir la lourde épigramme de l'homme du Nord.

Ce qui nous plaisait ici à nous autres qui n'étions Espagnols que de cœur et de sympathie, c'était de rencontrer chez M. Bueno, non-seulement les maitres vivants de la lyre, mais ceux-là mêmes qui depuis des siècles reposent sous les dalles des églises ou des couvents. Expliquons-nous cependant. Ce n'était pas la magie qui évoquait au milieu de nous les génies d'un autre âge. Il n'est guère, en Espagne, de poëtes, si grands qu'ils soient, dont les œuvres aient été publiées complétement, et chaque jour on a la surprise de voir apparaître de l'un ou de l'autre une page oubliée. En France, ces jouissances sont plus rares, et aussi plus vives, en proportion de leur rareté même. Vous souvenez-vous de tout le bruit qui se fit chez nous, il y a quelques années, autour d'une traduction en prose de Juvénal attribuée à Boileau, et plus tard à l'occasion d'un pastiche qui se donnait pour l'ébauche d'une comédie de Molière? Bientôt on ne trouvera plus rien dans les portefeuilles des amateurs, tant chacun revendique pour soi le soin de rassembler et d'imprimer ses propres ouvrages. La mort surprend-elle un homme célèbre avant qu'il ait publié sa dernière page, un ami se trouve là qui la recueille, et si quelque temps elle est retenue par cette main fidèle et partant discrète, on saura plus tard où la retrouver, et aussitôt que les convenances le permettront, la page réservée ira rejoindre les autres et compléter la collection. Le poëte, en Espagne, n'a guère ce souci de ses vers; personne ne l'a pour lui, et il jette volontiers au vent les feuilles de la sibylle : c'est à la postérité à les ramasser. Celle-ci finit par là, mais sans se presser, et elle a beau entasser volume sur volume, elle n'arrive jamais à tout réunir. Il y a deux causes à cela : la première, c'est que les poëtes produisent beaucoup; la seconde, c'est que les libraires vendent peu; mais on copie volontiers ces pages inédites. Dans un de ses charmants dialogues, Antonio Cavanilles lit à son interlocuteur un beau sonnet de Lista.

« C'est magnifique! s'écria l'autre.

— Copiez-le, reprend Cavanilles, il est inédit. »

M. Bueno possède beaucoup de ces originaux et de ces copies-là, et il aime à ouvrir à ses habitués ces trésors de son cabinet. Chacun de ces morceaux était savouré comme une nouveauté. J'en jouissais, pour ma part, comme d'une confidence de leurs glorieux auteurs. Par un étrange renversement des choses, c'étaient ces poëtes, âgés déjà de tant de siècles, qui se faisaient nos contemporains.

Mais une heure venait où, désertant notre siècle, nous devenions les leurs à notre tour. A la fin de chaque réunion, l'un des assistants les plus autorisés s'empare d'un des classiques de l'Espagne et en lit quelques pages. Par là, on l'a vu, avait commencé la première séance; par là aussi elle avait fini, par là finissent toutes les autres. J'ai manqué celle, et je le regrette, où don Fernando de Gabriel y Ruiz de Apodaca, après avoir acquitté son tribut personnel par la lecture d'une ode éloquente, adressée à un ami, le colonel don Tomas de Reina, qui allait tenir garnison en Amérique, a lu, à la grande joie de tous les écoutants, un chapitre de *Don Quichotte*. Dans l'ode en question, le poëte évoque, avec une vive imagination, les grands souvenirs, les grandes ombres que son ami verra se dresser devant lui sur ces mers qu'il va sillonner : Christophe Colomb, Fernan Cortez, François Pizarre; et les derniers vers nous font voir le jeune colonel s'élançant, « l'épée à la main, parmi le bruit et la fumée du canon, à la belliqueuse harmonie du clairon, au son redoublé du tambour, et chantant les gloires de sa patrie, digne émule de l'illustre Ercilla. » Cette ode m'en rappelait une autre, non moins belle et plus complète, où le même poëte énumère avec un juste sentiment d'orgueil tous les nobles guerriers qui, en Espagne, ont été en même temps de glorieux poëtes.

Don Fernando de Gabriel y Ruiz de Apodaca est, lui-même, un capitaine d'artillerie qui porte dignement l'épée et le manteau d'Alcantara de ses ancêtres, qui joint au caractère le plus sympathique des connaissances littéraires fort étendues, et qui, lorsque ses devoirs militaires lui en laissent le temps, sait être, je viens de le prouver, un remarquable écrivain.

Pour en revenir à *Don Quichotte*, ne nous lassons pas de répéter que l'immortel ouvrage de Cervantes n'est pas seulement le livre par excellence de l'Espagne, c'est l'Espagne elle-même dans l'héroïque hauteur de ses sentiments et dans la simplicité de ses mœurs, dans l'élan démesuré de son génie et dans la protestation naïve de son bon sens. Aussi y revient-on toujours, et chaque fois cette lecture épanouit les cœurs et les visages, qu'elle soit faite par don Jorge Diez, un savant ecclésiastique (il me faisait penser au curé brûleur des romans de chevalerie), ou par Julian Roméa, qui met tout son goût à y laisser paraître le moins possible son talent d'acteur.

En m'en revenant le soir, par les rues désertes de Séville, où je n'entendais plus que la voix monotone du sereno, dont le chant commence invariablement par une invocation à Marie, il m'arrivait assez souvent de ne pouvoir plus distinguer le présent du passé, de confondre ce que j'avais entendu lire dans un vieux livre avec ce qui venait d'être récité par l'auteur lui-même, et si l'on m'eût demandé d'où je sortais, peut-être eussé-je répondu : « De l'atelier de maître Pachéco. »

IX

UN ARRIÈRE-NEVEU DE GONGORA

Ce que c'est que l'Académie de Séville. — Son origine. — Son organisation. — Anciennes illustrations. — Agustin Montiano y Luyando. — Le poëte Garcia de la Huerta. — Le poëte Ramon de la Cruz. — Triguéros. — Iriarte. — Campomanes et Florida Blanca. — Llorente. — Forner. — Lista, Reinoso, etc. — Une séance à l'Académie. — Aspect intérieur. — Usages espagnols. — Le marquis de Cabriñana. — Sa physionomie, sa biographie, ses vers. — Arrière-petit-neveu de Gongora. — Il parle sur Gongora, raconte sa vie et analyse ses œuvres. — Projet d'un monument à la mémoire du grand poëte. — Ce qui en retarde l'exécution.

IX

UN ARRIÈRE-NEVEU DE GONGORA

L'Académie de Séville ne fut, à l'origine, comme
toutes les académies de ce monde, même les plus illustres, qu'une libre société de gens d'esprit et de
science, qui, vers le milieu du siècle dernier, étaient
convenus de se réunir pour causer entre eux des livres
et de ceux qui en écrivent. Pour sauver leur association
des caprices individuels qui en eussent bientôt compromis le lien et la durée, ils la soumirent à certaines règles qu'ils présentèrent ensuite à l'examen de la couronne. Ferdinand VI les approuva, et une ordonnance
royale fut rendue en ce sens, le 6 mai 1751. Le roi éten-
dit même sa protection sur l'académie naissante, et
lui en donna une marque éclatante en lui permettant,
par une autre ordonnance du 19 juin de la même année,
de tenir ses séances dans une des salles basses de
l'Alcazar. L'Académie avait été surtout redevable de

cette faveur, je dirais volontiers de cette adoption, aux bons offices de l'un des beaux esprits qui, vingt ans auparavant, avaient doté l'Espagne de l'*Académie de l'histoire*, don Agustin de Montiano y Luyando, dont le nom est aujourd'hui peut-être plus connu que les œuvres, mais qui a mérité de garder la réputation d'un homme de bien et d'un littérateur distingué.

L'Académie de Séville, formée sous de si heureux auspices, se livra paisiblement à ses travaux jusqu'en novembre 1807, époque à laquelle les flammes dévorèrent une partie de l'asile que la royauté lui avait si gracieusement octroyé, et l'invasion française, qui, l'année suivante, la trouva encore dispersée, n'avait guère mission de rassembler l'innocent troupeau.

On pouvait croire, depuis douze ans, que ses destinées étaient accomplies sans retour, quand, au mois de septembre 1820, quelques-uns de ses survivants tentèrent un généreux effort et la firent revivre aux mêmes conditions et sous la même règle que par le passé. Alors commença pour elle une nouvelle ère de vie tranquille et doucement animée, jusqu'au jour où le caprice d'un administrateur, aussi peu ami des lettres que l'incendie, la fit sortir encore de ce palais que lui avait ouvert la main royale de Ferdinand VI, et je me souviens qu'un jour, étant entré à l'Alcazar dans la salle naguère encore occupée par l'Académie, j'y aperçus, à deux pas des magnifiques débris de statues retirés des ruines d'Italica et qui sont aujourd'hui au musée, deux ânesses qui, dans un coin, allaitaient leurs ânons. Comment cette rencontre ne m'eût-elle pas rappelé les joyeuses plaisanteries de nos soldats de l'armée d'Égypte à propos d'une autre académie plus fameuse et dont le futur César de la république française avait tenu à honneur d'être membre !

Après d'inutiles essais pour rentrer chez elle, les rois avaient permis que l'Académie de Séville se regardât comme chez elle dans leur palais; l'Académie accepta avec reconnaissance la modeste hospitalité que lui offrait sa docte sœur, l'Académie de médecine et de chirurgie, et c'est sous le toit de celle-ci qu'elle siége aujourd'hui encore, quoique, dès le 8 juin 1859, un décret de la reine lui ait rouvert à deux battants les portes de l'Alcazar.

Je ne dirai rien du régime intérieur de l'Académie de Séville. Toutes les académies se ressemblent plus ou moins pour leur organisation, le nombre et le choix des élus, l'objet et la division des travaux. On aimera mieux sans doute que, interrogeant les annales de celle dont je parle, j'énumère ici les noms célèbres dont elle a droit de se parer, en même temps que leur gloire est revendiquée par le reste de l'Espagne.

L'année qui suit la fondation de l'Académie, c'est-à-dire dès 1752, je trouve sur sa liste, et il méritait bien d'y être inscrit le premier, ce même Agustin Montiano y Luyando qui avait été son introducteur auprès de Ferdinand VI, et qui, à l'appui de poésies estimables, a composé des essais de critique qui n'ont pas, comme celles-ci, perdu leur première fraîcheur.

Trois ans après, en 1755, je vois figurer sur la liste

le nom de Vicente Garcia de la Huerta, l'auteur de la tragédie cornélienne de *Raquel*, ce poëte quinteux, plein de contradictions, dont ce n'est pas la moindre que d'avoir écrit une tragédie toute classique pour rappeler le théâtre espagnol à ses origines et à ses habitudes nationales.

Dix ans plus tard, en 1757, je vois apparaître la railleuse figure de don Ramon de la Cruz, poëte inégal et incorrect, mais ingénieux et naturel, plein de verve comique et d'observation vraie, qui reprenant en sous-œuvre le sainete populaire, lui a donné sa forme classique, en a fait comme un genre nouveau dont il est resté le maître, et a montré de loin à Moratin la voie où celui-ci devait trouver le *Si de las niñas*. Mais lui, peintre des petites gens et des petites mœurs, il n'a pas atteint à cette comédie véritable que, avec moins de génie peut-être, Moratin a rencontrée une ou deux fois.

L'année suivante, j'ai devant moi, et je m'en réjouis comme d'une bonne occasion de lui dire son fait, don Candido Maria Triguéros, poëte d'un certain mérite, mais à qui je ne pardonnerai jamais (que l'Espagne n'est-elle aussi sévère! ses grands poëtes l'en béniraient) d'avoir commis sur les maîtres de la scène espagnole de ces sacriléges violences qu'on appelle, en jargon du métier, des *refundiciones*. Quand je songe à tout ce qui a été dit ou écrit en France contre ce malheureux Marmontel pour avoir osé retoucher et moderniser quelques vers de Corneille ou de Rotrou! En France, du moins, la critique fait bonne garde autour des chefs-d'œuvre de l'art. C'est notre façon d'entendre le proverbe espagnol : Ne touchez pas à la reine.

En 1772, l'Académie ouvrait ses rangs à Iriarte, ce poëte supérieur dans un seul ouvrage, et qui a cela de commun avec Florian, son heureux imitateur, que le seul ouvrage de lui qui soit resté populaire est aussi un recueil de fables.

Après les écrivains les ministres. Je lis sur ce glorieux registre les noms de Campomanes et de Florida Blanca.

En 1790, j'y trouve inscrit don Juan Antonio Llorente, qui commença par être le secrétaire de l'Inquisition, et qui devait, un jour, en devenir l'historien et l'accusateur.

En 1791, l'Académie appelle à elle don Juan Pablo Forner, magistrat distingué et vigoureux satirique qui a introduit dans la langue castillane une concision énergique, mais quelquefois au prix de sa belle clarté et de sa limpide harmonie.

Dès 1801, Lista prend sa place dans le chœur sacré, don Alberto Lista, le maître de toute la génération actuelle, poëte élégant, sublime une fois dans son ode au Christ, mais avant tout éloquent défenseur des saines doctrines.

Trois ans après, Lista voit s'asseoir à son côté don Félix José Reinoso, l'auteur de l'*Innocence perdue*, résume charmant du *Paradis perdu*, petite épopée dans les proportions d'une églogue, et qui a été écrite deux fois, par Reinoso et par Lista qu'on a pu, dans ce concours involontaire, comparer et préférer l'un à l'autre, sans que l'amitié des deux poëtes en ait été un moment altérée.

Puis viennent encore deux ministres, le marquis de las Amarillas, qui siégea, à côté de Martinez de la Rosa, dans les conseils de la couronne, et le comte d'Ofalia, que vous avez connu ambassadeur en France, avant qu'il fût placé à la tête des affaires de la Péninsule.

Il y a un usage excellent à l'Académie de Séville. Les membres qui en font partie sont invités à tour de rôle à disserter sur un sujet de leur choix. Que la question soit morale, littéraire, historique, économique, ils peuvent toujours compter sur un auditoire attentif et bienveillant.

Pour donner l'idée de l'une de ces séances, je choisirai celle où M. le marquis de Cabriñana avait annoncé qu'il prendrait la parole sur le grand poëte don Luis de Gongora. L'intérêt particulier que promettait cette séance, c'est que l'orateur est le dernier neveu du poëte. Ce titre de marquis de Cabriñana appartient depuis des siècles à la famille, et le quatrième frère du poëte, don Juan de Argote y Gongora, celui-là même de qui descend le marquis actuel, le portait déjà. Celui-ci habite ordinairement Cordoue, dans l'antique maison de ses ancêtres. Il a été élevé avec grand soin. Un père prévoyant lui a donné une carrière, comme s'il ne devait hériter ni de son titre ni de ses domaines. Plus tard le nom et la fortune parurent un fardeau léger à celui qui avait porté avec aisance la toge de l'avocat, et qui avait siégé avec honneur dans les Cortès. J'étais donc curieux de savoir comment le marquis de Cabriñana, poëte lui-même, parlerait de ce génie singulier qui, après avoir enchanté ses contemporains par des œuvres aussi pures que belles, s'avisa tout à coup, vers la fin de sa carrière, de se souvenir qu'il était le compatriote de Lucain et se servit de son rare talent pour égarer la muse espagnole dans des sentiers obscurs et difficiles, laissant après lui une école de décadence où les meilleurs se sont souvent gâtés, dont l'Espagne se ressent encore et n'est jamais entièrement revenue. Je tenais à voir quelle part ferait à la critique et aux grands principes de l'art un historien si justement prévenu, et enfin ce qui, après trois siècles écoulés, pouvait se retrouver encore de l'âme et de l'esprit du grand-oncle sous la parole de l'arrière-neveu.

La salle où l'Académie tient ses séances est petite et d'une élégante simplicité. Dans le fond, sur une estrade très-peu élevée, est la table du bureau, surmontée d'une image de la Vierge, ayant à ses côtés les deux grands archevêques de Séville, saint Isidore et saint Léandre, ces deux saints jumeaux, ces deux pères éloquents de l'Église d'Espagne. A gauche et à droite, le portrait de la reine et celui de Ferdinand VI se font pendant l'un à l'autre; d'autres portraits plus modestes sont rangés un peu plus loin, le long des murs; des généraux, des marins, des magistrats, des ecclésiastiques qui ne sont ici que des littérateurs distingués et les ancêtres de l'Académie.

En attendant le coup de sonnette du président, on se promène par petits groupes, on cause et on fume. Le cigare, en Espagne, est de toutes les fêtes. Quelque chose y manquerait sans lui. S'il n'était là, on pourrait se croire partout ailleurs en Europe.

Cependant, au signal donné par le président, on se sépare et chacun, éteignant ou jetant sa cigarette, va prendre place à droite ou à gauche sur les banquettes, par rang d'ancienneté. Il n'y a de fauteuil à l'Académie de Séville que pour le président. Celui-ci, avant de s'asseoir, ouvre la séance par une prière en latin. En Espagne rien n'est indifférent, et les moindres choses ont leur couleur. Cette prière appelle sur les assistants, qui l'entendent debout et s'y associent, la santé de l'âme et celle du corps, par la double invocation de la Vierge immaculée et de saint Isidore : le grand docteur de Séville appartient de droit à son académie.

Le procès-verbal est lu, adopté, et la parole est donnée au marquis de Cabriñana.

Le marquis de Cabriñana, don Ignacio Martin de Argote, ce dernier nom était celui du poète qui, Argote par son père, prit de sa mère doña Léonor le nom de Gongora, est un homme d'environ quarante ans ; grand et blond, il paraît moins appartenir à la race andalouse qu'à cette race flamande, un moment mêlée à l'espagnole et dont l'air se retrouve ici sur plus d'un visage comme ses blasons sur plus d'un écusson. Je ne serais pas même étonné, et on m'assure qu'il en est ainsi, qu'il eût un peu de sang français dans les veines. La physionomie du marquis est ouverte et sympathique, son geste noble et modeste à la fois, son regard est doux et caressant. Il est difficile, on en conviendra, de ressembler moins par l'expression à Luis de Gongora. Quelque chose cependant dans la noble régularité des traits rappelle assez exactement ceux de ce dernier.

J'ai dit que le marquis de Cabriñana était poëte; mais il n'a pas encore réuni ses essais; ils se distinguent, en général, par un caractère élevé et religieux et par une élégance naturelle. La plus considérable de ses compositions est un chant épique sur la prise de Cordoue, et a pour héros, après saint Ferdinand, un des ancêtres du poëte, don Martin de Argote. Ce morceau, d'un ton ferme et soutenu, a été couronné à Cordoue même, dans un concours de jeux floraux, où il a été jugé digne du Souci d'or; ces jeux floraux sont, depuis quelques années, devenus de mode dans le midi de l'Espagne. Parmi ces poésies du marquis de Cabriñana, éparses dans des revues, j'ai remarqué encore un *Souvenir d'amour à Dorila*, et un *Songe* qui rappelle l'immortelle légende de Salomon, de Sésostris et d'Hercule, cherchant leur route au début de la vie, et sollicités tour à tour par l'ambition, par la volupté, par la sagesse. Ici le lieu et la réalité de la mise en scène rajeunissent heureusement le sujet. Le poëte nous transporte dans ses montagnes de Cordoue où d'une course haletante il poursuit les sangliers et les cerfs. Il s'arrête et s'endort, entre son cheval couvert d'écume et ses chiens épuisés, au pied d'un de ses beaux chênes et parmi les plaines odorantes de la Sierra. Mais de ces pièces diverses je veux détacher et traduire un sonnet à Gongora, œuvre toute filiale, jusqu'au style exclusivement, car il est ici élégant et simple :

« Poëte insigne, écrivain profond, gloire et orgueil de la race espagnole, le laurier de l'éloquence ceint ton front, ta gloire est grande comme le monde.

« J'éprouve une joie mêlée de honte, quand je te contemple puisant aux flots de Castalie l'inspiration qui donne à ton génie un essor inconnu et resté sans égal.

« C'est au bord de la source sacrée que tu as célébré Angélique et Médor et les souvenirs éclatants de l'histoire nationale d'une voix retentissante et avec une lyre d'or.

« Mais, hélas ! lorsque, ébloui d'une si grande gloire, j'ai retrouvé le trésor de tes restes, j'ai vu que ta mémoire n'avait pas même reçu l'honneur d'une épitaphe. »

Mais revenons à l'orateur. Le sujet qu'il avait choisi, ou plutôt que lui imposaient heureusement son nom et les circonstances, était des plus vastes. La tentative de Gongora ne semble, au premier coup d'œil, qu'une épisode controversable de l'histoire de la poésie espagnole ; mais, en y regardant de près, on s'aperçoit vite qu'il touche au fond même du génie de la nation. Qualités et défauts, tout dans Gongora appartient à l'Espagne. Il n'est aucun de ses grands poëtes qui n'ait bien en lui un peu de Gongora. Cervantes lui-même, qui, dans son *Don Quichotte,* semble avoir en vue de combattre moins encore la chevalerie errante que ce qu'il y a de démesuré dans l'imagination de son pays, Cervantes, quand il écrit en vers, n'est pas plus exempt qu'un autre de la fausse grandeur et de ce penchant au merveilleux. Il en est très-peu de qui on ne puisse répéter avec quelque raison ce que disait Quintilien de cet autre Espagnol de Cordoue, de Sénèque : *dulcibus abundat vitiis.*

Le marquis de Cabriñana commença par esquisser à grands traits l'histoire de la poésie espagnole, depuis Ména jusqu'à Lope de Véga et Quévédo. Il montra ensuite comment il y eut deux hommes dans Gongora, ou plutôt deux poètes : l'un élevé à l'école de ses illustres devanciers et docile à leur exemple, autant du moins que son génie énergique et primesautier pouvait se faire l'imitateur de qui que ce fût, l'auteur enfin de tant de *romances* charmantes, de tant de *letrillas* piquantes, de tant de *canciones* hardies, puis un réformateur violent qui, pris tout à coup comme de vertige, accuse d'impuissance cet admirable idiome dont il a lui-même fécondé le domaine et multiplié les heureux fruits, et pour lui donner une vie nouvelle, le traite comme les sacriléges filles de Pelion traitèrent leur vieux père, c'est-à-dire le met en lambeaux pour rassembler ensuite sous d'autres lois ses membres dispersés, le met à la torture en lui imposant des inversions forcées, le farcit de mots nouveaux en détournant les anciens de leur signification naturelle, le pare d'images incohérentes, l'enlumine de couleurs qui blessent la vue, quelque chose enfin comme la réforme qu'avec moins de génie sans doute, mais avec plus de raison en certaines parties, avait, chez nous, entreprise Ronsard. On appela ce nouveau style le style *culto*, l'école qui le mit à la mode, le *cultéranisme*, absolument comme si jusque-là la muse espagnole avait parlé, dans Garcilaso, par exemple, une langue vulgaire ou grossière. Mais pour de telles nouveautés, il fallait bien des noms nouveaux, et que, pour caractériser une école qui changeait tout, on changeât jusqu'au sens des mots destinés à la désigner.

De là une guerre, car ce serait trop peu dire que de l'appeler une querelle, qui dura un siècle entier, et dans laquelle, chose étrange! Lope de Véga se trouve du parti modéré, et de ceux qui ne veulent pas, c'est lui qui parle, « qu'avec ces transpositions, quatre pensées recherchées, six mots latins ou phrases ampoulées, de faux génies s'élèvent à des hauteurs où eux-mêmes ne se connaissent plus, peut-être ne s'entendent plus. » Mais ceux même qui, au début, s'étaient montrés les plus rebelles à la réforme, se laissèrent à la longue entraîner à sa suite, et Lope de Véga, Quévédo, Jauregui et bien d'autres écrivirent en style culto. C'est que cette réforme, indépendamment de ce qu'elle avait en elle-même de sympathique au génie espagnol, à la faveur de ses brutales surprises, introduisit bien des mots heureux, bien des tours ingénieux, bien des expressions vraiment poétiques et qui semblent si fort appartenir de droit au trésor commun, qu'on s'étonne aujourd'hui que leur admission ait rencontré tant d'obstacles et ait pu faire scandale au début. Mais quoi? le flot bourbeux a passé, et les paillettes d'or sont restées sur le sable de la rive.

La biographie du poëte était le commentaire naturel de son œuvre. Ses moindres détails devaient prendre dans la bouche du marquis de Cabriñana un intérêt tout nouveau. Tous ces faits étaient connus, et cependant le récit où ils étaient présentés avait comme un parfum d'antiques mémoires retrouvés.

Il raconta donc comment, né à Cordoue le 11 juillet 1561 et dans la même rue, disait-on, où, quinze siècles auparavant était venu au monde le poëte Martial, Luis de Gongora fut, dès l'âge de quinze ans, envoyé à l'université de Salamanque. Cette grande école était alors dans tout son éclat, et le jeune Andalous y apprit tout ce qu'on y enseignait, y compris peut-être l'escrime, dont il se souvint un peu trop, et qui était une science assez étrange à mettre dans le bagage d'un futur chanoine. Mais rien ne dit qu'à cette époque il fût destiné déjà à l'état ecclésiastique. Ce fut à l'ombre de ces doctes cloîtres qu'il écrivit ses meilleures poésies érotiques et satiriques. Ce qui peut expliquer aussi comment il avait près de quarante-cinq ans quand il entra définitivement dans les ordres. Il avait bien fallu laisser tomber le bruit qui s'était fait autour de son nom à l'occasion d'un duel scandaleux. D'ailleurs son caractère peu tolérant et son humeur caustique n'étaient pas pour réussir à la cour.

Ce bruit, ce duel et le scandale qui en résulta et que grossirent encore des ennemis attentifs à nuire à un si redoutable adversaire, font également comprendre comment, après bien des sollicitations et un long séjour à Madrid, il ne rapporta à Cordoue, et grâce encore à de puissantes protections, qu'un simple bénéfice. Plus tard cependant le duc de Lerme eut assez de crédit pour lui obtenir le titre de chapelain d'honneur de Philippe III, et pour deux de ses neveux l'habit de Saint-Jacques. Les mauvais jours semblaient passés; car, en 1626, il est désigné pour accompagner Philippe IV en Aragon, et, pendant une maladie grave qu'il y fit, on le voit entouré de soins affectueux par la reine Isabelle de Bourbon.

Mais il ne sortit pas tout entier de cette maladie; il y perdit la mémoire, et ne revint à Cordoue que l'ombre de lui-même, et pour y mourir dans la solitude, le lundi 23 mai 1627. Il avait soixante-six ans.

Il fut enterré dans une chapelle de cette mosquée de Cordoue que tous les poëtes voudraient avoir pour tombeau, s'il leur était permis d'en sortir quelquefois pour venir, sous les rayons de la lune, s'égarer parmi les orangers de sa cour et y jouir des merveilleux effets de l'incomparable monument.

Gongora était tout un lyrique, de cette race irritable des poëtes et des abeilles qui font un miel si exquis et de si cuisantes blessures. Ses ouvrages sont peu nombreux, ce qui étonne d'un poëte de tant de verve, et de plus Espagnol. Ce sont des sonnets, des *letrillas*, des *canciones*, des *romances* surtout. Il en est peu qui soient entachés de ce mauvais goût qui ne fit irrup-

tion chez lui qu'à une époque avancée de sa carrière,
et qui s'est déchaîné, c'est trop peu dire qu'il y règne,
dans le poëme des *Amours de Polyphème et de Ga-
latée*, et dans ce double livre des *Solitudes* où la
muse prend tous les tons et confond tous les genres.

De chacun de ces ouvrages, le marquis de Cabriñana,
en les marquant au passage d'un trait rapide et sûr,
donnait quelque courte citation. L'espace me manque
pour les reproduire, le temps pour les traduire. Je ferai
exception pour une seule, parce qu'elle touche à un
point très-léger de notre histoire littéraire.

Florian, on le sait, dans le seul de ses ouvrages par
où il appartienne à cette histoire, Florian a, dans ses fables charmantes, imité Iriarte, c'est-à-dire, car il faut
préciser, que, sur une centaine de fables dont se com-
pose son recueil, neuf sont empruntées d'Iriarte. Or
dans le passage de Gongora dont je parle, passage délicieux en vérité, je retrouve encore l'original d'une fable
de Florian, *la Coquette et l'abeille*. Voici le passage :

« Couchées au pied d'un vert lentisque dont les feuilles
nous prêtaient leur ombre, et aux branches duquel nous
avions accroché nos arcs détendus, nous étions, Chloris
et moi, à nous reposer de la chaleur et de nos fatigues;
puis nous nous étions endormies, au murmure d'un
ruisseau paisible, qui baignait le sol fleuri et qui effleu-
rait nos pieds. Une abeille inquiète, sans avoir pitié de
moi, me pique à la joue et me laisse toute dolente. La
piqûre me fut si terrible, si courte qu'en fût la souffrance,
que, troublée par mes plaintes, Chloris s'éveilla aussi-

tôt, et, voulant plaisanter : « Ne te plains pas, me dit-elle. Te prenant pour une rose, elle a bien pu te piquer. Te voilà si charmante que l'abeille a cru voir une rose tombée du sein ému de l'aurore, ou même la plus fraîche de celles qui parfument son front, quand de l'orient elle sème ses belles perles, sa douce rosée. Ainsi pardonne-lui l'offense, car l'une et l'autre vous y avez gagné, elle douceur à te piquer, toi de la gloire dans sa méprise. »

Ces vers ont, avec une douceur et une harmonie singulière, une simplicité qu'il est rare de rencontrer chez Gongora. D'où lui est venue cette bonne fortune? C'est un fragment, et le poëte n'aura pas eu le temps d'y revenir pour le gâter.

Gongora, on vient de le voir, avait été enterré dans une des chapelles de sa cathédrale. Cette chapelle était celle de San Bartolome, fondée en 1248 par Domingo Muñoz, un des héros du chant épique du marquis de Cabriñana et par doña Inez, sa femme, et dont le patronage appartient encore au duc d'Almodovar, actuel représentant de la famille de Gongora, qui était celle de doña Leonor, mère du poëte. Bénéficiaire de l'église, c'était surtout par droit de naissance que le poëte avait été enseveli dans cette chapelle. On le savait, mais, comme il est dit dans les derniers vers du sonnet que nous avons essayé de traduire, aucune épitaphe ne l'apprenait au passant, et, simple voyageur, j'ai moi-même, en visitant la mosquée, éprouvé le même regret que l'auteur du sonnet. Seulement, le marquis ne s'en

est pas tenu à ce regret stérile, exhalé en vers touchants.
Il a voulu d'abord s'assurer par ses propres yeux que
Gongora était là en effet. La chapelle avait besoin de ré-
paration, il en a profité pour descendre dans le caveau,
où il a retrouvé le corps du poëte encore reconnaissable
à son bonnet ecclésiastique et à ses longues jambes qui
par les poëtes, ses rivaux, l'avaient fait, à Madrid, sur-
nommer *la cigogne*. Le doute n'était pas possible. Alors,
devant ces précieux restes, le marquis conçut le filial
dessein de placer dans la chapelle de San Bartolome l'é-
pitaphe qui, à la honte de son pays, y manquait encore.
La pierre qui la reproduira sera surmontée d'un buste
en marbre du poëte, exécuté d'après un portrait authentique conservé dans la famille. Qu'est-ce donc qui s'oppose à ce que ce petit monument console les regards
des voyageurs amis des lettres? Il faut que le chapitre
de la cathédrale y consente, et il y a trois ans que cette
permission a été demandée. Gongora et le marquis de
Cabriñana attendent encore une réponse. *Cosas de Es-
paña*, comme on dit en Espagne même.

Cette séance de l'Académie de Séville, ce portrait
deux fois intéressant à cause du modèle et à cause du
peintre, cette judicieuse appréciation de l'homme et
des œuvres, cette revendication fière et modeste tout
ensemble d'une gloire à la fois domestique et publique,
ce récit enfin de la découverte de ces reliques littéraires, fait en termes dignes et mesurés, tout cela
hâtera-t-il la décision du chapitre? La voix noblement
suppliante du marquis de Cabriñana sera-t-elle enfin

écoutée et remuera-t-elle ces âmes lentes? Ah! si elle avait le pouvoir d'évoquer de la tombe le redoutable poëte! quelque terrible *romance* serait déjà parti de cet arc toujours tendu. Mais la flèche se détournerait sans doute du chapitre de la cathédrale de Cordoue pour aller au cœur même de l'Espagne, trop oublieuse de ses grands hommes.

FIN

TABLE DES MATIÈRES

LE SERMON SOUS LES ORANGERS

A MADEMOISELLE JULIE GOURAUD

ROMÉO ET JULIETTE EN ESPAGNE

A ÉMILE DESCHAMPS

LE DERNIER AUTO-DA-FÉ DE SÉVILLE

A DON ANTONIO CAVANILLES

UNE TERTULIA LITTÉRAIRE A SÉVILLE

A XAVIER MARMIER

UN ARRIÈRE-NEVEU DE GONGORA

FIN DE LA TABLE DES MATIÈRES

PARIS. — IMP. SIMON RAÇON ET COMP., RUE D'ERFURTH, 1.

Contraste insuffisant

NF Z 43-120-14